COMMENT RÉDUIRE VOS IMPÔTS

14ᵉ édition

**INCLUANT LES FAITS SAILLANTS DU
BUDGET DU QUÉBEC 2002-2003**

Les Éditions Transcontinental
1100, boul. René-Lévesque Ouest
24e étage
Montréal (Québec) H3B 4X9
Tél. : (514) 392-9000
1 800 361-5479
www.livres.transcontinental.ca

Distribution au Canada
Québec-Livres, 2185, Autoroute des Laurentides, Laval (Québec) H7S 1Z6
Tél : (450) 687-1210 ou, sans frais, 1 800 251-1210

Distribution en Suisse
Servidis S. A. – Diffusion et distribution
Chemin des Chalets CH 1279 Chavannes de Bogis SUISSE – Tél.: (41) 22.960.95.10
www.servidis.ch

Données de catalogage avant publication (Canada)
Vedette principale au titre :
Comment réduire vos impôts
(Collection Affaires plus)
Rédigé par Samson Bélair/Deloitte & Touche
Annuel
ISSN 0842-9979
ISBN 2-89472-170-6
Comprend un index

1. Impôt sur le revenu – Canada – Ouvrages de vulgarisation. 2. Planification fiscale – Canada –
Ouvrages de vulgarisation. I. Samson Bélair/Deloitte & Touche (Firme).

HJ4661.C65   336.240971   C89-031485-3

Révision et correction : Liliane Michaud
Mise en pages et conception graphique de la page couverture : Studio Andrée Robillard

La forme masculine non marquée désigne les femmes et les hommes.

Imprimé au Canada
© Les Éditions Transcontinental, 2001
Dépôt légal — 4e trimestre 2001
Bibliothèque nationale du Québec
Bibliothèque nationale du Canada

ISBN 2-89472-170-6

Nous reconnaissons, pour nos activités d'édition, l'aide financière du gouvernement du
Canada, par l'entremise du Programme d'aide au développement de l'industrie de l'édition
(PADIÉ), ainsi que celle du gouvernement du Québec (SODEC), par l'entremise du
Programme d'aide aux entreprises du livre et de l'édition spécialisée.

**Samson Bélair
Deloitte
& Touche**

COMMENT RÉDUIRE VOS IMPÔTS

14e édition

INCLUANT LES FAITS SAILLANTS DU
BUDGET DU QUÉBEC 2002-2003

Les Éditions
TRANSCONTINENTAL inc.

AVIS AU LECTEUR

Les renseignements et analyses apparaissant dans ce livre ne doivent pas être substitués aux conseils professionnels d'un spécialiste en fiscalité. La planification fiscale et financière visant à diminuer vos impôts est un processus complexe qui nécessite une adaptation à vos besoins ou à ceux de votre entreprise. Cet ouvrage vous fera prendre connaissance des principales dispositions qui permettent de diminuer votre charge fiscale. Prenez soin de consulter un spécialiste en fiscalité avant de prendre toute décision à cet égard. Ce livre tient compte de la loi en vigueur et des modifications proposées en date du 1er octobre 2000.

Rédacteurs :
Mark Robinson (Toronto)
Danielle Lacasse (Montréal)

Collaborateurs :

Brian Anderson (Winnipeg)
Gisèle Archambault (Montréal)
Jean-Luc Beauregard (Montréal)
Suzan Benerman (Kitchener)
John Bowey (Kitchener)
Brian Cardinal (Hamilton)
Cara Celotti (Toronto)
Charles Evans (Kitchener)
Heather Evans (Toronto)
Sharon Forsey (St. John's)
Karen Gangnier (Hamilton)
René Huot (Montréal)

John Hutson (Kitchener)
Brian Janzen (Winnipeg)
Anne Jewett (Mississauga)
Tracy MacKinnon (Vancouver)
Anne Montgomery (Toronto)
Keith Pitzel (Winnipeg)
Len Sakamoto (Toronto)
Bill Sherman (Toronto)
Brian Taylor (Saskatoon)
Doris Trevisani (Hamilton)
Lloyd Winfield (Kitchener)

Collaboration spéciale :
Marisha Roman (Toronto)

AVANT-PROPOS

Voulez-vous payer plus d'impôt sur le revenu que la loi ne l'exige ?

Non, bien entendu ! Pourtant, c'est exactement ce que de nombreux Canadiens font, et ce, pour plusieurs raisons. Certains ne comprennent peut-être pas les règles d'imposition ou la façon dont elles sont appliquées, tandis que d'autres ne tirent pas profit des possibilités de planification fiscale. Beaucoup trop de contribuables commettent des erreurs quand vient le temps de remplir leurs déclarations de revenus, erreurs que le gouvernement peut ne pas relever ou corriger. Enfin, certaines personnes n'arrivent tout simplement pas à respecter les échéances imposées par la loi et finissent donc par payer des intérêts et des pénalités en plus du montant qu'elles doivent déjà.

Nous pensons que ce livre peut vous aider à éviter des erreurs coûteuses et à réduire ou à reporter votre fardeau fiscal en adoptant une planification intelligente pour l'année 2002, ainsi que dans la préparation de vos déclarations de revenus 2001.

Dans cette quatorzième édition, la mention « Nouveau en 2001 » vous permet d'identifier les changements depuis l'année en cours. Des idées de planifications et des mises en garde sont aussi identifiées sous les rubriques « Stratégies de planification » et « Attention ! »

Le calendrier qui suit vous aidera dans votre planification fiscale pour l'année 2002.

Le 30 janvier 2002	*Dernier jour pour payer les intérêts afin de respecter les règles d'exception pour les prêts dans le cadre de fractionnement du revenu.*
Le 28 février 2002	*Dernier jour pour produire les feuillets T4 et T5 de 2001 et les envoyer aux bénéficiaires.*
Le 1ᵉʳ mars 2002	*Dernier jour pour verser les cotisations à un REER pouvant être déduites du revenu imposable des particuliers en 2001.*
Le 15 mars 2002	*Échéance du premier acompte provisionnel trimestriel d'impôt sur le revenu des particuliers en 2002.*
Le 15 avril 2002	*Échéance pour produire les déclarations de revenus des particuliers de 2001 aux États-Unis et dernier jour pour soumettre une demande de prolongation.*
Le 30 avril 2002	*Échéance pour produire les déclarations de revenus des particuliers de 2001 et pour payer le solde des impôts de 2001. Les travailleurs autonomes et leur conjoint doivent payer leur impôt au 30 avril, même s'ils ont jusqu'au 15 juin pour produire leurs déclarations de revenus 2001. Dans le cas d'un contribuable décédé en 2001, sa dernière déclaration doit être produite le 30 avril 2002 ou six mois après son décès, selon la date la plus tardive.*
Le 15 juin 2002	*Échéance du deuxième acompte provisionnel trimestriel d'impôt sur le revenu des particuliers en 2002 et pour produire les déclarations de revenus des travailleurs autonomes et de leur conjoint pour 2001.*
Le 15 septembre 2002	*Échéance du troisième acompte provisionnel trimestriel d'impôt sur le revenu des particuliers en 2002.*
Novembre 2002	*Mois idéal pour une dernière vérification de la planification fiscale de l'année 2002.*

Le 15 décembre 2002   *Échéance du quatrième acompte provisionnel trimestriel d'impôt sur le revenu des particuliers en 2002.*

Le 31 décembre 2002   *Échéance de l'acompte provisionnel unique des agriculteurs et des pêcheurs en 2002.*

Les versements d'impôt envoyés par la poste sont considérés comme ayant été reçus à la date de réception réelle et non pas à celle de la mise à la poste. D'autre part, les paiements qui sont faits auprès d'une banque à charte sont considérés comme ayant été reçus par l'Agence des douanes et du revenu du Canada (ADRC) à la date du paiement.

TABLE DES MATIÈRES

Chapitre 4

Chapitre 9

Chapitre 10

Chapitre 13

Chapitre 14

Chapitre 15

Chapitre 16

Chapitre 1

La planification fiscale : au travail !

1.1 QU'EST-CE QUE LA PLANIFICATION FISCALE ?

Une planification fiscale efficace est le principe de base du présent ouvrage. Tout au long de celui-ci, nous illustrerons les étapes essentielles que tous les contribuables devraient connaître dans le but de réduire leurs impôts.

Nul ne devrait payer plus d'impôt que ne l'exige la loi. Une bonne planification fiscale constitue la meilleure façon de ne pas payer plus que sa juste part. Il ne faut toutefois pas confondre évasion fiscale et planification fiscale. L'évasion désigne toute manœuvre dont le but est de cacher certains revenus normalement assujettis à l'impôt. Ainsi, éviter sciemment de faire état de tous ses revenus d'intérêt est un exemple typique d'évasion fiscale. La planification fiscale consiste d'abord à définir vos objectifs financiers et, ensuite, à les atteindre tout en payant le moins d'impôt possible. Comment ? En vous prévalant des règles fiscales qui vous permettront de réduire ou de reporter l'imposition de votre revenu, d'augmenter les déductions auxquelles vous avez droit et d'éviter les pièges fiscaux.

1.1.1 Les échappatoires fiscales

Selon la plupart des gens, le seul moyen de réduire l'impôt est d'avoir recours aux échappatoires fiscales, ces malencontreuses erreurs dans la formulation et la structure de la Loi de l'impôt sur le revenu. En fait, la loi contient expressément des stimulants fiscaux afin de favoriser certaines activités économiques. En tirant parti de ces stimulants, vous agissez alors exactement selon les vœux du gouvernement. Ces dispositions, qui sont pour la plupart couvertes dans ce livre, sont donc tout à fait à l'opposé des échappatoires fiscales.

1.1.2 La valeur temporelle de l'argent

La planification fiscale et l'épargne fiscale qui en résulte vous permettent d'optimiser la valeur temporelle de votre argent. Essentiellement, cette notion signifie qu'un dollar gagné aujourd'hui vaut plus que le même dollar gagné ultérieurement. À titre d'exemple, imaginons que vous recevez un dollar aujourd'hui et que vous l'investissez pour gagner de l'intérêt. Au bout d'un an, vous disposerez d'un dollar plus l'intérêt. Si vous n'aviez pas reçu ce dollar au début de l'année, vous n'auriez pas eu la possibilité de réaliser cet intérêt. Par conséquent, il vous coûte plus cher de verser un dollar d'impôt aujourd'hui qu'ultérieurement, puisque vous perdez l'intérêt que ce dollar aurait pu vous rapporter entre-temps.

1.2 PAR OÙ COMMENCER?

Habituellement, la première étape à franchir en vue d'établir efficacement votre planification fiscale consiste à évaluer votre situation actuelle. Nous vous présentons, au chapitre 19, des tables résumant les taux d'imposition et différents crédits qui vous aideront à déterminer votre situation fiscale pour 2001.

Utilisez ces tables pour calculer approximativement l'impôt que vous aurez à payer. Après avoir lu les diverses stratégies expliquées dans ce livre, reportez-vous de nouveau à ces tables afin d'évaluer les économies d'impôt potentielles que vous pourriez faire.

1.2.1 Déterminer vos objectifs

Votre premier objectif fiscal devrait consister à bénéficier du revenu au moment où il sera le moins imposé et sous la forme la plus avantageuse à cet égard. Un avertissement s'impose toutefois.

ATTENTION !

Il est peu probable qu'un stimulant fiscal particulier ou une méthode de planification fiscale transforme un placement peu rentable en un placement valable.

Prenons par exemple un placement donnant droit à une déduction fiscale de 100 $. Il produira une économie d'impôt réelle d'environ 49 $ pour les contribuables se trouvant dans la tranche d'imposition la plus élevée. Si la totalité du montant investi est perdue, le coût économique réel, après les économies d'impôt, correspondra à 51 % du coût du placement. En plus de ne pas être un placement avisé, ce dernier ne constitue pas non plus un abri fiscal ; en fait, c'est un placement insensé !

Pour fixer des objectifs en vue de payer moins d'impôt, il importe de comprendre les notions de base liées à la façon dont le revenu est imposé au Canada, ce que nous verrons dans le prochain chapitre. De plus, au moment de votre planification, vous devrez tenir compte de certains facteurs, comme les taux d'intérêt actuels, les taux d'inflation prévus, les règles fiscales actuelles et les modifications qui pourraient être apportées à la loi. Une fois que vous aurez parcouru ce livre, asseyez-vous avec votre conjoint ou avec vos enfants et élaborez votre stratégie fiscale. Discutez de vos finances familiales et de votre plan dans un langage clair que tous pourront comprendre. Une bonne discussion encouragera les membres de votre famille et les éduquera sur la planification financière et fiscale, ce qui leur servira dans les années à venir. Une fois que vous aurez tenu compte de tous les facteurs se rapportant à votre situation, vous et votre famille pourrez mettre en œuvre votre plan fiscal.

1.3 AU TRAVAIL !

En somme, la planification fiscale est un processus simple qui repose sur certains éléments de base. Elle devrait faire partie intégrante de votre planification financière et de votre budget, puisqu'elle est pratiquée tout au long de l'année. Plus la fin de l'année approche, plus les possibilités de réduire votre impôt sont minces, sauf si vous avez entrepris une planification fiscale soignée dès le début de l'année. Cette planification sera plus efficace si vous vous y mettez dès maintenant.

Chapitre 2

LES NOTIONS DE BASE DE LA PLANIFICATION FISCALE

Pour une planification fiscale efficace, il est essentiel de comprendre les principes qui sous-tendent le mode d'imposition canadien, la façon dont fonctionnent les stimulants fiscaux régis par les gouvernements et, enfin, comment choisir la stratégie qui convient le mieux à votre situation. Dans ce chapitre, nous verrons comment le revenu est imposé au Canada.

2.1 LA NOTION DE REVENU

Tous les contribuables résidant au Canada doivent déclarer leurs revenus de toutes sources, y compris ceux provenant de l'extérieur du Canada, et payer l'impôt sur leur revenu imposable. Le terme « contribuables » signifie les particuliers, les sociétés et les fiducies. Dans chaque cas, la responsabilité de déclarer tous les revenus, qu'ils soient gagnés au Canada ou à l'extérieur, incombe au contribuable. Même les non-résidents sont tenus de déclarer le revenu gagné au Canada et de payer l'impôt sur celui-ci.

Le terme « revenu » n'est pas défini dans la Loi de l'impôt sur le revenu. Le revenu imposable est obtenu après avoir calculé les revenus de toutes sources et effectué les déductions appropriées. Toutefois, les divers types de revenus sont calculés différemment.

Puisque vous serez imposé différemment suivant le type de revenus que vous gagnez, la première chose à faire en planification fiscale est d'identifier vos sources de revenus. Les revenus imposables sont regroupés en trois grandes catégories : les revenus provenant d'un emploi, les revenus générés par une entreprise et les revenus tirés de biens. Sauf quelques rares exceptions, tout avantage provenant d'une activité sera vraisemblablement imposable.

2.2 LES 3 PRINCIPAUX TYPES DE REVENUS

2.2.1 Le revenu d'emploi

La majorité des Canadiens tirent la plus grande partie de leur revenu d'un emploi. Les entrepreneurs indépendants, les professionnels (y compris les avocats, les notaires et les comptables) et les autres travailleurs pigistes ne sont pas considérés comme des employés puisqu'il n'y a pas de relation employeur-employé. Leur revenu est considéré comme un revenu d'entreprise, dont il est question ci-dessous. Le revenu d'emploi comprend tous les avantages que vous recevez en échange des services que vous offrez à votre employeur. Par conséquent, les primes, pourboires ou honoraires, ainsi que l'allocation de retraite que vous recevez lorsque vous quittez un emploi, sont tous considérés comme des revenus d'emploi. Votre employeur retient et verse en votre nom l'impôt à payer, et effectue les autres paiements et retenues exigés par l'Agence des douanes et du revenu du Canada (ADRC). Vous devez toutefois inclure dans votre déclaration de revenus annuelle les T4 émis par votre employeur.

2.2.2 Le revenu d'entreprise

Si vous exercez une activité qui se qualifie comme étant celle d'une entreprise, vous êtes en général tenu d'acquitter les impôts sur le « bénéfice » que fait celle-ci. Le bénéfice correspond au revenu de l'entreprise moins les frais engagés pour le réaliser. Si vous subissez une perte d'entreprise, celle-ci peut servir à réduire votre revenu tiré d'un emploi, d'un placement ou d'autres activités. Le revenu d'agriculture est traité différemment du revenu provenant des autres types d'entreprises et l'utilisation de pertes agricoles pour réduire d'autres types de revenus est limitée.

Si l'activité donne lieu à un revenu provenant de l'aliénation de biens, ce dernier sera soit inclus en entier dans votre revenu imposable, soit considéré comme un gain en capital admissible à une exclusion partielle du revenu, selon la nature de vos activités. Par exemple, si votre entreprise consiste à acheter et à vendre des immeubles, le revenu gagné de la vente d'un immeuble sera considéré comme un revenu d'entreprise.

2.2.3 Le revenu tiré de biens et gains en capital

La troisième grande catégorie de revenus est celle du revenu tiré de biens. Elle comprend les revenus d'intérêts et de dividendes ainsi que le revenu de location. Les gains en capital sont reliés au revenu de biens, mais ils sont assujettis à des règles spéciales. Nous en reparlerons au chapitre 8. Les gains provenant de transferts de biens (ventes, dons, etc.) sont généralement imposables, y compris les gains provenant de la vente de biens destinés à votre seul usage personnel. Il existe trois principales exceptions à cette règle : certains transferts entre conjoints pouvant être effectués en franchise d'impôt, le gain provenant de la vente d'une résidence si elle est désignée à titre de résidence principale et certains transferts de propriétés agricoles aux enfants.

2.3 LES AUTRES REVENUS

Le revenu qui ne provient pas d'un emploi, d'une entreprise ou de biens est probablement imposable. Il est impossible, dans le cadre de ce livre, de présenter toutes les sources de revenus. Nous vous mentionnons toutefois celles qui sont les plus courantes au Canada : les pensions alimentaires et les allocations indemnitaires, dont il est question au chapitre 11, ainsi que les rentes décrites ci-après.

2.3.1 Les rentes

Une rente correspond à une entente selon laquelle une partie acquiert le droit de recevoir d'une autre partie des paiements périodiques durant un temps précis. Elle peut être achetée avec des dollars versés avant ou après impôts. À titre d'exemple, vous achetez une rente avec des dollars avant impôts lorsque vous investissez les actifs d'un REER dans un contrat de rente. Par contre, si vous achetez simplement un contrat de rente avec vos économies, vous achetez alors une rente avec des dollars après impôts. La nature du revenu utilisé pour acheter la rente détermine si le revenu tiré de la rente sera imposable ou non.

Lorsque vous encaissez une rente provenant d'un contrat acheté par l'entremise d'un régime ou d'un fonds exempt d'impôt, le plein montant de la rente doit être inclus dans votre revenu imposable pour l'année de l'encaissement. Les exemples les plus courants de tels paiements de rente comprennent les montants que vous recevez de régimes de retraite et de votre REER. Voir le chapitre 13 pour les rentes provenant d'un REER.

Si vous avez acquis une rente à l'aide de vos fonds déjà imposés plutôt que par l'entremise d'un régime exempt d'impôt, une partie de chaque paiement effectué en vertu du contrat peut être exclue de votre revenu imposable. Cette partie correspond à votre investissement initial dans le contrat, lequel a déjà été imposé. Si vous entretenez le moindre doute au sujet de l'imposition d'un élément particulier, il serait préférable que vous consultiez un spécialiste.

2.4 LES REVENUS NON IMPOSABLES
Pour beaucoup de Canadiens, il est difficile d'imaginer qu'il est possible de recevoir un revenu qui n'est pas imposable. En voici pourtant deux exemples parmi les plus courants.

2.4.1 Les dons et les héritages
Un don ou un héritage ne constitue pas un revenu imposable pour le bénéficiaire. L'ADRC considère, sauf dans certains cas comme celui du transfert au conjoint, que le cédant a vendu son bien à la juste valeur marchande à la date du transfert. Par conséquent, si le bien a augmenté en valeur, le cédant réalisera un gain en capital, tandis que le bénéficiaire sera considéré comme ayant acquis le bien à la juste valeur marchande à la date du transfert. Si le bénéficiaire vend ou transfère le bien par la suite, un autre gain en capital sera réalisé si le bien a augmenté en valeur depuis la date du don.

2.4.2 Les gains de loterie ou de paris, les prix et autres récompenses
Les gains provenant d'activités qui offrent la possibilité de gagner un prix ne sont pas inclus dans le revenu si cette possibilité n'est que le résultat du hasard (par exemple, les jeux de loterie et les paris). Les prix reliés à votre emploi sont toutefois considérés comme des récompenses pour services rendus et sont imposables à titre de revenu d'emploi.

2.5 LES REVENUS EXONÉRÉS
Contrairement aux deux exemples ci-dessus, plusieurs catégories de revenus sont exonérées d'impôt. Il s'agit notamment de certaines pensions de service militaire et de la GRC, du revenu octroyé par suite

d'un préjudice personnel et des allocations pour frais reçues par les membres d'assemblées législatives et les conseillers municipaux.

2.6 LES PERSONNES EXONÉRÉES

Enfin, certaines catégories de personnes, y compris les particuliers, les sociétés et les fiducies, sont exonérées d'impôt au Canada, quel que soit le type de revenu qu'elles gagnent. Il s'agit notamment des personnes suivantes :

- Le personnel diplomatique d'autres pays
- Les sociétés détenues par les municipalités ou les provinces
- Les chambres de commerce
- Les organismes et les fondations de bienfaisance
- Les organismes sans but lucratif
- Les organisations ouvrières et les sociétés ou associations de bienfaisance ou de secours mutuel
- Les fiducies en vertu de divers régimes de revenus différés

Naturellement, les règles d'admissibilité à titre de personne exonérée sont très strictes et l'ADRC les applique rigoureusement.

2.7 L'IMPOSITION À TAUX PROGRESSIFS

2.7.1 Les taux d'imposition marginaux

Par souci d'équité, le régime d'imposition sur le revenu des particuliers au Canada utilise des taux progressifs d'imposition. Le pourcentage d'impôt que vous devez verser augmente au même rythme que votre revenu imposable. Ainsi, les revenus qui se situent dans une tranche d'imposition supérieure sont plus fortement imposés que les revenus qui se situent dans une tranche d'imposition inférieure. Les différents taux d'impôt applicables à divers niveaux de revenu constituent les tranches d'impôt marginal. Connaissant votre taux d'impôt marginal, vous pouvez calculer le montant payable à l'État pour chaque dollar supplémentaire de revenu imposable que vous réalisez.

Comprendre la notion des tranches d'impôt marginal est essentiel pour réussir la planification du revenu familial, en particulier à l'égard du fractionnement du revenu. Par exemple, si votre revenu se situe dans la tranche d'imposition de 45 % et que vous pouvez en transférer une part à un membre de la famille dont le revenu se situe dans la tranche de 25 %, la famille économise alors 20 ¢ pour chaque dollar imposable ainsi transféré (tant que ce membre de la famille ne passe pas à la tranche d'imposition suivante).

Les tranches d'impôt marginal vous indiquent aussi les sommes que vous pouvez épargner lorsque vous engagez des frais déductibles d'impôt. Si votre tranche d'imposition s'établit à 45 % et que vous pouvez déduire 1 $ de votre revenu imposable, vous économisez 45 ¢ d'impôt ; cette économie de 45 ¢ signifie que le coût après impôts de vos dépenses pour chaque dollar déductible d'impôt est en fait de 55 ¢. Étant donné les tranches d'impôt marginal, les frais déductibles d'impôt se revèlent plus intéressants pour les contribuables à revenu élevé que pour ceux dont le revenu est faible.

Vous trouverez au chapitre 19 les tables d'impôt sur le revenu en vigueur pour l'année courante.

Chapitre 3

LES 5 FACETTES DE LA PLANIFICATION FISCALE

3.1 LES NOTIONS CLÉS

La planification fiscale peut être divisée en cinq stratégies principales :

1. *Le fractionnement du revenu*

Le transfert de revenu d'un contribuable se trouvant dans une tranche d'imposition élevée à un autre se trouvant dans une tranche moins élevée.

2. *Le transfert de revenu*

3. *Le choix des placements*

La transformation du revenu tiré d'une source donnée qui en fait un revenu totalement imposable à une autre source, laquelle permet une exemption totale ou partielle.

4. *Le report du revenu*

Le report de la constatation d'un revenu, à des fins fiscales, sur des années subséquentes. Le report du revenu peut s'effectuer d'une année où le taux d'imposition est élevé à une année où ce taux est moins élevé, ou le report de déductions d'une année où le taux d'imposition est peu élevé à une année où ce taux est élevé.

5. L'utilisation d'abris fiscaux
L'utilisation des stimulants fiscaux prévus par la loi dans le but de profiter au maximum du plus grand nombre de déductions et de réduire le revenu imposable.

3.1.1 Le fractionnement du revenu

On parle de fractionnement du revenu lorsqu'un revenu, généralement attribué à un particulier, est réparti entre ce dernier et une autre personne dont le taux d'imposition marginal est inférieur au sien, par exemple son conjoint (y compris un conjoint de fait) ou ses enfants. Si l'écart entre les taux d'imposition marginaux des deux personnes est de 20 %, l'épargne fiscale atteindra 200 $ pour chaque tranche de 1 000 $ transférée (en supposant que le transfert n'entraîne pas une hausse de la tranche d'imposition du bénéficiaire du transfert). Le fractionnement du revenu sera réussi si les règles suivantes sont respectées : l'assurance que le transfert de revenu n'entraîne pas une hausse du palier d'imposition du particulier se situant dans une tranche moins élevée et que les règles d'attribution sont suivies.

La définition des règles d'attribution. Le gouvernement est conscient des avantages que procure le fractionnement du revenu entre contribuables, et la Loi de l'impôt sur le revenu renferme des dispositions, appelées « règles d'attribution », visant à décourager le fractionnement du revenu. Ces règles ont pour effet d'attribuer le revenu au particulier responsable du transfert. Ce dernier sera donc imposé sur ce revenu même si, dans les faits, une partie de ce revenu a été transférée à des tiers.

Comment éviter les règles d'attribution. En général, étant donné l'ampleur des règles d'attribution, il est devenu difficile, voire impossible, de faire en sorte qu'en peu de temps un revenu important soit imposé entre les mains de votre conjoint ou de vos enfants. Pour cette raison, le fractionnement du revenu doit maintenant commencer le plus tôt possible et être fréquemment mis à jour pour profiter des possibilités qui existent encore. Voyez les différentes options discutées aux chapitres 11 et 12, mais rappelez-vous que ces stratégies sont valables seulement si votre revenu est en tout temps plus élevé que celui de votre conjoint et de vos enfants.

ATTENTION ! **Il existe toutefois un impôt relatif au fractionnement du revenu visant les enfants mineurs ou les fiducies créées au profit d'enfants mineurs.**

Plus précisément, cet impôt porte sur le revenu gagné par des enfants mineurs ou des fiducies créées à leur intention. Le revenu visé est celui provenant d'une entreprise familiale, de dividendes imposables ou autres avantages conférés à un actionnaire provenant d'une société fermée canadienne ou étrangère. En vertu de cet impôt, le revenu gagné par l'enfant mineur est imposé au taux marginal supérieur et seuls le crédit d'impôt pour dividendes et le crédit pour impôt étranger sont permis. Les mécanismes existants sont assujettis à ce nouvel impôt.

Des exceptions sont prévues dans le cas d'un enfant qui détient des actions d'une société privée reçues en héritage d'un parent. De plus, si l'enfant vend les actions et souscrit des placements dans une société ouverte, la règle ne s'applique pas. Enfin, le revenu de gains en capital n'est pas assujetti à l'impôt. Vous devriez consulter votre conseiller fiscal afin de déterminer si les mécanismes existants ou prévus entre vous et vos enfants pourraient éventuellement être touchés.

3.1.2 Le transfert de revenu

Si vous désirez vous prévaloir d'un avantage fiscal au moyen d'un transfert de revenu, vous devez avoir une idée approximative de votre revenu actuel et futur, et être conscient des possibilités de contrôler le moment de vos rentrées et sorties de fonds. Les propriétaires d'entreprises et les professionnels ont davantage la possibilité de transférer des revenus que la plupart des employés.

3.1.3 Le choix des placements

Pour bien choisir vos placements, vous devez savoir comment les différents types de revenus sont imposés au Canada. Par exemple, le traitement fiscal réservé aux dividendes reçus de sociétés canadiennes et aux gains en capital se montre plus favorable que celui réservé aux revenus d'intérêts. Par conséquent, si le rendement sur les investissements est le même, investir dans des titres qui rapportent des dividendes est plus intéressant du point de vue fiscal que d'investir, par exemple, dans des obligations qui rapportent des intérêts. Mais avant de vous départir de vos placements qui rapportent des intérêts, une part importante de votre décision doit reposer sur les coûts que vous devrez engager pour changer la répartition de vos placements. Par exemple, vous pourriez être pénalisé lors du transfert d'un placement d'un compte portant intérêt à un compte qui génère des revenus sous la forme de gains en capital. Si la pénalité excède l'avantage fiscal, il vaudrait mieux envisager une autre option.

3.1.4 Le report du revenu et des impôts

L'appellation « revenu reporté » désigne le revenu qui, à des fins fiscales, figurera sur les déclarations de revenus d'années subséquentes. L'avantage d'un report du revenu réside dans le fait que le paiement des impôts qui en découlent est lui aussi retardé. Et l'impôt reporté n'est-il pas de l'impôt payé en moins ? Le fait de reporter le paiement de vos impôts à une année subséquente vous permettra de tirer profit des possibilités de placements qui s'offrent à vous aujourd'hui. Par exemple, si vous reportez d'un an le paiement d'impôts de 1 000 $ et que vous en retirez un intérêt de 10 % au cours de la même année, vous avez réalisé une économie de 100 $ (moins, naturellement, tout impôt à payer sur ces 100 $).

Depuis quelques années, les possibilités de report du revenu ont sensiblement diminué, notamment en ce qui a trait au revenu d'intérêt qui doit désormais être imposé annuellement, et ce, même s'il n'est pas encaissé (voir chapitre 8). Ces règles s'appliquent à tous les contribuables, y compris aux particuliers et aux fiducies dont les bénéficiaires sont des particuliers. Cependant, le revenu gagné par l'intermédiaire des régimes de revenu différé n'est pas touché par ces règles, notamment les régimes enregistrés d'épargne-retraite, les régimes de participation différée aux bénéfices et les régimes de pension agréés.

3.1.5 L'utilisation d'abris fiscaux

Bon nombre de Canadiens bénéficiant d'un revenu élevé se sont rendu compte, à leurs dépens, que l'aspect le plus important d'un abri fiscal, c'est sa valeur de placement et non les économies immédiates d'impôt qui en découlent.

Le fait d'obtenir une déduction fiscale pour les fonds que vous investissez dans un abri fiscal est une piètre consolation si vous finissez par perdre ces fonds parce qu'il s'agit d'un mauvais placement. Si vous envisagez d'investir dans un abri fiscal, il serait avisé de consulter un spécialiste avant de risquer vos fonds et votre tranquillité d'esprit.

Chapitre 4

LA PLANIFICATION
SUCCESSORALE

Vous serez peut-être tenté de sauter le présent chapitre, croyant à tort que vous êtes trop jeune ou pas assez riche pour avoir une « succession » qui vaille la peine d'être planifiée. Pourtant, toute personne majeure devrait songer à ce qu'il adviendra de ses biens à son décès. De plus, elle devrait s'occuper des préparatifs nécessaires, de sorte que les membres de sa famille ne soient pas démunis le moment venu.

ATTENTION ! **Chaque année, des milliers de Canadiens périssent dans des accidents ou à la suite d'une maladie soudaine. Nombre d'entre eux ne laissent aucun testament. Bien qu'il soit probable que vous viviez très vieux, vous vous devez, et devez à votre famille, de mettre de l'ordre dans vos affaires.**

La planification successorale consiste à créer puis à maintenir un programme conçu pour préserver vos biens et les distribuer à vos héritiers de la manière la plus efficace possible, conformément à votre volonté.

Les nombreuses modifications apportées à la législation fiscale au cours des dernières années ont eu des répercussions sur la presque totalité des planifications successorales existantes ; elles ont aussi influencé les personnes qui envisagent une telle planification.

- L'abolition, le 22 février 1994, de l'exemption cumulative à vie de 100 000 $ pour gains en capital a modifié l'imposition des actifs transmis aux héritiers.

- Les restrictions de plus en plus importantes touchant les règles relatives au fractionnement du revenu entre les membres d'une même famille sont telles qu'il peut s'avérer nécessaire de procéder à la restructuration de plusieurs planifications successorales.

- L'impôt minimum de remplacement peut avoir une incidence sur la façon d'envisager la planification successorale pour un certain nombre de contribuables à revenu élevé, particulièrement ceux qui détiennent des placements dans des abris fiscaux.

- Les changements apportés, dans plusieurs provinces, à la législation sur le droit de la famille ont des conséquences importantes sur le transfert des biens d'une génération à l'autre.

- Pour les résidents du Québec, la réforme du Code civil, qui est entrée en vigueur le 1er janvier 1994, a apporté de nombreux changements au chapitre des successions.

4.1 LES OBJECTIFS

Généralement, les objectifs de la planification successorale sont les suivants :

- Vous assurer de fonds suffisants pour vous et votre famille, maintenant et pour l'avenir, et pour vos héritiers après votre décès.

- Distribuer vos biens, selon votre volonté, au cours de votre vie et après votre décès, de façon que vos héritiers puissent en bénéficier au maximum.

- Réduire, tant actuellement que dans l'avenir, les diverses formes d'érosion de vos biens, dont l'impôt.

Vos objectifs de planification successorale doivent être réalistes. De plus, il est important de revoir périodiquement votre structure de planification successorale, qui doit faire preuve de suffisamment de souplesse pour s'adapter aux imprévus pouvant survenir dans votre situation financière ou personnelle ainsi qu'aux événements indépendants de votre volonté, comme les modifications apportées à la législation.

4.1.1 Les aspects financiers

Stratégie de planification

Pour élaborer une planification successorale, vous devez d'abord évaluer votre situation actuelle quant à vos biens, à votre endettement et à votre revenu.

Essayez de prévoir l'évolution de votre situation financière : liquidation d'éléments d'actif (par exemple votre entreprise), remboursement d'hypothèques, frais pour l'éducation de vos enfants, achat de biens pour vos loisirs ou votre retraite, etc.

Vous devriez également tenter de prévoir quelle sera l'influence de l'économie sur la bonne marche de vos affaires, sur vos biens et vos revenus. Si l'inflation se situe en moyenne à 4 % par année, le dollar d'aujourd'hui vaudra 0,50 $ dans 18 ans et 0,25 $ dans 36 ans.

4.1.2 Comment préparer une rencontre avec votre conseiller en planification successorale

Un conseiller en planification successorale a besoin de renseignements précis et récents concernant vos finances ; il doit bien comprendre vos objectifs financiers et personnels. Il doit donc être parfaitement au courant de vos affaires.

Une fois que vous avez choisi un conseiller (il s'agira le plus souvent d'un comptable, d'un avocat ou d'un notaire), fournissez-lui des renseignements complets au sujet de votre situation financière et de vos projets d'avenir, notamment :

• La liste de vos biens et de vos héritiers

• Les documents et conventions hypothécaires

• Les conventions entre actionnaires et les conventions de sociétés

• Les formulaires de REER et d'assurance-vie

• Les contrats de mariage

• Les noms des liquidateurs de votre succession

Pour qu'une telle planification soit efficace, un certain nombre de personnes doivent y collaborer : votre comptable, votre conseiller juridique, votre agent d'assurances, votre conseiller financier et, dans certains cas, vos associés. Il est aussi préférable de faire participer votre conjoint à l'établissement de vos objectifs de planification successorale. Cette façon de procéder ne convient pas nécessairement à tout le monde. Cependant, si vos affaires sont un tant soit peu compliquées et que votre conjoint doit les gérer à votre décès, il vaudrait mieux l'informer dès maintenant des dispositions que vous entendez prendre.

4.1.3 Les objectifs de la planification successorale

Sur le plan fiscal, vos objectifs de planification successorale devraient se résumer comme suit :

1. Réduire et reporter vos impôts actuels et futurs en vue de préserver vos biens.

2. Transférer tout fardeau fiscal éventuel à vos héritiers de façon que les impôts soient payables seulement lorsqu'ils disposeront à leur tour des biens en cause.

3. Réduire les impôts résultant de votre décès afin d'accroître la valeur de votre succession.

4.2 L'ÉVOLUTION DE LA PLANIFICATION SUCCESSORALE

Votre approche de la planification successorale évoluera au cours des différentes étapes de votre vie. Puisque votre planification successorale dépend de votre situation particulière et de celle de votre famille, nous pouvons seulement vous tracer les grandes lignes des éléments dont une famille type doit tenir compte dans le cadre de sa planification.

4.2.1 La planification successorale en début de carrière

Entre 25 et 40 ans, il est probable que vous partagerez votre vie avec un conjoint et que vous fonderez une famille. Vous commencerez votre carrière ou vous démarrerez une nouvelle entreprise. Vous aurez alors peu de biens. Votre principal souci dans ce cas est de protéger les personnes qui sont à votre charge au cas où vous ou votre conjoint décéderiez ou ne seriez plus en mesure de faire vivre votre famille.

Stratégie de planification

Votre planification successorale peut se limiter à assurer le remboursement de l'emprunt hypothécaire sur votre domicile ainsi qu'à maintenir une assurance-vie (vraisemblablement une assurance temporaire) et une assurance en cas d'invalidité à long terme, d'un montant suffisant.

À cette étape, il est probable que vous léguerez purement et simplement la totalité de vos biens à votre conjoint dans votre testament.

Lorsque vous bénéficierez de plus de revenus, vous voudrez sans doute commencer à économiser pour acheter certains biens, pour les études de vos enfants ou pour votre retraite. Cette situation influera également sur votre planification successorale.

 **Stratégie** de planification

Le conjoint ayant le revenu le plus élevé devrait contribuer à des régimes enregistrés d'épargne-retraite (REER) pour lui-même et pour son conjoint.

Vous trouverez peut-être intéressant également d'acquitter des primes d'assurance-vie plus élevées en vue d'accroître la sécurité de votre famille et de vous prévaloir des avantages d'un placement qui découlent d'une assurance-vie permanente.

4.2.2 La planification à la mi-carrière

De 40 à 55 ans, vous aurez probablement amassé plus de biens puisque vous bénéficierez d'un revenu familial plus élevé. Cependant, vous devrez peut-être faire face à des dépenses accrues, comme les études postsecondaires de vos enfants.

Stratégie de planification

À cette étape, vous continuerez à contribuer à un régime de retraite, que ce soit un REER ou un régime de pension agréé de votre employeur. Vous préférerez peut-être annuler votre police d'assurance-vie temporaire pour contracter une assurance permanente.

Il serait également opportun de restructurer vos affaires commerciales et vos placements de façon à réduire vos impôts et à vous permettre d'épargner et d'accumuler des biens en vue de la retraite.

4.2.3 La planification en vue de la retraite

Vers 55 ans, il est temps de songer sérieusement, si ce n'est déjà fait, à planifier vos affaires en vue de votre retraite.

ATTENTION ! **Vous devez vous assurer que vos revenus de retraite seront suffisants pour répondre à vos besoins et que vos économies vous permettront de faire face aux imprévus.**

Vous devriez continuer de contribuer à votre REER ou à votre régime de retraite et vous effectuerez sans doute encore des placements. Vous devez vous interroger sur le genre de revenu que vous choisirez à la retraite au moment de l'échéance de votre REER et de vos autres régimes de retraite. Si vous possédez une entreprise, vous aurez peut-être l'intention de la vendre pour accroître votre revenu de retraite ou de créer un plan de relève pour vous retirer progressivement afin de faire place à d'autres.

ATTENTION ! Si vous êtes propriétaire d'une entreprise, assurez-vous de bien planifier votre succession en vous faisant aider par un professionnel.

La Loi de l'impôt sur le revenu prévoit une aliénation réputée de tous vos biens à votre décès, de sorte que le gain en capital cumulé sur ces biens devient imposable à ce moment : cela peut diminuer sensiblement la valeur de votre succession. Cependant, en aliénant vos biens de façon appropriée pendant votre vie et en rédigeant soigneusement votre testament, vous pouvez minimiser les con-séquences fiscales de cette aliénation réputée au décès. Vous pouvez léguer une partie de vos biens à vos héritiers au cours de votre vie ou créer des fiducies en leur nom, qui pourraient prendre effet de votre vivant ou après votre décès.

4.3 VOTRE TESTAMENT

Le testament constitue le principal outil de planification successo-rale. En fait, sans lui, votre famille ne serait pas du tout préparée à faire face aux conséquences financières et émotionnelles de votre décès. Il convient de rédiger un testament dès que vous avez des personnes à votre charge.

Dans votre testament, à titre de testateur, vous désignez un liquida-teur pour votre succession, nommez vos bénéficiaires et indiquez vos volontés concernant la répartition de vos biens. Il est important de consulter votre conjoint au moment de rédiger votre testament afin qu'il puisse comprendre les choix que vous faites. Si votre conjoint les approuve, il est peu probable qu'il conteste le testament à votre décès.

4.3.1 Le liquidateur

Le liquidateur, comme le fiduciaire, assume de lourdes respon-sabilités. Vous devez vous assurer non seulement que la personne désignée acceptera cette tâche, mais qu'elle sera aussi en mesure d'en remplir convenablement les fonctions. Elle doit être parfaitement au courant de vos affaires et posséder les compétences requises pour les gérer. Assurez-vous que votre testament contient des instructions claires.

ATTENTION ! **Le liquidateur est la personne chargée de faire respecter vos dernières volontés exprimées dans votre testament. Il doit être habilité, par les clauses de votre testament, à prendre toutes les décisions concernant le règlement de votre succession.**

Il est important de souligner que le liquidateur est responsable de maintenir la valeur de la succession jusqu'au partage des biens entre les bénéficiaires. Par conséquent, s'il considère que dans le meilleur intérêt de votre entreprise celle-ci devrait être gérée de l'extérieur avant que vos enfants en aient la charge, votre testament doit lui permettre de faire le nécessaire. Sinon, le liquidateur doit remettre le contrôle de votre entreprise aux personnes désignées, même si celles-ci sont incapables de l'administrer. Il ne peut alors que leur conseiller de faire appel à des spécialistes de l'extérieur ou de vendre l'entreprise avant que sa valeur ne chute gravement.

Souvenez-vous que les dispositions prises avant votre décès auront un effet décisif sur le règlement de votre succession. Si vos directives sont imprécises, le liquidateur, même en agissant de bonne foi, pourrait mal interpréter vos volontés ou voir ses pouvoirs contestés.

4.3.2 Le décès sans testament

 **ATTENTION !** En l'absence d'un testament, la répartition des biens sera régie par le Code civil du Québec ou par la législation sur le droit de la famille dans les autres provinces.

Les lois varient d'une province à l'autre. La législation de plusieurs provinces prévoit une réserve en faveur du conjoint survivant, dans le cas d'un décès sans testament après que les dettes du défunt ont été payées. Le conjoint reçoit une somme équivalant à la réserve prévue par la loi et partage le reste de la succession avec les enfants, s'il y a lieu. Étant donné que ce genre de répartition est purement arbitraire, elle ne répond habituellement pas aux volontés de la personne décédée ni aux besoins des membres de la famille. La rédaction d'un testament vous donne l'occasion de faire vos propres choix quant à la distribution de votre actif.

Au Québec, lorsqu'une personne décède sans testament, le conjoint survivant hérite du tiers de la succession, et les enfants, des deux tiers. Il faut aussi tenir compte du patrimoine familial dont la valeur devra être divisée en parts égales entre l'époux survivant et les héritiers.

4.3.3 La révision du testament

Votre testament devrait être révisé et modifié, s'il y a lieu, au moins tous les cinq ans. De plus, il devrait être révisé dès que survient le décès d'un bénéficiaire éventuel, du liquidateur, ou encore dès que surviennent des changements dans votre situation familiale ou financière.

L'entrée en vigueur en 1994 de la réforme du Code civil au Québec constitue une raison supplémentaire de consulter un professionnel pour réviser votre testament, si ce n'est déjà fait, et le modifier, s'il y a lieu.

Les modifications apportées aux lois sont susceptibles d'avoir une incidence sur la validité de votre testament. À titre d'exemple, dans certaines provinces, la législation portant sur le partage des biens matrimoniaux a préséance sur les dispositions de votre testament. Au Québec, il s'agit du patrimoine familial. De plus, la loi stipule dans la plupart des provinces (mais non au Québec) que vous ne pouvez pas déshériter totalement votre conjoint ou une personne qui est à votre charge. Tous les autres éléments de votre planification successorale, tels que vos polices d'assurance et vos régimes de retraite et d'épargne-retraite, doivent aussi faire l'objet d'une révision. Si des changements surviennent dans votre vie et que les circonstances le demandent, n'oubliez pas de changer le nom des bénéficiaires de vos assurances et de vos régimes différés si vous ne voulez pas qu'une part importante de votre succession soit dévolue à une personne que vous ne voulez plus avantager.

En vue d'éviter tout problème futur, il est souhaitable de recourir aux services d'un conseiller juridique expérimenté dans les domaines des successions et du droit de la famille. Avant de signer votre testament, vous devriez, par prudence, le faire réviser par votre conseiller fiscal.

4.4 L'IMPOSITION LORS DU DÉCÈS

Si vous comprenez bien la façon dont les biens sont imposés au décès, vous serez plus en mesure de décider de leur répartition dans votre testament et même de leur distribution au cours de votre vie.

Les gouvernements fédéral et provinciaux ne prélèvent, lors d'un décès, aucun impôt (droits de succession) sur la valeur des biens qui sont transférés aux héritiers. Seuls les montants reçus ou réputés reçus par la personne décédée ainsi que ses gains en capital réalisés (ou réputés réalisés) sont soumis à l'impôt sur le revenu.

À la suite d'un décès, quatre types de contribuables peuvent être assujettis à l'impôt : la personne décédée, la succession (aussi longtemps que le liquidateur ne procédera pas à sa liquidation), toute fiducie qui a été créée en vertu du testament de la personne décédée et, enfin, les héritiers.

4.4.1 Les règles d'aliénation réputée

Dans l'année du décès, l'année d'imposition de la personne décédée commence le 1er janvier et se termine à la date du décès. Une déclaration de revenus finale doit être produite. Elle doit inclure la totalité des revenus obtenus jusqu'à la date du décès, c'est-à-dire les intérêts, les loyers, les redevances, les annuités, les rémunérations tirées d'un emploi et les autres montants payables périodiquement qui s'étaient accumulés sans être à payer au moment du décès, ainsi que ceux qui étaient payables mais qui sont demeurés impayés. Y sont aussi déclarés les gains nets en capital imposables ou les pertes subies avant le décès, mais qui n'ont pas été inclus dans le revenu au cours d'une année antérieure.

En outre, la personne décédée est réputée avoir aliéné la totalité de ses immobilisations immédiatement avant son décès pour une contrepartie égale à leur juste valeur marchande immédiatement avant le décès. Ces aliénations réputées peuvent entraîner un gain ou une perte en capital ainsi qu'une perte finale ou une récupération de l'amortissement déjà réclamé, qui doivent être inclus dans la déclaration de revenus finale.

Un montant considérable d'impôt peut découler de ces aliénations réputées. Comme il n'y a pas eu aliénation réelle de ces biens, la succession pourra éprouver de la difficulté à trouver les fonds nécessaires pour acquitter l'impôt. Mince consolation, l'impôt minimum de remplacement ne s'applique pas dans l'année du décès.

Stratégie de planification

Un particulier peut éviter certaines des conséquences fiscales négatives des règles de disposition réputée en transférant, par testament, des biens à un conjoint ou à une fiducie en faveur du conjoint, et en transférant tout bien agricole ou toute participation dans un bien agricole à ses enfants.

Lorsqu'un bien est transféré au conjoint ou à une fiducie en sa faveur, il n'y a pas de répercussions fiscales lors du décès, à moins qu'un choix contraire ne soit effectué. Le conjoint ou la fiducie en sa faveur hérite du bien pour un montant correspondant au coût fiscal de ce bien pour la personne décédée (c'est-à-dire le coût auquel la personne décédée a acquis ou est réputée avoir acquis le bien). Avant d'utiliser cet allégement à l'égard de biens admissibles à l'exemption à vie de 500 000 $ pour gains en capital, il faut toutefois s'assurer que la personne décédée a déjà entièrement utilisé cette exemption. Lorsqu'une résidence principale est transférée au conjoint ou à une fiducie en sa faveur, ceux-ci conservent l'exemption concernant la résidence principale de la personne décédée.

Lorsqu'un bien agricole, une participation dans une société de personnes agricole familiale ou des actions d'une société agricole familiale sont légués à un enfant (un petit-enfant ou un arrière-petit-enfant) de la personne décédée, le transfert entraîne un report total d'impôt et l'enfant acquiert ces biens pour un montant correspondant à leur coût fiscal pour la personne décédée. Il est possible de faire le choix que ce report ne s'applique pas, en tout ou en partie, ce qui permet d'augmenter le coût fiscal du bien agricole entre les mains de l'enfant. Il faut aussi s'assurer que la personne décédée a utilisé complètement son exemption cumulative à vie de 500 000 $ pour gains en capital avant son décès ou au décès.

Ces situations sont souvent appelées des « roulements ». Vos héritiers prennent alors en charge la totalité du fardeau fiscal éventuel qui ne sera toutefois payable que lorsqu'ils aliéneront ou seront réputés avoir aliéné les biens acquis lors de votre décès.

4.4.2 Les déclarations de revenus facultatives

Si la personne décédée était propriétaire d'une entreprise ou associée dans une société de personnes, bénéficiaire d'une fiducie testamentaire, ou encore si elle avait « des droits ou des biens » (qui sont généralement des revenus non matérialisés à la date du décès), le liquidateur a la possibilité de déclarer une partie des revenus d'entreprise, de fiducie ou « de droits ou de biens » au moyen de trois autres déclarations de revenus distinctes.

 **Stratégie** de planification

L'avantage de produire des déclarations distinctes est que, dans chacune de ces déclarations de revenus, la personne décédée est considérée comme un contribuable distinct permettant aussi l'utilisation de crédits d'impôt additionnels et donnant accès aux taux progressifs d'impôt plus avantageux.

Tous les crédits d'impôt personnels peuvent donc être réclamés dans chaque déclaration de revenus, ce qui entraîne une économie d'impôt, et le fractionnement du revenu entre les différentes déclarations de revenus permet d'effectuer une économie supplémentaire en raison du régime d'imposition progressif.

4.4.3 L'imposition de la succession

Il arrive fréquemment que les biens productifs de revenus soient détenus en fiducie par la succession durant un certain temps avant d'être transférés aux bénéficiaires. La plupart du temps, la succession est alors imposée sur la totalité des revenus qu'elle a réalisés à compter de la date du décès, à l'exception des revenus qui doivent être imposés entre les mains des bénéficiaires parce qu'ils leur étaient payables, leur ont été versés ou ont fait l'objet d'un choix de bénéficiaire privilégié.

Votre testament devrait accorder des pouvoirs assez étendus au liquidateur de votre succession pour lui permettre d'entreprendre une certaine planification fiscale testamentaire visant à diminuer l'impôt dans votre déclaration de revenus finale et à réduire les conséquences pour vos bénéficiaires. Le roulement en faveur du conjoint en est un exemple (voir 4.6.3).

4.4.4 Les impôts étrangers lors du décès

Si vous possédez des biens aux États-Unis ou que vous-même ou l'un de vos bénéficiaires êtes citoyen américain (ou résident des États-Unis), l'impôt fédéral sur les successions et les impôts correspondants en vigueur dans différents États américains peuvent s'appliquer. La Convention fiscale entre le Canada et les États-Unis contient des règles relatives aux impôts au décès à l'égard des biens américains. Si vous possédez des biens aux États-Unis, vous devriez consulter votre conseiller fiscal pour déterminer quelles mesures, s'il y a lieu, devraient être prises pour réduire ou éliminer cette charge fiscale.

4.5 LES TECHNIQUES DE PLANIFICATION

Il ne faut pas perdre de vue que certaines des techniques présentées ci-dessous nécessitent des compromis. L'économie d'impôt réalisée peut être assortie d'une perte de contrôle sur le bien visé ou elle peut

restreindre quelque peu la souplesse de votre planification successorale. Le choix des techniques que vous pourriez utiliser dépend avant
tout de votre situation personnelle et financière ainsi que de vos
objectifs de planification successorale.

4.5.1 *Les dons*

La méthode la plus directe pour atteindre les objectifs les plus
courants de planification successorale consiste à donner vos biens à
vos héritiers éventuels au cours de votre vie. Cependant, lorsque vous
transférez des titres de propriété à une autre personne, vous
transférez aussi la plus-value future de ces biens ainsi que le fardeau
fiscal qui s'y rattache. Cette stratégie comporte trois inconvénients.

D'abord, si vous transférez un bien à votre conjoint ou à l'un de vos
enfants de moins de 18 ans, vous serez soumis aux « règles d'attribution ». Autrement dit, la totalité du revenu de placement, c'est-
à-dire les intérêts, les dividendes et les revenus de location, qui est
gagné sur le bien transféré, vous est imposée jusqu'à la cessation du
mariage (décès, divorce ou séparation) ou dans l'année où l'enfant
atteint 18 ans. Les gains en capital vous sont également attribués, sauf
dans le cas d'un transfert à un enfant mineur.

Ensuite, comme les titres de propriété sont transférés, vous perdrez
le contrôle du bien et vous ne pourrez plus bénéficier personnellement de l'augmentation éventuelle de sa valeur.

Enfin, lorsque, au cours de votre vie, vous faites don d'un bien à
toute personne autre que votre conjoint, vous êtes généralement
réputé avoir encaissé le produit de l'aliénation qui correspond à la
juste valeur marchande du bien au moment du don et vous devez
immédiatement réaliser pour usage fiscal le gain ou la perte en capital
s'y rattachant.

Comme dans le cas de l'aliénation réputée des biens au décès, les règles mentionnées ci-dessus concernant l'aliénation réputée entre vifs comportent certaines exceptions. Vous pouvez reporter l'impôt au moyen d'un roulement :

• lorsqu'un bien est transféré au conjoint ou à une fiducie au profit du conjoint (bien que les gains et les pertes en capital ultérieurs vous soient attribués) ;

• lorsqu'un bien agricole est transféré à un enfant, à un petit-enfant ou à un arrière-petit-enfant.

Si vous êtes actionnaire d'une société privée canadienne qui utilise la totalité ou la quasi-totalité de la juste valeur marchande de son actif pour exploiter activement une entreprise principalement au Canada, ou qui détient des biens agricoles admissibles, vous pourriez être admissible à une exemption cumulative à vie de 500 000 $ pour gains en capital lors de l'aliénation des actions de la société (se reporter au chapitre 8). Cette exemption peut être limitée à 400 000 $ si vous avez déjà profité de l'exemption cumulative de 100 000 $.

Stratégie de planification

Si vous n'avez pas déjà utilisé votre exemption de 500 000 $, vous voudrez peut-être donner un nombre suffisant d'actions dans la société à vos enfants pour réaliser un gain en capital atteignant 500 000 $ et ainsi utiliser l'exemption.

Cette stratégie n'est toutefois guère indiquée si vous prévoyez vendre la société par actions à des tiers. Dans ce cas, il serait préférable de conserver l'exemption pour une vente sans lien de dépendance au lieu de l'utiliser pour une transaction entre des membres de la famille, mais en gardant à l'esprit que cette exemption pourrait être abolie, comme l'a été l'exemption de 100 000 $ sur les gains en capital. Planifiez maintenant.

4.5.2 Le fractionnement du revenu

Le fractionnement du revenu vise principalement à faire imposer à un parent, habituellement votre conjoint ou un enfant, à un taux moindre, un revenu pour lequel vous seriez imposé à un taux plus élevé. (Voir le chapitre 3 pour une définition du fractionnement du revenu et des règles d'attribution à la section 3.1.1. Voir aussi les chapitres 11 et 12 pour des stratégies de planification.)

4.5.3 L'utilisation des fiducies

Une fiducie signifie généralement qu'une personne détient un bien au bénéfice d'une autre personne. En termes techniques, une fiducie est constituée lorsqu'un « disposant » transfère un bien à un « fiduciaire » qui le détient au nom d'un « bénéficiaire ». Les fiducies sont soit « testamentaires » (créées au moment du décès du disposant), soit « entre vifs » (créées de son vivant).

Stratégie de planification

La fiducie est un instrument utile et souple qui permet de transférer la propriété d'un bien à un héritier éventuel tout en conservant le contrôle du bien en cause par l'entremise du fiduciaire du régime.

L'utilisation d'une fiducie peut vous permettre d'atteindre un certain nombre de vos objectifs de planification successorale. La fiducie peut en effet servir à des fins variées, comme financer les études d'un enfant, répondre aux besoins d'enfants handicapés ou obtenir l'aide d'un spécialiste pour la gestion et l'administration de vos biens. Vous devez bien réfléchir sur vos intentions derrière la création d'une fiducie et sur le choix des biens que vous lui transférerez. Par exemple, si votre intention est de créer une source de revenus future pour votre conjoint en transférant un certain nombre de vos titres à la fiducie, vous pourriez tout aussi bien considérer la création d'un REER autogéré au conjoint. Un fiscaliste peut vous aider à faire un choix.

Pour réaliser une économie d'impôt, deux conditions doivent être satisfaites. Premièrement, vous devez céder la propriété du bien détenu en fiducie, même si la gestion et l'exploitation de la fiducie elle-même restent parfois sous votre contrôle à titre de fiduciaire. Deuxièmement, vous devez éviter les règles d'attribution.

Stratégie de planification

Une fiducie entre vifs est généralement imposée au taux d'impôt maximal des particuliers. Les fiducies testamentaires bénéficient, pour leur part, d'un traitement plus favorable, car elles sont imposées aux taux progressifs applicables aux particuliers.

Lorsque le revenu de la fiducie est distribué à un bénéficiaire, directement par l'entremise d'une distribution réelle ou à la suite du choix d'un bénéficiaire privilégié (voir ci-après), ce montant est déduit du revenu de la fiducie et est imposé dans les mains du bénéficiaire, dans la mesure où les règles d'attribution ne s'appliquent pas. Une telle situation peut entraîner certaines économies d'impôt lorsque le bénéficiaire est imposé à un taux marginal peu élevé.

La Loi de l'impôt sur le revenu prévoit que certaines formes de revenus réalisés par une fiducie conservent leurs particularités lorsqu'ils sont distribués aux bénéficiaires et imposés entre leurs mains. Par exemple, les dividendes canadiens imposables reçus par une fiducie et distribués aux bénéficiaires rendent ces derniers admissibles au crédit d'impôt pour dividendes.

4.5.4 Le choix à titre de bénéficiaire privilégié

Lorsqu'un choix de ce genre est effectué, le revenu réalisé par la fiducie est imposé au bénéficiaire même s'il demeure dans la fiducie. Ce choix est permis à un bénéficiaire qui a droit au crédit d'impôt pour déficience physique ou mentale ou qui est à la charge d'une autre personne à cause d'une telle déficience. En plus d'être résident canadien, un « bénéficiaire privilégié » doit être :

- l'auteur de la fiducie, son conjoint ou son ancien conjoint ;

- l'enfant, le petit-enfant ou l'arrière-petit-enfant de l'auteur de la fiducie ; ou

- le conjoint (et non l'ancien conjoint) d'un enfant, d'un petit-enfant ou d'un arrière-petit-enfant de l'auteur de la fiducie.

De plus, l'apport de l'auteur de la fiducie en faveur de cette fiducie doit être plus important que celui de toute autre personne.

La restriction selon laquelle le bénéficiaire privilégié doit être une personne atteinte de déficience physique ou mentale a freiné l'utilisation de fiducies pour enfants mineurs. Cependant, l'Agence des douanes et du revenu du Canada (ADRC) laisse une certaine marge de manœuvre. Plusieurs fiducies permettent en effet aux fiduciaires d'effectuer des versements à des tiers au nom des bénéficiaires. Historiquement, on s'est inquiété du fait que ces paiements ne seraient pas admissibles à titre de paiements aux bénéficiaires et que la fiducie devrait prendre en charge les impôts, mais l'ADRC acceptera que les paiements soient admissibles à titre de paiements aux bénéficiaires à la condition qu'ils soient effectués à la demande d'un parent ou d'un tuteur de l'enfant. Par conséquent, une fiducie familiale pourrait être structurée de manière à payer les dépenses discrétionnaires des bénéficiaires tandis que les parents veilleraient aux besoins fondamentaux. Les dépenses discrétionnaires incluent les frais de scolarité d'un établissement d'enseignement privé, les frais de cours, d'adhésion, de déplacement, etc.

L'ADRC acceptera aussi, dans des circonstances très particulières, que les paiements provenant de tiers pour subvenir à des besoins fondamentaux soient imposés entre les mains des bénéficiaires. Une fiducie peut répondre à des besoins fondamentaux soit directement à un tiers soit au moyen de remboursements faits au parent ou au tuteur. Lors du calcul de son revenu imposable, la fiducie peut demander une déduction pour ces paiements et le bénéficiaire mineur les inclurait dans son revenu. Les parents n'auraient pas à payer des impôts additionnels dans la mesure où les règles d'attribution ne s'appliquent pas. En raison du caractère précis de ces ententes, il est préférable de demander conseil à un professionnel.

4.5.5 *La règle de disposition réputée relative aux fiducies*
Des règles spéciales empêchent les fiducies de détenir indéfiniment des biens et de reporter ainsi l'imposition des gains en capital. Selon la règle générale, la fiducie est réputée avoir aliéné la totalité de ses biens tous les 21 ans pour un montant égal à leur juste valeur marchande. Puisqu'il s'agit d'une disposition réputée, ce montant, qui peut uniquement figurer sur papier, aura tout de même une incidence sur la situation fiscale de la fiducie.

4.5.6 *Le gel successoral*
On procède habituellement à un gel successoral lorsqu'un individu possède des biens dont la valeur est susceptible d'augmenter consi- dérablement à long terme, afin d'en réduire les conséquences fiscales. Un gel efficace permet d'éliminer ou de reporter toute imposition immédiate de façon à vous permettre de conserver le contrôle de vos biens et à assurer que la plus-value éventuelle revienne à vos enfants.

Le gel successoral n'est pas un don. Dans le cas d'un don, le donateur ne reçoit rien en contrepartie et il perd le contrôle des biens en cause. Lors d'un gel successoral, l'auteur du gel conserve des biens ayant une valeur égale à la valeur actuelle des biens faisant l'objet du gel ; seules les plus-values futures sont transférées à l'enfant. Il est également possible de conserver le contrôle de ces biens. Contrairement au gel successoral, les dons aux enfants éliminent l'impôt au décès, mais ils peuvent entraîner la création immédiate d'une charge fiscale qui pourrait possiblement l'emporter sur les bénéfices à long terme.

La vente directe. La vente d'un bien à un enfant, laquelle constitue la méthode la plus simple de gel successoral, permet de réaliser la plupart de ces objectifs. L'impôt est éliminé lors du décès ; cependant, il faut inclure, dans l'année de la vente, tous les gains en capital dans son revenu imposable. Vous devez normalement vous faire remettre un billet au porteur par votre enfant, à titre de contrepartie de la vente. Vous échangez donc un bien susceptible d'augmenter en valeur contre un bien de valeur fixe. Il est possible que l'effet ne porte pas intérêt mais, si c'est le cas, les règles d'attribution s'appliquent.

ATTENTION ! Si votre enfant est mineur, il y a des considérations légales associées à la vente d'un bien à un mineur.

Avec la vente directe, vous pouvez réclamer une provision (c'est-à-dire ne pas comptabiliser le plein montant du gain en capital) lorsque vous n'encaissez pas la totalité du produit de la vente et que la fraction non payée n'est pas exigible immédiatement. Le gain en capital imposable doit être ajouté à votre revenu sur une certaine période, selon le genre de bien vendu. Selon le bien vendu, lorsque la provision est incluse dans le revenu, elle peut être admissible à l'exemption à vie de 500 000 $ pour gains en capital.

Le fait d'être habilité à exiger le paiement total ou partiel de l'effet en tout temps peut constituer, dans certains cas, une forme de contrôle des biens. Cependant, leur transfert à une fiducie dont votre enfant est bénéficiaire vous permettrait de les contrôler davantage si vous en êtes le fiduciaire.

Le gel des actions de sociétés. En général, les particuliers tiennent à geler des biens dont la valeur est susceptible d'augmenter considérablement dans l'avenir. Il s'agit le plus souvent de biens d'entreprise, habituellement des actions d'une société privée sous le contrôle du particulier. L'utilisation d'une société par actions dans le cadre d'un gel successoral accorde une bonne marge de manœuvre au particulier et, si la société est convenablement structurée, le particulier pourra atteindre tous les objectifs de planification successorale mentionnés précédemment.

4.6 LES AVANTAGES OFFERTS PAR CERTAINES DISPOSITIONS DE LA LOI

4.6.1 L'exemption relative à la résidence principale

Le chapitre 10 explique en détail les règles concernant l'exemption applicable à la résidence principale. Un certain nombre de mesures de planification successorale font appel au changement du titre de propriété de la résidence principale.

Lorsque les conjoints possèdent deux résidences (par exemple une maison en ville et un chalet d'été), ils peuvent envisager le transfert de la propriété de l'une des résidences, disons le chalet, aux enfants ou aux petits-enfants qui habitent à cet endroit pendant au moins une partie de l'année. Une telle démarche exigera peut-être de payer certains frais à court terme, c'est-à-dire l'impôt sur le gain en capital correspondant à la plus-value du bien depuis 1981. Tout gain réalisé ultérieurement lors de l'aliénation de l'autre résidence du couple sera généralement libre d'impôt selon les règles relatives à la résidence principale. De plus, étant donné que les règles d'attribution ne s'appliquent pas aux gains en capital réalisés sur un bien transféré aux enfants, qu'ils aient moins de 18 ans ou non, tout gain résultant de la vente éventuelle du chalet sera imposé une fois entre les mains des enfants. Le chalet peut aussi constituer la résidence principale des enfants majeurs ou mariés et, dans ce cas, ceux-ci bénéficient de la pleine exemption.

Si vous vendez ou donnez le chalet à vos enfants, il est évident que vous et votre conjoint n'avez plus légalement le droit de l'occuper. L'acceptation d'une contrepartie sous forme d'un billet au porteur sur demande peut vous permettre d'exercer un certain contrôle sur le bien, mais peut-être pas autant que vous le voudriez. Une autre solution consisterait à transférer le bien en question à une fiducie discrétionnaire créée à votre nom et à celui de vos enfants. Le contrat de fiducie peut être rédigé de façon à vous permettre de donner le chalet à un enfant en particulier dans l'avenir, tout en vous assurant que la plus-value éventuelle sera cumulée au profit du propriétaire ultime.

4.6.2 *Les régimes enregistrés d'épargne-retraite (REER)*

Les REER constituent probablement le mode de report d'impôts le plus courant de nos jours (voir le chapitre 13). Ils permettent en effet de réduire les revenus annuels imposables (jusqu'à concurrence de plafonds précis) du montant de la contribution versée dans l'année. L'avantage à long terme consiste dans le fait que les revenus qui s'accumulent dans des REER sont protégés de l'impôt.

Aux fins de planification successorale, il serait préférable de nommer un bénéficiaire pour votre REER, de façon à ce que l'actif de votre REER soit transmis au bénéficiaire désigné à l'extérieur de votre succession. De plus, si vous nommez votre conjoint à titre de bénéficiaire, votre succession n'aura aucun impôt à payer à l'égard du transfert à votre conjoint. En outre, ce dernier pourra reporter l'impôt sur ce transfert si l'actif est transféré à son propre REER.

Stratégie de planification

Vous pouvez nommer à titre de bénéficiaire un enfant ou un petit-enfant financièrement à votre charge, même si vous avez un conjoint survivant. Si votre enfant ou petit-enfant est âgé de plus de 18 ans, il doit également être admissible au crédit pour déficience physique ou mentale. Au moment du transfert de l'actif à l'enfant ou au petit-enfant à charge, votre succession n'aura aucun impôt à payer. Un enfant ou un petit-enfant admissible de plus de 18 ans peut également transférer l'actif de votre REER à son propre REER. Un enfant ou un petit-enfant de moins de 18 ans peut transférer l'actif à une rente à terme échéant à son 18ᵉ anniversaire.

4.6.3 Le roulement en faveur du conjoint ou d'une fiducie au profit du conjoint

Si vous léguez une immobilisation à votre conjoint ou à une fiducie en sa faveur, le bien en cause peut être transféré pour un montant correspondant à votre coût fiscal, et cette opération n'entraîne pas d'imposition à votre décès. Pour que s'appliquent ces règles de roulement entre conjoints, il faut respecter certains critères que voici :

• Vous devez être résident canadien immédiatement avant votre décès.

- La propriété du bien doit être réellement transférée à votre conjoint ou à une fiducie en sa faveur.

- Si vous transférez le bien à votre conjoint, celui-ci doit être résident canadien immédiatement avant votre décès.

- La fiducie au profit du conjoint doit être testamentaire (c'est-à-dire créée par votre testament) et elle doit être résidente du Canada lorsque le bien lui est transféré.

- L'acquisition irrévocable du bien par le conjoint ou par la fiducie en sa faveur doit habituellement avoir lieu dans les 36 mois qui suivent votre décès.

- Si le bien est transféré à une fiducie au profit du conjoint, celui-ci doit en recevoir la totalité des revenus au cours de sa vie et aucune autre personne ne peut recevoir ni utiliser le revenu ou le capital de la fiducie durant cette période.

Le liquidateur de votre succession peut procéder à une certaine planification après votre décès. À titre d'exemple, il peut choisir de ne pas appliquer les dispositions de roulement à certains biens. Une telle façon de procéder peut permettre la pleine utilisation de vos pertes reportées des années antérieures et de votre exemption cumulative de 500 000 $ pour gains en capital si le choix porte sur des biens admissibles. Cela réduira la charge fiscale future de votre conjoint.

4.6.4 L'assurance-vie
L'assurance-vie joue un rôle important dans le cadre de la planification successorale et peut servir à plusieurs fins :

- Produire un revenu de placement de façon à combler une baisse de revenu.

- Servir à accumuler pendant votre vie des fonds donnant droit à un paiement libre d'impôt à vos bénéficiaires au moment de votre décès.

- Aider un actionnaire survivant d'une société par actions ne comptant que peu d'actionnaires en vue de financer l'achat des actions de la succession ou des héritiers de l'actionnaire décédé.

- Créer des liquidités suffisantes lors du décès en vue du paiement de l'impôt et des autres dettes.

- Offrir des biens supplémentaires aux enfants qui ne participent pas à l'entreprise familiale. En l'absence de fonds provenant d'une assurance, les enfants qui ne participent pas à l'entreprise pourraient recevoir des actions de l'entreprise et causer des problèmes dans la gestion de l'entreprise.

Stratégie de planification

Au décès de l'assuré, le produit de l'assurance n'est pas imposable entre les mains du bénéficiaire.

Votre situation financière et les besoins futurs de votre famille sont les facteurs à considérer dans le choix du genre et du montant d'assurance-vie que vous devriez acquérir. Votre agent est en mesure de vous fournir des détails sur les diverses polices offertes, mais souvenez-vous que l'assurance-vie comprend deux genres de polices : les polices temporaires et les polices permanentes.

Les primes d'une police temporaire coûtent habituellement moins cher si vous êtes encore jeune, mais elle comporte des inconvénients. Par exemple, vous ne touchez aucune indemnité si vous ou votre assureur annulez la police. L'assureur n'est pas tenu de renouveler la police d'un assuré lorsque ce dernier a atteint un certain âge. Actuellement, les compagnies d'assurances offrent plusieurs variantes de ce genre d'assurance, lesquelles sont assorties de particularités additionnelles, comme les options qui assurent votre couverture jusqu'à n'importe quel âge ou presque.

Une police permanente (souvent appelée police vie entière) entraîne des primes plus élevées au début, mais elle présente l'avantage de vous servir de moyen de placement. Par exemple, vous pouvez contracter un emprunt à un taux intéressant à même la valeur de rachat de votre police ou encore encaisser cette valeur à une date ultérieure. La plupart des polices permanentes sont structurées de sorte que les revenus accumulés ne soient pas imposés en vertu des règles d'imposition annuelle des revenus ; cependant, un emprunt sur la valeur de rachat ou l'encaissement de la police peut entraîner une charge fiscale.

L'utilisation d'assurance-vie pour financer l'achat des actions d'un actionnaire décédé par les actionnaires survivants se révèle plus complexe et nécessite une planification soignée.

4.7 LA PLANIFICATION SUCCESSORALE ET TESTAMENTAIRE RELATIVE À UNE ENTREPRISE

Si vous êtes propriétaire d'une entreprise ou si vous détenez une participation dans une entreprise, il est probable qu'il s'agisse de votre plus importante source de revenu et que vous vous attendiez à ce que l'entreprise vous procure votre revenu de retraite. Pour convertir votre participation dans une entreprise en revenu de retraite, vous devez mettre en place une planification successorale. Vous pouvez envisager de transférer le contrôle de l'entreprise à vos enfants, de la vendre à votre retraite à un associé ou à un tiers, ou encore voir à ce qu'un gestionnaire s'occupe de l'entreprise tout en conservant la propriété dans la famille. Peu importent vos objectifs, vous devez connaître un certain nombre de techniques de planification vous permettant de réaliser, pour vous et pour votre famille, des économies substantielles d'impôt.

La planification financière, incluant la planification fiscale et successorale, touche les entreprises constituées en sociétés par actions. Si votre entreprise n'est pas ainsi constituée, mais qu'elle pourrait l'être, vous seriez bien avisé d'en discuter avec votre conseiller afin de voir si vous ne pourriez pas bénéficier d'un tel changement dans la structure de votre entreprise.

Avant de choisir les techniques de planification qui vous conviennent, certaines questions doivent être examinées. Vous devez notamment considérer la capacité de votre conjoint ou de vos enfants de gérer l'entreprise, leur part relative dans le contrôle et la propriété de l'entreprise, le calendrier de transfert du contrôle, le rôle de votre personnel clé et vos propres besoins financiers à votre retraite.

Stratégie de planification

Trois importantes techniques de transfert et de planification successorale s'appliquent aux biens d'entreprise.

1. L'exemption d'impôts pour gains en capital réalisés lors du transfert des actions d'une société exploitant une petite entreprise et le report ou l'exemption d'impôts pour gains en capital lors du transfert de biens agricoles admissibles en faveur de vos enfants.

2. Les techniques de gel successoral de l'entreprise, de sorte que les conséquences fiscales résultant d'une partie ou de toute la plus-value future soient transmises à vos héritiers.

3. L'utilisation de polices d'assurance pour financer certaines opérations dans le cadre de la planification successorale.

4.7.1 L'exemption pour gains en capital sur les actions d'une société exploitant une petite entreprise

Selon les règles d'aliénation réputée, les actions sont réputées avoir été vendues immédiatement avant le décès à leur juste valeur marchande. De même, lors d'un don d'actions à toute autre personne que votre conjoint, vous êtes réputé avoir reçu un produit d'aliénation équivalant à la juste valeur marchande des actions.

Si la valeur de l'entreprise a augmenté sensiblement au cours des années, un gain en capital important provenant du transfert des actions de l'entreprise vous sera imputé. Un tel montant peut être admissible à l'exemption pour gains en capital de 500 000 $. Si vous aviez une participation dans une entreprise avant 1994, vous avez peut-être déjà demandé l'exemption personnelle pour gains en capital de 100 000 $. Dans ce cas, votre exemption à vie ne serait que de 400 000 $.

Cette exemption s'applique aux gains réalisés sur l'aliénation « d'actions d'une société exploitant une petite entreprise » ou « d'un bien agricole admissible ». Ces termes sont définis dans la loi. Si votre entreprise est exploitée activement et principalement au Canada et que 90 % et plus de la juste valeur marchande de son actif est utilisée dans l'entreprise, elle est probablement admissible à l'exemption de 500 000 $ pour gains en capital. Si votre conjoint possède une part de cette petite entreprise, il peut aussi réclamer la même exemption, ce qui signifie que vous pourrez ensemble éliminer l'impôt sur 1 000 000 $ de gains en capital. Toutefois, si le gain est réalisé au cours d'une seule année, la fraction non imposée pourra être assujettie à l'impôt minimum de remplacement (IMR), sauf s'il s'agit de l'année du décès.

L'impôt minimum de remplacement (IMR). L'IMR est une méthode de rechange pour calculer l'impôt sur le revenu. Elle a été établie en 1986 afin d'empêcher les Canadiens à revenu élevé de réduire leur revenu imposable au moyen de déductions, de crédits et d'abris fiscaux. Vous devez toujours prendre en considération l'IMR dans votre planification fiscale, notamment si vous avez demandé un roulement ou si vous avez fait un gain en capital important. Vous devez calculer votre revenu imposable suivant la méthode habituelle et suivant la méthode prévue par l'IMR de l'année en cours, et payer le montant d'impôt le plus élevé des deux méthodes. Les règles ayant trait à l'IMR exigent que 80 % des gains en capital soit rajoutés (70 % au Québec). L'IMR versé en trop peut être reporté jusqu'à sept ans à l'encontre de vos impôts futurs à payer, dans la mesure où ces derniers excèdent l'IMR. De plus, l'IMR ne s'applique pas dans l'année du décès.

Depuis 1998, l'IMR ne s'applique plus aux cotisations versées aux régimes de pension agréés (RPA) ni aux régimes enregistrés d'épargne-retraite (REER). Cette modification est rétroactive à l'année 1994, sauf pour les contribuables qui sont devenus non-résidents ou qui ont fait faillite avant 1998. Les contribuables qui prévoient verser des cotisations de rattrapage à leur REER profiteront de cette modification.

4.7.2 Le roulement de biens agricoles

De façon à encourager les enfants d'agriculteurs à poursuivre l'exploitation de la ferme familiale après la retraite ou le décès de leurs parents, des règles spéciales permettent de transférer les biens agricoles d'une génération à l'autre en franchise d'impôt. Ces règles de roulement s'appliquent aussi au transfert des actions d'une exploitation agricole familiale (ou d'une société de portefeuille qui détient ce genre d'actions) ainsi qu'au transfert d'une participation dans une société de personnes agricole familiale. De plus, l'exemption de 500 000 $ pour gains en capital peut être réclamée à l'égard de gains réalisés lors de la disposition d'un bien agricole admissible, dans la mesure où elle n'a pas servi à exonérer des gains découlant de l'aliénation d'actions d'une société exploitant une petite entreprise.

Les dispositions de roulement ne font que retarder l'imposition du gain ; elles ne le diminuent pas. Par contre, le transfert du bien en vertu de l'exemption à vie augmente le coût fiscal du bien pour l'enfant et se traduit par une diminution du gain en capital lorsque l'enfant décidera de se départir de ce bien. L'enfant pourrait plutôt se prévaloir de l'exemption à vie de 500 000 $ lorsqu'il disposera des biens admissibles, si cette exemption existe toujours à ce moment.

4.7.3 *Les techniques de gel successoral*

Une fois que vous avez fixé vos objectifs, il vous faut choisir les techniques qui vous permettront de les atteindre tout en optimisant vos avantages fiscaux. Les techniques présentées ci-dessous font toutes appel au gel de la valeur actuelle de votre entreprise afin de transférer à vos héritiers la totalité ou une partie de sa plus-value éventuelle ainsi que les charges fiscales qui en découlent. Il faut toutefois noter que ces techniques peuvent aussi servir à geler la valeur de tout autre bien entraînant des gains en capital imposables.

Souvenez-vous que le gel successoral est une méthode qui permet de structurer la détention de vos biens de façon que toute plus-value éventuelle de certains biens soit cumulée en faveur d'autres personnes, en l'occurrence vos enfants, plutôt que vous. De votre point de vue fiscal, la valeur des biens est gelée au moment où la transaction a lieu. Puisque ces techniques de gel successoral concernent les actifs d'une société, il est préférable de consulter un spécialiste avant d'y avoir recours.

Le choix de la technique de gel dépend notamment des facteurs suivants :

• le genre de biens visés ;

- l'importance de la succession ;
- l'étendue du contrôle que vous comptez exercer sur les biens visés par le gel ;
- le nombre de parties en cause ;
- les charges fiscales immédiates, s'il y a lieu, découlant du gel, compte tenu de l'exemption cumulative à vie de 500 000 $ pour gains en capital sur des biens admissibles ;
- votre tolérance à la complexité de votre planification financière ;
- les honoraires à payer ;
- la souplesse et la réversibilité voulues.

Les propos qui suivent supposent que les biens utilisés dans une entreprise exploitée activement sont détenus par une société par actions que vous contrôlez. Habituellement, une société par actions rend plus faciles et efficaces le transfert des biens et la planification successorale. Si vos biens d'entreprise ne sont pas détenus par une société par actions, il est relativement facile de conclure des arrangements pour qu'ils le deviennent.

La vente directe. Pour geler la valeur de vos actions dans une société privée, la méthode la plus simple consiste à les vendre directement à vos enfants majeurs. La vente devrait être effectuée à la juste valeur marchande, et la contrepartie reçue pourrait comprendre un billet équivalant au solde du prix de vente. Vous devriez établir une convention d'achat-vente précisant les conditions de la vente, telles que les modalités de paiement, la date d'échéance de tout montant non payé, le taux d'intérêt en vigueur sur le solde de prix de vente, s'il y a lieu que ce solde porte intérêt, etc. Vous n'êtes pas tenu de réclamer d'intérêt sur le solde à recevoir de vos enfants, mais les règles d'attribution entrent alors en application puisqu'il s'agit d'une transaction entre personnes liées.

La vente directe comporte toutefois certains inconvénients. Vous serez en effet imposé relativement à tout montant excédant le gain admissible à votre exemption à vie de 500 000 $ pour gains en capital. Vous pouvez aussi être assujetti à l'IMR. Il vous est cependant possible de réclamer une provision pour une partie du gain imposable (c'est-à-dire l'exclure de votre revenu) si vous n'encaissez pas immédiatement le produit d'aliénation. La provision peut s'échelonner sur une période maximale de cinq ans, ou de dix ans lorsque la vente donne droit à l'exemption de 500 000 $ et qu'elle s'est effectuée en faveur de votre enfant. Lorsque le montant de la provision sera inclus dans votre revenu pour une année ultérieure, il sera admissible à votre exemption à vie de 500 000 $ pour gains en capital. Souvenez-vous que, même si vous donnez les actions à vos enfants, vous serez réputé avoir reçu un produit d'aliénation égal à leur juste valeur marchande.

Un autre inconvénient de la vente directe : vous pouvez perdre le contrôle de l'entreprise si vous vendez un bon nombre d'actions avec droit de vote à vos enfants. Vous pouvez contourner cette difficulté en souscrivant à de nouvelles actions privilégiées qui donnent plus de droits de vote que les actions ordinaires déjà existantes. Vous conserverez aussi un certain contrôle si vous retenez les actions à titre de gage (c'est-à-dire que vous gardez la possession et le contrôle des titres) jusqu'à ce que le billet remboursable sur demande ait été entièrement payé.

De plus, dans le cadre d'une vente directe accompagnée d'un billet au porteur, l'argent qui doit éventuellement vous être versé demeure dans la société et peut ainsi être exposé à un certain risque, sauf si les actions sont payées comptant. Vous pouvez résoudre ce problème en demandant à vos enfants de contracter un emprunt pour payer les actions plutôt que de vous remettre un billet remboursable sur demande. Cette mesure vous oblige toutefois à inclure immédiatement la totalité du gain en capital dans vos revenus, tout en risquant l'application de l'IMR. La contrepartie peut aussi être versée en partie en argent (en vertu d'un emprunt contracté à l'extérieur) et en partie sous forme de billet (des enfants).

La vente à une société de portefeuille. Une technique de gel successoral très courante consiste à geler la valeur des actions d'une société déjà existante par l'entremise d'une nouvelle société de portefeuille que l'on crée dans le but d'acquérir ces actions. La société de portefeuille est constituée par les enfants qui en acquièrent la totalité des actions ordinaires contre un montant minimal. Vous transférez alors vos actions de la société en exploitation à la nouvelle société et vous pouvez généralement exécuter cette opération en reportant l'impôt. Vous obtenez en contrepartie des actions privilégiées avec droit de vote de la nouvelle société, dont la valeur correspond aux actions qui lui sont transférées.

Toute plus-value éventuelle provenant de l'exploitation de la société profite ainsi à vos enfants, mais vous pouvez en conserver le contrôle grâce aux actions privilégiées avec droit de vote de la société de portefeuille. Cette stratégie vous permet non seulement de vous fixer un montant de dividende et de rémunération qui répond à vos besoins, mais aussi de continuer à diriger l'entreprise comme auparavant.

L'utilisation d'une société de portefeuille dans le cadre d'un gel successoral présente toutefois un inconvénient. Le rachat ou l'aliénation des actions privilégiées (acquises en contrepartie du transfert de vos actions) de votre vivant peut en effet entraîner la réalisation d'un gain en capital ou d'un dividende réputé. Cependant, votre exemption à vie de 500 000 $ pour gains en capital pourra couvrir une partie ou la totalité du gain en capital si les actions constituent des biens admissibles au moment du rachat ou de l'aliénation. De plus, vous serez peut-être obligé d'obtenir une évaluation professionnelle de la valeur de vos actions.

Le gel des éléments d'actif. Vous pouvez aussi envisager de geler la valeur de vos actions en vendant les éléments d'actif de votre société existante à une nouvelle société créée par vos enfants. Cette méthode de gel entraîne beaucoup de travail et des frais considérables. Elle peut également provoquer l'imposition de la taxe de vente et d'autres taxes sur les transferts. Néanmoins, il arrive parfois que le gel des éléments d'actif constitue la meilleure solution, par exemple si votre entreprise est composée de plusieurs divisions pouvant être constituées séparément, chacune pouvant alors être détenue par un enfant.

Le gel par remaniement de capital. La structure actuelle du capital-actions de votre société peut être réorganisée de façon à geler la valeur de votre succession. Lorsque la législation le permet, vous pouvez échanger la totalité de vos actions ordinaires contre certaines actions privilégiées avec droit de vote. À la suite de cette opération, vous créez une nouvelle catégorie d'actions ordinaires que vos enfants achètent contre un montant minimal. De cette façon, vous gelez la valeur actuelle de vos actions de la société en exploitation et vos enfants bénéficient de la plus-value éventuelle de cette société grâce à leurs actions ordinaires. Ce genre de gel est relativement simple, ne vous oblige pas à créer une nouvelle société et vous permet de réaliser, au besoin, des revenus fixes tirés des actions privilégiées. Comme dans le cas des autres techniques de gel où aucun montant en espèces n'est touché, l'argent qui doit éventuellement vous être versé se trouve toutefois immobilisé dans la société, ce qui l'expose à un certain risque.

Le choix d'une technique de gel. Votre décision finale d'une technique de gel ne doit pas être fondée uniquement sur des considérations fiscales. À titre d'exemple, un gel successoral partiel devrait protéger davantage de l'inflation qu'un gel total. Nous vous suggérons de consulter un conseiller professionnel pour vous guider dans votre choix et vous aider à exécuter votre planification. Un gel successoral exige un travail soigné en raison des conséquences fiscales qui en découlent et aussi parce qu'il est difficilement réversible.

4.7.4 La vente à des tiers

Si vous possédez une entreprise, vous pourriez songer à la transférer à des tiers non liés, comme d'autres actionnaires, des associés ou des employés clés, plutôt qu'à vos enfants ou à votre conjoint en autant que la convention de rachat des actions, s'il y a lieu, vous le permette. Ces derniers n'ont peut-être pas la capacité ni la volonté de s'occuper de l'entreprise. Vendre vos actions à vos associés vous assurera que l'entreprise reste privée et, par conséquent, admissible à la déduction pour petite entreprise.

La vente d'actions aux employés peut avoir pour effet d'inciter les meilleurs d'entre eux à demeurer au sein de l'entreprise, de vous décharger de certaines tâches de gestion et de vous aider à effectuer convenablement le transfert des titres de propriété. Cette vente peut être assortie d'un contrat d'emploi à long terme en votre faveur, si vous désirez poursuivre vos activités dans l'entreprise.

4.7.5 L'assurance et la convention de rachat des actions

Les contrats d'assurance dans le cadre d'une planification successorale visent à assurer la disponibilité de fonds suffisants lors de votre décès pour permettre l'exécution de toutes vos volontés. Ces contrats sont complexes et requièrent une planification soignée.

Si votre structure de planification s'y prête, vous voudrez probablement vous assurer que votre succession dispose de suffisamment de liquidités pour acquitter l'impôt sur tout gain en capital imposable résultant de votre décès. De plus, vous tenez peut-être à ce que votre associé ou un autre actionnaire de la société par actions achète à votre décès votre quote-part de l'entreprise.

La convention de rachat des actions. La convention de rachat des actions est essentiellement un contrat conclu entre les actionnaires d'une société. Elle est souvent utilisée dans le cadre de la planification successorale pour s'assurer, par exemple, que les actionnaires survivants ont le droit ou l'obligation d'acheter les actions de l'actionnaire décédé. Une telle convention est avantageuse pour les actionnaires survivants, qui n'apprécient pas nécessairement qu'un étranger devienne actionnaire de la société. Elle l'est également pour la famille du défunt, qui pourrait autrement éprouver de la difficulté à vendre les actions.

Les règles concernant les roulements entre conjoints ne s'appliquent pas aux actions régies par une convention de rachat obligatoire. De plus, l'actionnaire décédé devra, dans sa déclaration de revenus finale, payer l'impôt sur tout gain en capital relatif aux actions si son exemption à vie de 500 000 $ pour gains en capital ne peut être utilisée. Toutefois, lorsque la convention de rachat est structurée de façon à accorder seulement une option d'achat aux actionnaires survivants et que le conjoint survivant dispose d'une option de vente, les actions peuvent alors bénéficier du roulement au conjoint. Tout gain en capital découlant d'une vente ultérieure serait alors imposé au conjoint bénéficiaire qui serait admissible à l'exemption à vie de 500 000 $ si elle est encore en vigueur et si les actions sont admissibles à ce moment.

Quelle que soit la méthode de rachat utilisée, une chose est certaine : la convention ne peut entrer en vigueur que si le mode de financement est assuré. On se sert généralement de l'assurance-vie pour financer ce genre d'opération. L'assurance-vie peut servir au financement d'une convention de rachat sous trois formes différentes.

L'assurance réciproque. Dans le cadre d'une telle assurance, chaque actionnaire fait l'acquisition d'une police d'assurance sur la vie de chacun des autres actionnaires. Au décès de l'un d'entre eux, les survivants reçoivent le produit de la police en franchise d'impôt et utilisent ces fonds pour verser à la succession ou aux bénéficiaires la valeur des actions de la personne décédée. Cette méthode comporte toutefois un inconvénient : le coût de ces assurances peut varier considérablement d'un actionnaire à l'autre, en raison de l'âge ou de l'état de santé de chacun des actionnaires.

L'assurance détenue par la société par actions. Selon ce genre de police, la société par actions assure elle-même la vie de ses actionnaires et en encaisse le produit à leur décès. Cette méthode est avantageuse, car il revient à la société de payer les primes d'assurance et leur coût est réparti indirectement entre les actionnaires selon leur part dans la société. Le produit sert alors à la société pour acheter, de la succession ou du conjoint survivant, les actions de la personne décédée. Ni la personne décédée ni son conjoint ne sont habituellement imposés si l'opération est structurée comme il convient. Toutefois, le coût fiscal des actions pour les actionnaires survivants n'est pas augmenté lors du rachat, ce qui signifie en fait que le gain de l'actionnaire décédé leur est transféré. On peut compenser ce résultat en diminuant le prix de rachat pour conserver plus de fonds dans la société par actions ou en augmentant le montant de l'assurance.

La loi est complexe et, en dépit de certaines mesures transitoires, la personne décédée peut être assujettie à l'impôt. On devrait veiller à réviser les planifications successorales afin de s'assurer qu'elles peuvent tirer avantage des mesures transitoires. Les réorganisations d'entreprises devraient aussi être structurées de façon à alléger l'impact des nouvelles règles. Dans tous les cas, il est fortement recommandé de consulter un conseiller fiscal.

L'assurance à prime partagée. Ce type d'assurance combine l'assurance réciproque et l'assurance détenue par la société. Chaque actionnaire achète une assurance-vie entière sur la vie d'un autre actionnaire et nomme la société bénéficiaire de sa valeur de rachat. Au décès d'un actionnaire, la société encaisse un montant correspondant à la valeur de rachat de la police, alors que les actionnaires survivants touchent la différence entre la couverture d'assurance et la valeur de rachat et s'en servent pour acheter les actions. L'avantage de cette méthode : la société paie la plus grande partie des primes.

Les conventions de rachat, assorties d'un financement au moyen d'une assurance-vie, devraient faire partie intégrante de toute planification successorale où l'on retrouve des actions de sociétés privées et des actionnaires n'ayant pas de lien de dépendance et, dans certaines situations, avec lien de dépendance. Il est essentiel de consulter un conseiller professionnel pour choisir la méthode d'assurance appropriée.

4.8 LE DÉBUT DU PROCESSUS

La planification fiscale ne constitue pas un exercice qui s'effectue une fois pour toutes. Il s'agit plutôt d'un processus dynamique qui fait appel à diverses techniques au cours des années, selon l'évolution de votre situation. Le présent chapitre a surtout porté sur les aspects fiscaux de la planification successorale, mais il en existe d'autres qui revêtent autant ou plus d'importance pour vous. Avant tout, ne vous pressez pas d'adopter un plan successoral axé sur des aspects fiscaux avant d'avoir examiné attentivement votre situation personnelle et financière. N'oubliez pas que, dans la vie, peu de choses se déroulent exactement comme nous l'avions prévu. Votre planification successorale doit donc s'insérer dans une structure suffisamment souple pour que vous puissiez l'adapter à des événements que vous ne sauriez prévoir à ce jour.

Chapitre 5

LES DÉCLARATIONS
DE REVENUS

5.1 LA DIFFÉRENCE ENTRE CRÉDITS D'IMPÔT ET DÉDUCTIONS

Une déduction diminue le revenu imposable et permet de réduire l'impôt calculé selon le taux marginal du contribuable. Par contre, un crédit d'impôt réduit le montant d'impôt à payer. Il ne fait pas partie du calcul du revenu imposable.

Par conséquent, un crédit d'impôt combiné fédéral et provincial de 100 $ permet de payer 100 $ de moins d'impôt, peu importe votre taux marginal d'imposition. À l'inverse, les frais de 100 $ déductibles dans le calcul de vos revenus vous permettent, si vous vous trouvez dans la tranche de 45 %, d'épargner 45 $, alors que la même déduction ne procure qu'une économie de 25 $ à la personne se situant dans la tranche de 25 %.

Contrairement aux déductions fiscales, les crédits d'impôt procurent le même avantage financier à chaque contribuable qui réclame un crédit particulier, étant donné que le crédit est soustrait directement de l'impôt de ce particulier. Toutefois, si le particulier n'a pas d'impôt à payer à partir duquel il devrait déduire le crédit et que ce crédit n'est pas remboursable, il perd la valeur du crédit en question.

La majorité d'entre nous connaissons les diverses catégories de crédits d'impôt grâce à nos déclarations de revenus ; il est certes important d'être au courant des crédits particuliers afin de pouvoir en profiter lorsque cela est possible. Ce chapitre présente la liste des divers crédits d'impôt personnels dont tous peuvent se prévaloir. À l'exception des crédits pour personnes célibataires et pour frais médicaux, la plupart des crédits sont détaillés dans les chapitres qui traitent de sujets s'y rapportant.

5.2 LES CRÉDITS D'IMPÔT PERSONNELS

Les crédits dont il est question ci-après ne représentent que la portion fédérale des crédits d'impôt. Les crédits d'impôt particuliers aux résidents du Québec sont traités au chapitre 18.

Nouveau en 2001

La surtaxe de 5 % a été éliminée pour tous les particuliers.

Pour tous les contribuables
5.2.1 Le crédit pour personne célibataire

Le crédit d'impôt fédéral de personne célibataire pour 2001 est de 1 186 $. Ce crédit est indexé chaque année en fonction de l'augmentation de l'indice des prix à la consommation.

5.2.2 *Les frais médicaux*

Le crédit d'impôt fédéral pour 2001 relativement aux frais médicaux est de 16 % du montant calculé en soustrayant du total de vos frais médicaux admissibles le moindre des deux montants suivants : 1 678 $ ou 3 % de votre revenu net de l'année.

Les reçus des frais médicaux doivent être soumis au moment de la demande du crédit d'impôt. Si le contribuable décède au cours de l'année, les frais médicaux doivent avoir été payés au cours d'une période de 24 mois comprenant le jour du décès. Dans les autres cas, ils doivent avoir été payés au cours d'une période de 12 mois se terminant dans l'année de la demande du crédit d'impôt.

 **ATTENTION !** **Il est important de bien choisir la période de 12 mois pour maximiser le montant du crédit d'impôt.**

La Loi de l'impôt sur le revenu contient des dispositions détaillées sur la nature des dépenses admissibles au titre des frais médicaux. Ces dépenses comprennent :

• les frais de médecin, de dentiste, d'ostéopathie, de podologie ou de podiatrie, de chiropratique, de naturopathie, incluant l'acupuncture, de diététique, de thérapeutique (physiothérapie et ergothérapie), d'optométrie, de psychanalyse, de psychologie, de science chrétienne ;

• un maximum de 1 000 $, ou 50 % de la valeur d'un climatiseur, d'un humidificateur ou d'un épurateur d'air nécessaire pour aider une personne souffrant d'une maladie, de malaises ou de troubles chroniques ;

- 20 % (jusqu'à concurrence de 5 000 $) des frais liés à l'adaptation d'une fourgonnette servant au transport d'une personne en fauteuil roulant ;

- les frais liés à un interprète gestuel ;

- les frais engagés pour les transformations de la voie d'accès à la résidence principale d'une personne souffrant d'un handicap grave et prolongé pour lui donner accès à un autobus ;

- les frais engagés pour le déménagement dans un logement accessible (jusqu'à concurrence de 2 000 $), ainsi que les frais de transport, à la condition que le patient se déplace seul ou avec un préposé pendant au moins 40 kilomètres, et les frais de voyage si le patient voyage seul ou avec un préposé pendant au moins 80 kilomètres ;

- les frais liés aux services d'un préposé aux soins à temps partiel, jusqu'à concurrence de 10 000 $ par année (20 000 $ pour l'année du décès) ;

- les frais engagés pour le soin et la surveillance dans un foyer de personnes ayant une déficience grave et prolongée ainsi que pour le traitement de personnes ayant une telle déficience ;

- les frais engagés pour des services de tutorat offerts aux personnes ayant une difficulté d'apprentissage (ou une autre déficience) ;

- les livres parlés prescrits par un médecin à certains particuliers ayant une déficience de perception.

Les produits et les services suivants ne sont pas admissibles au crédit :

- un dentifrice ;

- la méthode anticonceptionnelle sans ordonnance ;

- une perruque, à moins qu'elle n'ait été conçue pour une personne ayant subi une perte importante de cheveux par suite d'une maladie, d'un traitement ou d'un accident ;
- les vêtements de maternité ;
- le service de nettoyage antiseptique de couches ;
- les frais d'obsèques ;
- les opérations ou traitements médicaux illégaux ;
- la nourriture et la boisson, à moins qu'elles n'aient été consommées dans le cadre du traitement d'une maladie ;
- les programmes de santé d'un centre d'entraînement physique, d'un établissement thermal ou d'un hôtel ;
- une balance pour peser les aliments ;
- le paiement à une municipalité, lorsque cette dernière a embauché un médecin pour gérer la communauté.

Le crédit remboursable pour frais médicaux. En plus du crédit pour frais médicaux, les personnes admissibles ont le droit de demander un crédit d'impôt remboursable pour l'année équivalant à 520 $ ou à 25 % des frais admissibles, selon le moins élevé des deux. Le crédit est réduit de 5 % du revenu rajusté excédant 19 705 $. Les personnes admissibles au crédit doivent être des résidents canadiens et avoir un revenu annuel d'au moins 2 598 $.

5.2.3 *Crédit d'impôt pour TPS, TVQ, TVH*

Comme vous le savez, tous les Canadiens doivent acquitter une taxe de 7 % (TPS) sur la majorité des biens et services qu'ils consomment. Une taxe de 7,5 % (TVQ) doit également être payée au Québec. La TVQ étant applicable sur le prix incluant la TPS, son taux effectif est de 8,025 %. De plus, une taxe de vente harmonisée (TVH) de 15 % est en vigueur en Nouvelle-Écosse, au Nouveau-Brunswick, à Terre-Neuve et au Labrador au lieu de la TPS et des taxes de vente provinciales.

Pour recevoir un crédit d'impôt pour les taxes ainsi payées, le contribuable à faible revenu doit remplir une déclaration de revenus et cocher la case appropriée sur la déclaration. Le crédit pour TPS/TVH est payé quatre fois par année tandis que le crédit pour TVQ est payé deux fois par année.

Pour les employés (voir le chapitre 6)
Cotisations au RPC ou au RRQ et à l'assurance-emploi

Pour les contribuables avec conjoint (voir le chapitre 11)

• Crédit pour conjoint

• Déficience mentale ou physique

• Frais de scolarité

• Études

• Intérêts sur un prêt étudiant

• Personnes à charge atteintes d'une déficience mentale ou physique

• Personnes âgées de 65 ans ou plus

• Revenu de pension

Pour les contribuables avec enfants (voir le chapitre 12)
• Personnes à charge atteintes d'une déficience physique ou mentale

• Déficience mentale ou physique

• Frais de scolarité

• Études

• Intérêts sur un prêt étudiant

- Crédit d'équivalent de conjoint

Pour les aînés (voir le chapitre 15)
- Personnes âgées de 65 ans ou plus

- Revenu de pension

- Déficience mentale ou physique

Pour les Canadiens qui s'occupent de leurs parents âgés (voir le chapitre 16)
- Crédit d'équivalent de conjoint

- Personnes à charge atteintes d'une déficience mentale ou physique

- Déficience mentale ou physique

- Aidants naturels

Pour les Canadiens qui effectuent des dons de bienfaisance ou des contributions politiques (voir chapitre 17)
- Dons de bienfaisance

- Contributions politiques

Nouveau en 2001

MODIFICATIONS AU CALCUL DE L'IMPÔT PROVINCIAL

Depuis 2001, toutes les provinces ainsi que les Territoires du Nord-Ouest, le Yukon et le Nunavut utilisent leurs propres tables d'imposition pour calculer l'impôt à payer sur les revenus gagnés par leurs résidents. Les contribuables de ces provinces et territoires continuent cependant de produire une seule déclaration de revenus.

Quant aux résidents du Québec, ils continuent de produire deux déclarations de revenus car le Québec perçoit ses propres impôts depuis plusieurs années.

5.3 LA MODIFICATION DES DÉCLARATIONS DE REVENUS DES ANNÉES ANTÉRIEURES

Selon la loi, vous êtes tenu de conserver vos dossiers et vos documents fiscaux pour les six années antérieures. De plus, les contribuables qui remplissent leur déclaration de façon électronique doivent conserver une version électronique lisible, même s'ils conservent une copie imprimée. Au premier abord, cette exigence pourrait vous sembler inutile, mais vous devriez plutôt y voir une possibilité intéressante. Si vous découvrez, par suite de la mise en œuvre de votre plan fiscal, que vous n'avez pas tiré avantage de certaines déductions ou de certains crédits, ou que vous avez fait une erreur dans une déclaration antérieure, vous pouvez soumettre de nouveau votre déclaration révisée. Il existe toutefois une limite de temps. Dans la plupart des cas, l'Agence des douanes et du revenu du Canada (ADRC) réévaluera une déclaration contenant des erreurs ou des omissions dans les trois ans suivant la première soumission de la déclaration, même si la réévaluation est favorable au contribuable. Une fois ce délai écoulé, l'ADRC peut, à sa discrétion, décider de procéder ou non à la réévaluation de la déclaration demandée par le contribuable.

5.4 LA VÉRIFICATION FISCALE

À partir du moment où votre déclaration de revenus fait l'objet d'une première cotisation, le fisc dispose de trois ans pour la revoir et établir une nouvelle cotisation s'il le juge approprié. Bien qu'il soit peu probable que votre déclaration fasse l'objet d'une vérification, vous devez être en mesure d'expliquer l'information qui y figure sur demande. Voilà pourquoi la tenue de registres adéquats est un élément essentiel de votre planification fiscale. Vous devez posséder les pièces à l'appui de vos déclarations et de vos diverses activités financières et commerciales.

Cette documentation vous aidera, dans quelques années, à vous souvenir avec précision de votre situation ou d'événements antérieurs. Si le fisc décidait de soumettre votre déclaration à une vérification, cette documentation détaillée vous aiderait également à fournir les preuves d'une planification soignée et sérieuse, aspect important dans de nombreux domaines du droit fiscal.

Il n'y a rien à craindre d'une vérification fiscale. Si votre planification est bien conçue et bien documentée conformément aux dispositions de la loi, il n'y a pas lieu de vous inquiéter. Par contre, si vous avez présenté les faits de façon erronée, en raison de négligence, d'omission volontaire ou encore de fraude, il y a tout lieu de vous inquiéter! Dans ces cas, la limite de trois ans ne s'applique pas!

Chapitre 6

LES EMPLOYÉS

6.1 LE REVENU D'EMPLOI

En général, les possibilités de planification fiscale sont limitées pour les Canadiens qui tirent la plus grande part de leurs revenus d'un emploi. Cependant, comme vous le verrez plus loin, le report d'impôts est possible si les restrictions imposées par la loi sont respectées. Il est donc important pour ces contribuables de bien utiliser tous les crédits et déductions disponibles.

Sur le plan de la planification fiscale, le revenu tiré d'un emploi est sans doute celui qui offre le moins de possibilités. Dans la plupart des cas, votre revenu d'emploi imposable comprend tous les avantages que vous tirez de cet emploi. En général, les montants en cause sont calculés par votre employeur et vous sont transmis chaque année, de même qu'au fisc, sur votre feuillet T4 ou votre relevé 1.

6.1.1 Les avantages relatifs à un emploi

Votre revenu d'emploi comprend des éléments tels que l'utilisation, à des fins personnelles, d'une automobile dont votre employeur est propriétaire, certaines primes versées par ce dernier en vertu de régimes provinciaux d'hospitalisation et de soins médicaux, les récompenses et les primes de rendement, les conseils financiers, les privilèges découlant de déplacements et le coût total de l'assurance-vie collective. Les avantages non imposables incluent les repas subventionnés, les uniformes ou vêtements spéciaux de travail, les aires de détente aménagées sur les lieux de travail, les remises sur les produits achetés à votre employeur pour usage personnel, les consultations en matière de retraite ou de réembauchage, les consultations en matière de santé mentale ou physique et les régimes d'assurance-maladie et de revenu garanti.

 ## Stratégie de planification

Sous réserve de certaines conditions, si votre employeur vous paie ou vous rembourse les coûts engagés pour suivre un cours, l'Agence des douanes et du revenu du Canada (ADRC) ne considère pas le paiement comme un avantage imposable relatif à un emploi. Le cours doit être suivi principalement pour les besoins de votre employeur et non pour les vôtres, et ce, même si le cours mène à l'obtention d'un diplôme ou d'un certificat et même si vous devez vous absenter de votre travail pour compléter le programme. Dans ce dernier cas, il doit être raisonnable de présumer que vous retournerez travailler auprès de cet employeur après avoir suivi le cours. Outre les frais de scolarité, les frais raisonnables liés aux repas, aux déplacements et à l'hébergement seront accordés. D'autres cours d'ordre général liés à l'emploi sont également admissibles, notamment les programmes de gestion du stress, de secourisme, de compétence linguistique et de formation interne.

Bien que le revenu d'emploi offre relativement peu de possibilités de planification par rapport à d'autres sources de revenu, votre

employeur peut mettre à votre disposition divers modes de rémunération ayant chacun leurs répercussions fiscales.

ATTENTION ! **Si vous utilisez à des fins personnelles les crédits accumulés en vertu
d'un programme « passagers assidus »
et gagnés grâce à des voyages d'affaires payés par votre employeur,
vous devez inclure dans votre revenu
la valeur marchande des voyages ou
autres avantages dont vous ou votre
famille bénéficie grâce à ces crédits. Si votre employeur
ne contrôle pas le nombre de crédits que vous accumulez
au programme passagers assidus grâce aux voyages
d'affaires que vous faites dans le cadre de votre emploi,
vous avez la responsabilité de déterminer la valeur
marchande des voyages ou autres avantages et de les
inclure dans votre revenu.**

6.1.2 Les prêts à des employés

L'expression « prêt à des employés » désigne généralement tout arran-
gement en vertu duquel un employé est imposé sur un avantage
résultant de l'intérêt sur le prêt consenti par l'employeur. Cette
expression peut toutefois semer la confusion. En effet, ces règles
s'appliquent non seulement aux prêts, mais touchent également toute
autre dette engagée en vertu de la charge ou de l'emploi antérieur,
présent ou futur d'un particulier. Pour que ces règles s'appliquent, il
n'est pas nécessaire que l'employé soit le débiteur ni que l'employeur
soit le créditeur. Par exemple, les règles concernant les intérêts réputés
s'appliquent lorsque l'employeur accorde un prêt à l'enfant de
l'employé, dans le but de subvenir à ses besoins au cours de ses études
universitaires, ou lorsqu'un employé obtient un emprunt bancaire à un
taux d'intérêt inférieur à celui du marché en raison de l'intervention de
l'employeur. Peu importe la personne qui est débitrice, tout avantage

relié aux intérêts réputés est imposable à l'employé. En outre, les règles s'appliquent aux prêts consentis par des tiers lorsque l'employeur en finance la totalité ou une partie.

ATTENTION ! **Le montant de l'avantage imposable à inclure dans le revenu correspond généralement à la différence entre les intérêts qui seraient payables si l'emprunt était contracté au taux que prescrit le gouvernement à chaque trimestre et les intérêts réellement payés dans l'année ou dans les 30 jours qui suivent la fin de l'année civile.**

Par exemple, si vous empruntez 10 000 $ de votre employeur à 2 % et que le taux prescrit s'élève à 5 % pour l'année, vous devez inclure 300 $ dans votre revenu à titre d'avantage imposable (5 % - 2 % de 10 000 $), si le prêt était en vigueur au cours de l'année entière.

Une exception à la règle du taux commercial. Fait à noter, les règles ne s'appliquent pas si le taux d'intérêt de l'employeur est égal ou supérieur au taux accordé sur les prêts commerciaux au moment où le prêt est contracté, compte tenu des conditions du prêt.

Les prêts consentis pour l'achat d'une maison. Un prêt consenti par l'employeur (ou grâce à l'employeur) pour l'achat d'une maison permet à l'emprunteur (ou à une personne liée) d'acheter un logement qu'il habitera ou de financer de nouveau l'hypothèque d'un tel logement. La définition englobe un prêt consenti pour l'acquisition d'une action dans une coopérative d'habitation constituée en société, dans le but d'habiter une maison détenue par la société.

L'avantage imposable d'un tel prêt est calculé en fonction du moindre du taux prescrit du trimestre en cours ou du taux qui était en vigueur au moment où le prêt a été consenti. Les taux prescrits pour 2001 étaient de 6 % pour les deux premiers trimestres et de 5 % pour les deux autres trimestres. Tous ces prêts sont considérés comme ayant une durée qui ne dépasse pas cinq ans ; par conséquent, au cinquième anniversaire du prêt, on présume qu'un nouveau prêt est consenti, et le taux d'intérêt prescrit à cette date est pris en considération pour la prochaine période de cinq ans.

Stratégie de planification

En raison du mode de calcul du taux prescrit, on connaît généralement d'avance le taux du trimestre suivant. Il est donc possible de planifier en conséquence. Un employé qui négocie un prêt avec son employeur en vue d'acquérir (ou de rembourser un prêt ayant servi à acquérir) un logement doit envisager de demander un prêt à court terme (c'est-à-dire moins de trois mois). Si le taux prescrit du trimestre suivant est moindre que le taux du trimestre en cours (ou égal à ce dernier), un autre prêt à court terme pourra être contracté. Par contre, si la tendance du taux prescrit est à la hausse, il devrait conclure un prêt à long terme (de cinq ans, par exemple).

Les prêts pour la réinstallation. Un employé transféré à un nouveau lieu de travail ou muté à un nouveau poste peut soustraire un montant déterminé de l'avantage imposable tiré d'un prêt consenti par l'employeur pour l'achat d'une maison. Pour bénéficier de cette déduction, il doit être admissible à la déduction pour frais de déménagement et avoir obtenu un prêt portant peu ou pas d'intérêt pour l'achat de la maison. Cette déduction correspond au moindre de l'avantage réel inclus dans son revenu et de l'avantage découlant d'un prêt sans intérêt de 25 000 $ reçu à titre d'employé. Cette déduction est offerte pendant le moindre de cinq ans et de la période au cours de laquelle le prêt (ou un prêt de remplacement) demeure impayé. Soulignons qu'un employé est admissible à la déduction pour frais de déménagement lorsque son nouveau logement le rapproche de 40 kilomètres ou plus de son nouveau lieu de travail.

L'affaire *Hoefele* (jugement de la Cour d'appel, 1995, cité sous le titre de 95 DTC 5602 et dans le cas *Rick S. Siwik* c. *La Couronne*, jugement de la Cour d'appel, 96 DTC 1678) énonce les critères qui déterminent si un montant, en l'occurrence le montant de réinstallation consenti par l'employeur, est imposable à titre d'« avantage ». Selon le tribunal, « l'encaissement doit conférer un avantage économique, c'est-à-dire qu'il doit accroître la valeur nette de celui qui le reçoit ». Dans le cas qui nous intéresse, l'employé a reçu de son employeur une aide sous forme d'intérêt hypothécaire pour couvrir le prix plus élevé du marché à Toronto. Le tribunal a statué que « l'aide reçue par le contribuable ne constituait pas une tentative déguisée pour augmenter sa rémunération ; il s'agissait simplement du remboursement de dépenses engagées en raison de son emploi ».

Des changements subséquents à la loi restreignent l'exemption d'impôts pour les paiements de subvention d'hypothèque et d'intérêts versés par les employeurs aux employés réinstallés. En outre, les prestations versées par les employeurs aux employés réinstallés en guise de remboursement des pertes subies lors de la vente de leur ancienne résidence ne sont plus exemptes d'impôts si elles dépassent 15 000 $. La moitié de tout montant excédant 15 000 $ est incluse dans le revenu imposable de l'employé. Si vous avez commencé à travailler à votre nouveau lieu de travail au plus tard le 30 septembre 1998, ces nouvelles mesures s'appliquent à votre cas depuis l'année 2001.

6.2 LES CRÉDITS ET LES DÉDUCTIONS

6.2.1 Le RPC/RRQ et le crédit lié à l'assurance-emploi

Le crédit d'impôt fédéral pour cotisations au Régime de pensions du Canada (RPC) ou au Régime des rentes du Québec (RRQ) et pour cotisations à l'assurance-emploi représente 16 % des montants versés.

Pour 2001, le taux de cotisation à l'assurance-emploi pour l'employé est de 2,25 % de son revenu jusqu'à un maximum assurable de 39 000 $. La cotisation maximale de l'employeur à l'assurance-emploi est de 1 228,40 $ et de 877,50 $ pour l'employé.

Le maximum des gains admissibles au RPC/RRQ est de 38 300 $ pour 2001. La cotisation maximale de l'employeur, ainsi que celle de l'employé, s'élève à 1 496,40 $, et se base sur un taux de cotisation de 4,3 %. La cotisation d'un travailleur indépendant s'élève au double, soit 2 992,80 $ et se base sur un taux de cotisation de 8,6 %.

Nouveau en 2001

Les gains assurables au titre de l'assurance-emploi (AE) ne comprennent pas les versements aux employés pour couvrir :

- les frais de subsistance, d'hébergement et de transport à des lieux de travail spéciaux et à des endroits éloignés ;
- les prestations d'invalidité liées au travail ;
- les primes versées en regard d'un régime privé d'assurance-maladie ;
- les services scolaires subventionnés ;
- les frais de transport afin de se rendre au lieu de travail.

6.2.2 Les frais relatifs à un emploi

En règle générale, les employés ne peuvent demander de déductions à l'égard des frais qu'ils engagent dans le cadre de leur emploi, à moins que ces déductions ne soient explicitement permises en vertu de la Loi de l'impôt sur le revenu.

6.2.3 Les dépenses déductibles

Les frais relatifs à un emploi pouvant être déductibles sont :

• au fédéral seulement, les cotisations syndicales ou celles qui sont versées à une corporation professionnelle (sauf les frais d'adhésion)[1] ;

• les frais d'automobile – si vous utilisez votre voiture pour le compte de votre employeur ou pour votre propre entreprise, vous pourriez avoir le droit de déduire des frais d'automobile (se reporter au chapitre 14) ;

• les cotisations au régime de pension de l'employeur ;

• les frais de déménagement ;

• les frais de voyages engagés dans le cadre de l'emploi à la condition de ne pas avoir reçu d'allocation non imposable à cet égard ;

• les frais relatifs aux fournitures utilisées dans le cadre des activités de l'employé s'il lui incombe de les payer en vertu d'un contrat ;

• les frais judiciaires engagés pour percevoir un salaire ou un traitement dû par un employeur ou pour démontrer un droit à l'égard de ce salaire ou traitement ;

• les frais judiciaires payés pour percevoir une allocation de retraite ou démontrer le droit à cette allocation (incluant les indemnités pour congédiement injustifié) ou à une prestation de retraite. La déduction est limitée aux sommes reçues de ces sources qui ne sont pas transférées dans un REER ou un RPA. Les montants

---

1 Au Québec, ces cotisations donnent droit à un crédit d'impôt, à l'exception du montant correspondant à l'assurance responsabilité professionnelle qui demeure une déduction.

excédentaires peuvent être reportés au cours des sept prochaines années. Tout remboursement de ces frais doit être ajouté au calcul de votre revenu ;

- les frais relatifs aux soins donnés par un préposé à temps partiel qui n'est pas le conjoint du particulier ni une personne mineure, à une personne qui a obtenu une attestation médicale de déficience prolongée. Cette déduction est limitée aux deux tiers du revenu admissible. Ce revenu admissible est constitué du revenu d'emploi ou d'entreprise, ou encore d'une subvention au titre de la recherche ou autre (déduction faite des frais). Cette déduction s'ajoute au montant de crédit d'impôt personnel (pour incapacité physique ou mentale) qu'un contribuable peut réclamer dans une telle situation.

Des dispositions particulières sont prévues pour les membres du clergé, les représentants de commerce, les musiciens, les artistes et certains employés des entreprises de transport et des sociétés de chemin de fer. Si vous êtes admissible, assurez-vous de remplir les formulaires appropriés et de les faire signer par votre employeur.

6.2.4 Les frais de déménagement

Les frais de déménagement sont déductibles dans la mesure où ils ne sont pas remboursés par l'employeur. Pour qu'un contribuable soit admissible à la déduction, certaines conditions doivent être remplies. Les frais de déménagement doivent être engagés lorsque le contribuable se lance dans l'exploitation d'une entreprise ou encore devient employé (ou étudiant au niveau postsecondaire à plein temps) dans un nouvel endroit. En outre, le nouveau logement doit le rapprocher de 40 kilomètres ou plus de son nouveau lieu de travail ou d'études.

Les frais admissibles comprennent notamment les frais de déménagement du contribuable et des membres de sa famille, y compris les dépenses pour repas et logement, les frais de la vente de son ancienne résidence, les frais de services juridiques à l'égard de l'achat de la nouvelle résidence, pourvu que le contribuable (ou son conjoint) ait vendu son ancienne résidence, ainsi que les frais de transport et d'entreposage de ses meubles. Les frais de déménagement comprennent certains frais d'entretien d'une ancienne résidence laissée inoccupée, incluant les intérêts sur hypothèque, les taxes foncières et les primes d'assurance, jusqu'à concurrence de 5 000 $. Enfin, les frais admissibles comprennent également les frais reliés à la révision de documents juridiques pour tenir compte de votre nouvelle adresse, les frais de remplacement d'un permis de conduire, ainsi que les frais liés au branchement et au débranchement des services publics.

Les dépenses non admissibles comprennent les frais engagés pour des travaux effectués à votre ancien domicile en vue d'en faciliter la vente ; les pertes découlant de la vente de votre domicile ; les dépenses engagées pour des voyages de recherche de domicile avant le déménagement ; la valeur des biens, notamment les plantes et les tableaux, que les déménageurs ont refusé de prendre ; les frais engagés pour la recherche d'un emploi dans une autre ville ; les coûts de remplacement de biens d'usage personnel tels qu'une cabane de jardin, du bois de chauffage, des draperies et des tapis ; ainsi que les frais de réacheminement du courrier.

Il existe différents plafonds fixant le montant total qui sera déductible, selon les conditions dans lesquelles surviendra le déménagement. Rappelez-vous que vous devez gagner un revenu imposable à votre nouveau lieu de travail pour demander ces déductions.

Depuis 1999, les contribuables ont le choix d'utiliser la méthode détaillée ou simplifiée pour calculer les frais de déménagement. La méthode détaillée requiert que vous conserviez les reçus pertinents bien que vous n'ayez pas à les joindre à votre déclaration de revenus. En vertu de la méthode simplifiée, vous n'avez pas besoin de conserver vos reçus et devez utiliser les montants de déduction déjà établis. Ainsi, par exemple, au titre des frais de repas, vous pouvez réclamer une déduction de 11 $ par repas, jusqu'à concurrence de 33 $ par jour par personne, sans reçu à l'appui.

6.2.5 *Les déductions pour lieu de travail éloigné, pour chantier particulier et pour les résidents du Grand Nord*

Ces trois déductions sont étroitement liées, plus précisément dans le contexte de l'emploi. Chacune a cependant ses propres critères d'admissibilité.

Lieu de travail éloigné. Il y a deux catégories de critères à respecter pour pouvoir demander cette déduction. Un lieu de travail est éloigné s'il est situé à 30 kilomètres ou plus de la communauté la plus près (constituée d'au moins 40 000 personnes) et s'il est dépourvu des services essentiels (services pédagogiques et médicaux, logements et magasins d'alimentation). L'employé doit travailler dans un lieu éloigné pour plus de 36 heures en raison d'engagements de travail. En général, les conditions doivent être telles que l'on ne peut s'attendre à ce que l'employé établisse et maintienne un établissement domestique autonome dans ce lieu.

Lorsque les employés sont admissibles à des prestations pour lieu de travail éloigné, ils peuvent déduire les frais pour l'achat de vêtements de travail ou d'uniformes, la pension et certains déplacements de leurs allocations de revenu (ou de leur valeur) pour logement gratuit ou subventionné.

Déduction pour chantier particulier. Si un employé entreprend un travail temporaire pour un employeur assez loin de sa résidence principale pour que l'on ne s'attende pas à ce qu'il fasse le trajet quotidiennement, l'employé peut être admissible à cette déduction. Le critère de 36 heures s'applique aussi et les prestations versées à l'employé sont les mêmes que celles pour la déduction pour lieu éloigné. Les employés et leur employeur doivent produire un formulaire « Déclaration d'exemption – Emploi sur un chantier particulier » avant que l'employeur ne puisse déduire les allocations et les prestations pertinentes du revenu des employés.

Déduction pour les résidents du Grand Nord. Si un particulier réside de façon permanente pour une période d'au moins six mois dans une région du Nord canadien (appelée zone « nordique » et désignée par l'Agence des douanes et du revenu du Canada (ADRC)), il peut être admissible à la déduction pour les habitants de régions éloignées. Cette déduction comprend en fait deux déductions : une déduction pour les indemnités de logement et une déduction pour les indemnités de voyage reçues d'un employeur dans une région prescrite. L'ADRC limite la déduction au moindre de deux montants : soit 20 % du revenu net pour l'année, soit 7,50 $ par jour, montant de résidence de base pour chaque jour où le particulier a vécu dans la région prescrite et 7,50 $ additionnels par jour pour chaque jour où le particulier a maintenu un établissement domestique autonome et où aucun autre occupant de l'établissement n'a demandé la déduction de base. Le montant maximum pouvant être réclamé est de 5 475 $ par année. La déduction pour indemnités de voyage est limitée à un maximum de deux voyages payés par l'employeur par année. Il n'y a pas de limite si les voyages sont effectués pour obtenir des services médicaux qui ne sont pas offerts dans la localité où réside le contribuable.

Si un particulier habite dans une région moins éloignée (appelée zone « intermédiaire »), il peut déduire seulement la moitié des déductions applicables aux zones nordiques.

6.2.6 *La déductibilité des intérêts réputés*
Il est possible pour les employés de demander une déduction pour tous les intérêts imputés à leurs revenus au titre des avantages

imposables provenant d'un prêt, pourvu que ces intérêts aient été déductibles s'ils avaient effectivement été versés. Par exemple, les prêts à faible taux d'intérêt ou sans intérêts utilisés à des fins de placement (notamment pour l'achat d'actions de la société de l'employeur) ou en vue de l'achat d'une automobile ou d'un avion qui sera utilisé dans le cadre du travail deviennent un à-côté fort intéressant en raison de la déductibilité des intérêts. (Les incidences fiscales de l'utilisation d'une voiture pour le travail font l'objet du chapitre 14.)

Notez toutefois que seul le débiteur, c'est-à-dire celui qui utilise effectivement le prêt, peut se prévaloir de la déduction éventuelle, même si l'avantage imposable concernant les intérêts sera inclus dans le revenu de l'employé. Lorsque les intérêts sont déductibles, il est préférable que l'employé soit le débiteur ; sinon, il est imposé relativement à l'avantage sans bénéficier de la déduction. Toutefois, si le débiteur se situe dans une tranche d'imposition plus élevée que l'employé, il peut être avantageux que ce soit lui qui se prévale de la déduction plutôt que l'employé.

6.3 LES POSSIBILITÉS DE PLANIFICATION

6.3.1 Les avantages des prêts aux employés

Les prêts des employeurs à faible taux d'intérêt ou sans intérêts peuvent se révéler fort avantageux même si des intérêts sont considérés comme des avantages imposables, car l'impôt exigé sur les intérêts réputés sera toujours inférieur aux intérêts versés sur le marché. Supposons que vous empruntez à votre employeur 25 000 $ à 6 % au lieu d'emprunter ailleurs à 8 %. Vous pouvez ainsi réaliser chaque année une économie de 500 $ sur les intérêts débiteurs. Vous ne recevez aucun avantage imposable du fait que le taux d'intérêt que vous versez est plus élevé ou est égal au taux prescrit (à condition que ce dernier ne dépasse pas 6 %). Remarquez que les intérêts doivent être payés dans un délai de 30 jours après la fin de l'année ; autrement, ils ne peuvent servir à réduire l'avantage attribué.

Bien sûr, les avantages sont encore plus marqués si le prêt consenti à l'employé ne porte pas intérêt. Si votre taux d'imposition marginal s'élève à 44 % et que vous empruntez 25 000 $, le coût du prêt correspond à l'impôt payé sur l'avantage attribué de 1 500 $ (25 000 $ à 6 %), soit 660 $ (à supposer que le taux prescrit reste à 6 % pendant toute l'année et que le prêt ne soit pas remboursé avant un an). Les dépenses réelles en intérêts résultant de ces calculs totalisent 2,64 % et il en découle une économie de 1 340 $ par rapport au prêt à 8 % (2 000 $ - 660 $). Lorsque le prêt sert à réaliser un revenu de placement, les intérêts présumés de 1 500 $ sont déductibles et le prêt n'entraîne aucuns frais, alors que le coût après impôts relatif à un prêt ordinaire s'élèverait à 1 120 $ (2 000 $ moins une économie d'impôt de 44 %).

6.3.2 Les stratégies de report des revenus

Les régimes de revenu différé. Les employeurs offrent des régimes de revenu différé, et plusieurs de ces régimes s'inscrivent dans le cadre d'une planification de la retraite. L'admissibilité au report de l'impôt sur votre revenu d'emploi dépend du genre de régime que vous avez.

Les régimes d'options d'achat d'actions des employés. Les mesures fiscales reliées aux régimes d'options d'achat d'actions sont très complexes. Pour éviter de mauvaises surprises, si vous détenez ce genre d'options, nous vous conseillons de consulter un professionnel. En général, l'avantage obtenu lorsque des actions de l'employeur sont acquises à un coût inférieur à leur juste valeur marchande constitue un revenu d'emploi.

L'allocation de retraite. D'une certaine façon, l'allocation de retraite peut constituer un mode de report du revenu. Il ne doit toutefois pas s'agir d'une rémunération différée, ce qui serait le cas, par exemple, lorsqu'un employé accepte un salaire peu élevé en contrepartie d'une allocation dite de retraite généreuse.

On appelle allocation de retraite le montant (autre qu'une prestation de retraite ou un montant touché à la suite de la mort de l'employé) qu'un employeur verse à un employé lors de sa mise à la retraite, en récompense de ses longues années de service. La somme versée à un particulier pour l'inciter à prendre une retraite anticipée peut également être considérée comme une allocation de retraite. On applique aussi ce terme à tout montant remis au contribuable à la suite de la perte de son emploi, qu'il s'agisse ou non d'une indemnité de licenciement ou de dommages-intérêts relatifs à la perte d'un emploi. Bien que le plein montant de ces indemnités soit imposable, il est possible d'en reporter l'impôt en transférant les montants admissibles dans un REER.

Après le décès du contribuable, une allocation de retraite est parfois versée à une personne à charge ou à un parent, ou encore à la succession. Il est alors possible de reporter l'impôt en transférant un montant admissible dans le REER du bénéficiaire.

Le montant maximal d'une allocation de retraite qui peut être transféré en franchise d'impôt à un RPA ou à un REER est de 2 000 $ pour chaque année d'emploi avant 1996. Si l'employé ne cotisait pas à un régime de retraite de l'employeur ni à un régime de participation différée aux bénéfices (RPDB), une somme additionnelle de 1 500 $ peut être transférée à un régime enregistré d'épargne-retraite (REER) pour chaque année où l'employé travaillait pour son employeur avant 1988. Le transfert demeure permis après 1995, mais le calcul du montant admissible au transfert doit être effectué sans tenir compte des années d'emploi postérieures à 1995.

Tout montant d'allocation de retraite non transféré dans un RPA ou dans un REER doit être ajouté aux revenus de l'année durant laquelle il est touché. Il est alors assujetti à l'impôt au taux marginal du contribuable.

Par ailleurs, n'oubliez pas qu'une allocation de retraite ne peut être transférée dans le REER du conjoint.

Stratégie de planification

Faites en sorte que votre employeur transfère directement les montants admissibles dans votre REER ; dans ce cas, aucun montant d'impôt n'est retenu à la source.

Si vous recevez le montant directement de votre employeur et que vous faites ensuite le transfert, votre employeur doit retenir le montant d'impôt approprié, mais vous pouvez ensuite en tenir compte dans votre déclaration de revenus.

Les cotisations à un régime de participation différée aux bénéfices (RPDB). Votre employeur peut verser en votre nom les cotisations déductibles à un RPDB. Pour les années 2000 à 2002, le total des cotisations patronales sera plafonné au moindre de 18 % de la rémunération de l'employé ou de 6 750 $, puis augmentera à 7 250 $ en 2003 et à 7 750 $ en 2004.

ATTENTION ! **Les cotisations versées en votre nom par l'employeur réduiront la somme que vous pourrez verser à votre REER l'année suivante.**

Le montant maximal sera indexé en fonction de l'augmentation du salaire moyen à compter de 2005. Les RPDB doivent stipuler que la cotisation patronale est proportionnelle aux bénéfices de la société. Toutefois, de son côté, l'employeur n'est pas tenu de cotiser au cours d'une année pendant laquelle la société a subi une perte. De plus, il faut savoir qu'un RPDB ne permet aucune cotisation au titre des services passés ni de cotisation de la part des employés.

Le produit d'un RPDB. Les montants reçus par l'intermédiaire d'un RPDB doivent être inclus dans le revenu, sauf en ce qui concerne les montants en capital versés par l'employé durant les années où la loi le permettait. La plupart des régimes permettent au contribuable d'échelonner les paiements imposables sur une période maximale de 10 ans ou d'acheter, avant l'âge de 69 ans, une rente viagère. La durée garantie de cette dernière ne doit toutefois pas dépasser 15 ans. L'employé peut retirer ses cotisations en tout temps. Le produit d'un RPDB peut également être reporté grâce au transfert à un RPA, à un REER ou à tout autre RPDB admissible. Cette étape doit être franchie avant que le contribuable n'atteigne l'âge de 69 ans. Si le RPDB correspondait auparavant à un régime de participation aux bénéfices destiné aux employés, il vous est possible d'exclure une somme additionnelle de votre revenu.

Les ententes d'échelonnement du traitement. Les règles relatives aux ententes d'échelonnement du traitement ont été introduites afin de restreindre les abus qui persistaient dans les régimes de prestations aux employés.

Une entente d'échelonnement du traitement désigne un accord conclu entre un employeur et un employé, selon lequel ce dernier reporte l'encaissement de sa rémunération à une date ultérieure à la fin de l'année. Un des principaux objets d'une telle mesure doit être de permettre à l'employé de reporter l'impôt de l'année en cours ou de l'année précédente relativement à la rémunération de ses services. La définition d'une telle entente exclut notamment les régimes de retraite enregistrés et les autres régimes enregistrés ainsi que certains autres régimes pour les employés, comme les régimes collectifs d'assurance-maladie ou d'assurance-accidents, les ententes de report du traitement des athlètes professionnels, les accords servant à recueillir des fonds pour la formation des travailleurs et les ententes de congés autofinancés.

Dans certaines circonstances précises, les règles relatives aux ententes d'échelonnement du traitement ne s'appliquent pas aux régimes qui étaient en vigueur le 26 février 1986.

En vertu des règles concernant les ententes d'échelonnement du traitement, un droit de recevoir des montants reportés se doit d'être comptabilisé, pour usage fiscal, selon la méthode de la comptabilité d'exercice. Conséquemment, il doit figurer dans le revenu de l'employé pendant l'année au cours de laquelle les montants sont gagnés, même s'ils ne sont perçus qu'ultérieurement. L'employeur obtient une déduction sur ce montant pendant la même année. Par contre, les intérêts (ou tout autre montant) versés par l'employeur relativement à la rémunération reportée sont considérés comme un revenu d'emploi touché durant l'année au cours de laquelle ils sont gagnés plutôt que dans l'année où ils sont reçus. Ces règles s'appliquent aussi lorsqu'une personne autre que l'employé est habilitée à recevoir la rémunération reportée.

La convention de retraite. Une convention de retraite comprend presque toute entente ou convention conclue après le 8 octobre 1986 selon laquelle des paiements sont versés à un dépositaire par un employeur ou un ancien employeur (ou une personne liée) d'un contribuable. Ces versements sont faits à l'égard de bénéfices qui seront fournis au contribuable (ou à d'autres personnes liées) au moment de sa retraite ou d'une perte de charge ou d'emploi. Certaines ententes sont spécifiquement exclues de la définition de convention de retraite ; il s'agit des régimes de pension agréés, des régimes de participation des employés aux bénéfices et des régimes de participation différée aux bénéfices, des régimes enregistrés d'épargne-retraite, des régimes collectifs d'assurance-maladie ou d'assurance-accidents, de certains régimes pour les athlètes professionnels et des ententes d'échelonnement du traitement.

Les contributions à une convention de retraite sont déductibles par l'employeur au moment où elles sont versées, mais elles sont assujetties (sauf pour l'impôt du Québec) à une retenue d'impôt à la source remboursable, équivalant à 50 % du montant versé. Cet impôt est remboursé lorsque des montants sont versés au bénéficiaire de la convention de retraite et deviennent imposables pour ce dernier. Le mécanisme d'impôt remboursable s'applique également aux revenus générés par les cotisations versées en vertu de la convention de retraite. Aucun revenu provenant d'une convention de retraite n'est imposable pour le bénéficiaire avant qu'il ne l'ait effectivement reçu. Un employé peut verser des cotisations à une convention de retraite qu'il peut déduire pour lui-même, mais ces dernières sont aussi assujetties à l'impôt remboursable de 50 %.

Le régime de prestations aux employés. Dans les rares cas où un régime d'étalement ne correspond pas à la définition d'une entente d'échelonnement du traitement ou d'une convention de retraite, il est fort probable qu'il s'agisse d'un régime de prestations aux employés ; l'employeur ne bénéficie alors d'aucune déduction pour les montants reportés. Avant l'entrée en vigueur des règles relatives aux ententes d'échelonnement du traitement, les régimes de prestations aux employés servaient en grande partie à reporter les salaires des employés qui travaillaient pour des employeurs non imposables, comme l'État ou une société qui subissait des pertes.

En vertu d'un tel régime, une partie du salaire de l'employé est remise à un dépositaire. L'employeur n'obtient aucune déduction sur ces montants et l'employé ne paie pas d'impôts jusqu'au moment où il les touche. Le revenu de placement réalisé sur ces montants est imposé dans le cadre du régime ou inclus dans le revenu de l'employé ou de l'employeur. C'est le cas des ententes concernant les congés autofinancés, selon lesquelles un employé peut, pour une période de six ans, reporter chaque année jusqu'au tiers de son salaire annuel. Le montant reporté doit être inclus dans le revenu imposable de l'employé durant la septième année, s'il n'a pas déjà été inclus dans son revenu.

La rémunération non versée. Un employeur peut réclamer une déduction pour la rémunération gagnée par un employé pendant l'année, lorsque le montant en cause est versé au plus tard le 180e jour qui suit la fin de l'exercice de l'employeur. Par conséquent, reporter la rémunération ne donne lieu qu'à un avantage limité. Si le délai de 180 jours n'est pas respecté, l'employeur obtient la déduction dans l'année pendant laquelle la rémunération est effectivement payée. Cette disposition s'applique, qu'il y ait ou non un lien de dépendance entre l'employeur et l'employé. La rémunération ne comprend pas les indemnités de vacances ni les montants reportés en vertu d'ententes d'échelonnement du traitement.

Les règles concernant les ententes d'échelonnement du traitement n'ont pas de répercussions sur les montants versés dans la limite de 180 jours. Pour l'année pendant laquelle la rémunération est gagnée mais non versée, les employés n'ont donc pas à inclure cette dernière dans leur revenu imposable.

6.3.3 Les prêts aux actionnaires

Si vous êtes à la fois actionnaire et employé, vous devriez tenir compte des règles particulières se rapportant aux avances ou aux prêts octroyés par votre employeur. Même si plusieurs règles s'appliquant aux prêts à taux d'intérêt réduit et aux prêts sans intérêts se ressemblent, il y a des incidences fiscales plus importantes en ce qui concerne l'octroi de prêts aux actionnaires.

Lorsqu'une société ou une société liée consent un prêt à un actionnaire ou à une personne qui lui est liée et que le montant en cause n'est pas remboursé à la fin de l'année d'imposition suivante du prêteur, le montant du prêt doit être inclus dans le revenu du débiteur, dans l'année où le prêt lui a été accordé. Cette situation peut entraîner une modification de la déclaration des revenus de l'année en cause. Lorsque le montant est inclus dans le revenu et est remboursé à une date ultérieure, il est déductible du revenu pour l'année au cours de laquelle le remboursement a lieu. Toutefois, le remboursement faisant partie d'une série de prêts et de remboursements consécutifs ne donne pas droit à la déduction. De plus, dans l'année du remboursement, vous devriez vous assurer que votre revenu est suffisant pour absorber toute déduction relative au remboursement d'un prêt.

Il existe quatre exceptions à la règle selon laquelle le prêt doit être inclus dans le revenu :
1. Le créancier prête de l'argent dans le cadre de ses activités normales.
2. Les prêts sont consentis à des employés du créancier ou à leur conjoint pour leur permettre d'acheter une habitation dont ils seront les occupants.
3. Les prêts sont consentis à des employés du créancier pour leur permettre d'acheter une automobile qui servira à l'exercice de leurs fonctions.
4. Les prêts sont consentis à des employés pour leur permettre d'acheter, de la société ou d'une société liée, de nouveaux titres entièrement libérés qu'ils détiendront pour leur propre bénéfice.

Cette dernière disposition ne permet pas à un employé d'acheter des actions d'un autre actionnaire ; elle prévoit plutôt que ces actions doivent être achetées directement de la société.

Dans tous les cas, des accords de bonne foi concernant le remboursement des prêts doivent être préalablement conclus dans un délai raisonnable. Les prêts consentis à des employés qui sont aussi actionnaires doivent être accordés à ces derniers en leur capacité d'employés et non d'actionnaires pour que l'exemption s'applique. Par conséquent, le prêt devrait pouvoir être accordé à tous les employés. Cette règle permettrait d'exclure l'octroi de prêts par une société aux seuls employés qui sont aussi actionnaires.

Les prêts aux actionnaires entraînent habituellement l'imposition d'un avantage imposable sous forme d'intérêts réputés, comme c'est le cas pour les prêts à faible taux d'intérêt ou sans intérêts destinés aux employés. Toutefois, les règles relatives aux prêts pour la réinstallation ne s'appliquent pas aux prêts aux actionnaires, à moins que ces derniers ne soient aussi des employés et qu'ils aient obtenu le prêt à ce titre. Les avances consenties aux actionnaires pendant l'année sur les versements de dividendes sont considérées comme des dettes assujetties aux règles concernant l'avantage imposable.

La loi en vertu de laquelle vous formez une société peut comprendre des règles ayant trait aux prêts à des employés, à des dirigeants, à des administrateurs et à des actionnaires. Par conséquent, il convient de consulter cette loi avant d'autoriser de tels prêts.

6.4 REMBOURSEMENT DE LA TPS/TVQ

6.4.1 Êtes-vous admissible au remboursement de la TPS/TVQ ?

Seuls les inscrits à ces taxes ont généralement droit à un remboursement de la TPS et de la TVQ payées. Mais pour que ces taxes ne représentent pas un coût supplémentaire pour eux, les salariés et les associés de sociétés de personnes peuvent, à certaines conditions, obtenir un remboursement de la TPS et de la TVQ payées même s'ils ne sont pas inscrits. Ils obtiennent ce remboursement en joignant un formulaire spécifique à leurs déclarations de revenus et ce remboursement n'est possible qu'à l'égard des dépenses déductibles dans le calcul de leur revenu imposable. Le remboursement de la TPS est égal à 7/107 des dépenses nettes (7,5/107,5 pour la TVQ).

N'oublions pas que le remboursement de la TPS et de la TVQ reçu par un contribuable doit être ajouté dans le calcul de son revenu pour l'année subséquente. À titre d'exemple, les montants donnant droit à un remboursement de la TPS et de la TVQ pour l'année 2000, mais reçus en 2001, doivent être inclus dans le revenu de 2001.

6.4.2 Qui a droit au remboursement ?

Seuls les salariés d'un employeur inscrit et les associés d'une société de personnes inscrite peuvent obtenir un remboursement. À titre d'exemple, le salarié d'un organisme à but non lucratif aura droit à un remboursement seulement si l'organisme est inscrit.

Les salariés les plus susceptibles d'obtenir ce remboursement sont les vendeurs touchant des commissions et autres, ainsi que les salariés et associés ayant des frais afférents à un véhicule moteur.

ATTENTION ! Un employé ne peut réclamer le remboursement de la TPS si son employeur est une institution financière désignée. Il a cependant droit au remboursement de la TVQ.

Un vendeur touchant des commissions et travaillant pour une firme de courtage ou une compagnie d'assurance-vie n'est donc pas admissible à un remboursement de la TPS sur des dépenses déduites dans le calcul de son revenu. Cette restriction n'existe pas dans le cas de la TVQ et l'employé aura généralement droit à un remboursement.

6.4.3 Quelles sont les dépenses admissibles ?

Le remboursement est accordé au contribuable uniquement à l'égard des dépenses déductibles, en ce qui concerne l'impôt sur le revenu, dans le calcul du revenu d'emploi ou du revenu provenant de la société de personnes. Parmi les dépenses qui donnent normalement droit à un remboursement, notons les frais de représentation (50 % du montant), les frais de publicité, les cotisations professionnelles, les dépenses de bureau, les frais de location, les fournitures diverses, les frais d'automobile et la déduction pour amortissement (DPA) relative à une automobile, à un instrument de musique ou à un aéronef. Si le remboursement se rapporte au coût en capital d'un bien, le remboursement réduit le coût en capital du bien au moment où le remboursement est reçu (habituellement l'année suivante) au lieu d'être ajouté au revenu.

Il est à noter que les dépenses qui ont fait l'objet d'une indemnité raisonnable versée par l'employeur ne sont pas admissibles à un remboursement de taxes. Cependant, un employé ou un associé peut réclamer un remboursement de la TPS ou de la TVQ lorsqu'il a reçu une indemnité non raisonnable, c'est-à-dire une indemnité qui doit être incluse dans son revenu. Dans un tel cas, l'employé ou l'associé doit obtenir une attestation de l'employeur ou de la société de personnes établissant que l'employeur ou la société n'a pas réclamé un crédit de taxes sur les intrants pour la TPS ou un remboursement de taxes sur les intrants pour la TVQ.

E X E M P L E

CALCUL DU REMBOURSEMENT

	DÉPENSES DU VENDEUR	REMBOURSEMENT DE LA TPS CALCULÉ SUR	REMBOURSEMENT DE LA TVQ CALCULÉ SUR
Frais de représentation	800 $	400 $	400 $
Dépenses de bureau :			
• Électricité	400	400	400
• Impôts fonciers	200	—	—
• Assurance	300	—	—
Fournitures	100	100	100
Frais d'automobile :			
• DPA	1 000	1 000	1 000[1]
• Intérêts	200	—	—
• Assurance	400	—	—
• Frais de fonctionnement	150	150	150
• Frais de réparation	150	150	150
	3 700 $	2 200 $	2 200 $

1 La DPA sur une automobile est admissible au remboursement de la TVQ si l'automobile a été acquise après le 31 juillet 1995. L'exemple présume que l'automobile a été achetée en 2000.

Dans notre exemple, le vendeur a droit à un remboursement de la TPS de 144 $, soit 7/107 de 2 200 $, et à un remboursement de la TVQ de 153 $, soit 7,5/107,5 de 2 200 $.

Les impôts fonciers, les frais d'assurance et les frais d'intérêts n'étant pas assujettis à la TPS, aucun remboursement n'est accordé à leur égard. Dans le cas de la TVQ, les frais d'assurance sont assujettis à la taxe sur les assurances, qui ne donne pas droit à un remboursement.

Une partie du remboursement de la TPS (79 $) et de la TVQ (84 $) a trait aux dépenses et doit être incluse dans le revenu imposable du salarié se rapportant à l'année suivante, tandis que l'autre partie, correspondant à 65 $ (TPS) et à 61 $ (TVQ), réduit le coût en capital sur lequel la déduction pour amortissement peut être réclamée au début de l'année suivante.

6.4.4 *La production de la demande*
Les demandes de remboursement doivent être présentées en même temps que les déclarations de revenus du salarié ou de l'associé pour l'année civile où les dépenses sont engagées et elles nécessitent la production du formulaire GST-370F dans le cas de la TPS et du formulaire VD-358 dans le cas de la TVQ. Une demande de remboursement peut être présentée dans les quatre années suivant la fin de l'année civile visée par le remboursement.

Chapitre 7

LES PROPRIÉTAIRES D'ENTREPRISE

7.1 L'ENTREPRISE INDIVIDUELLE OU LA SOCIÉTÉ EN NOM COLLECTIF

7.1.1 La définition du revenu tiré d'une entreprise

La catégorie du revenu tiré d'une entreprise est assez vaste. On calcule le bénéfice en déduisant du revenu gagné total les frais engagés pour réaliser ce revenu. À titre de propriétaire, vous devez déclarer vos bénéfices dans votre déclaration de revenus personnelle. Si vous subissez une perte d'entreprise, celle-ci peut servir à réduire votre revenu tiré d'autres sources, y compris d'un emploi ou d'un placement, à moins que la perte ne provienne d'une entreprise agricole, auquel cas cette possibilité peut être restreinte dans certaines circonstances.

Si la totalité ou une partie du bénéfice découle de la vente ou du transfert de biens, l'Agence des douanes et du revenu du Canada (ADRC) le considérera soit comme un revenu d'entreprise, soit comme un revenu de biens. Dans le premier cas, ce revenu sera entièrement pris en compte dans le calcul du revenu imposable.

COMMENT RÉDUIRE VOS IMPÔTS

Dans le second cas, le produit de la vente ou du transfert sera considéré comme un gain en capital.

La réalité économique de l'activité détermine en principe son traitement fiscal. Dans ce domaine, il est cependant essentiel que vous disposiez de renseignements détaillés sur les activités que vous exercez. Si vous vous lancez dans une nouvelle entreprise tout en conservant votre emploi actuel, vous devez tenir des registres détaillés pour démontrer qu'il est raisonnable de considérer que vous réaliserez des bénéfices et que vous faites preuve d'une attitude professionnelle. Une telle attitude suppose que vous ferez appel, au besoin, aux conseils de professionnels, que vous possédez la compétence nécessaire dans le domaine ou que vous irez chercher de l'aide extérieure. Si vous ne pouvez faire ces démonstrations (bénéfices et professionnalisme), il est possible que votre activité soit considérée comme un passe-temps, auquel cas vos déductions fiscales seraient limitées au revenu provenant de l'activité. Advenant que cette activité entraîne une perte, vous ne pourrez utiliser la perte d'entreprise pour réduire votre revenu d'autres sources. Si votre activité entraîne des pertes pendant un certain nombre d'années, le fisc pourrait fort bien considérer cette activité comme un passe-temps, et non comme une entreprise.

Fait à noter, il est tout aussi important de conserver les pièces justificatives de vos décisions si vous considérez l'activité comme un placement et espérez utiliser le bien acquis pour réaliser un revenu. En effet, vous devez fournir la preuve qu'il est raisonnable de s'attendre à ce que le bien donne lieu à un revenu de placement. À titre d'exemple, si vous achetez un terrain dans l'espoir d'y construire un immeuble à bureaux ou un autre bien générateur de revenu, ce terrain peut constituer une immobilisation, admissible au traitement des gains en capital lors de son aliénation. Par contre, si l'achat du terrain a été effectué dans le but de le conserver pour réaliser un revenu découlant de l'augmentation de sa valeur, il s'agira alors probablement d'une affaire à caractère commercial ou d'une entreprise (selon le volume d'une activité semblable), et le revenu qui est en cause sera vraisemblablement imposable en totalité. Le fisc a tendance à considérer une augmentation de valeur comme un revenu ordinaire et une diminution de valeur comme une perte en capital, plutôt que de traiter une augmentation comme un gain en capital et une diminution comme une perte ordinaire.

7.1.2 L'imposition du revenu d'entreprise

Les possibilités de planification fiscale sont généralement plus nombreuses si vous êtes considéré comme un travailleur indépendant ou si vous possédez ou dirigez une entreprise, que si vous êtes un employé. Des règles différentes s'appliquent au revenu tiré d'une entreprise. De plus, l'imposition du revenu d'entreprise diffère selon que cette entreprise est constituée en société par actions ou non. La deuxième partie de ce chapitre décrit les avantages et les inconvénients de la constitution en société, de même qu'un certain nombre d'aspects de planification fiscale liés aux petites entreprises. Notez qu'au moyen d'un mécanisme de roulement fiscal permettant de reporter l'impôt, vous pouvez transférer, à une société de personnes ou à une société par actions, des éléments d'actif d'une entreprise que vous exploitez personnellement.

En règle générale, l'impôt d'une entreprise non constituée en société porte sur le « bénéfice » sans tenir compte des fonds que vous en avez retirés. On obtient le bénéfice en déduisant du revenu brut de l'entreprise les diverses dépenses qui sont admises à titre de déduction. Ces dépenses doivent représenter un montant raisonnable et être engagées dans le but de produire un revenu. Les déductions courantes admissibles comprennent le coût des marchandises vendues et les dépenses liées aux salaires, à la location, aux fournitures, à la publicité, etc. Les frais engagés à l'égard des biens durables, comme l'acquisition de meubles ou d'équipement qui sont de nature capitale, ne sont pas déductibles. Par contre, vous pouvez réclamer une déduction pour amortissement à l'égard de ces acquisitions.

À l'exception de l'agriculture et de la pêche, le bénéfice est calculé selon la méthode de la comptabilité d'exercice plutôt que selon la méthode de la comptabilité de caisse. Selon la méthode de la comptabilité d'exercice, le revenu est calculé lorsqu'il est gagné et non lorsqu'il est encaissé, comme c'est le cas selon la méthode de la comptabilité de caisse.

7.1.3 *L'année d'imposition*
En général, une entreprise non constituée en société doit adopter le 31 décembre comme date de fin d'exercice à des fins fiscales. Cependant, sauf certaines sociétés professionnelles, une entreprise non constituée en société peut choisir une autre date de fin d'exercice que le 31 décembre à des fins comptables. Les contribuables ayant des motifs non fiscaux valables peuvent ainsi maintenir leur date de fin d'exercice ne coïncidant pas avec la fin de l'année civile, mais ils doivent réajuster leur revenu d'entreprise sur la base de l'année civile pour les besoins de l'impôt.

Par conséquent, la plupart des entreprises déjà existantes peuvent conserver leur fin d'exercice actuelle. Les nouvelles entreprises exploitées par un particulier et les sociétés de personnes admissibles peuvent aussi choisir leur date de fin d'exercice. Les particuliers et les sociétés de personnes admissibles qui décident d'adopter une date de fin d'exercice qui ne coïncide pas avec la fin de l'année civile peuvent changer d'idée par la suite et passer à un exercice se terminant le 31 décembre pour une année d'imposition. Ils doivent alors donner un avis à cet effet avant la date d'échéance à laquelle ils doivent produire leur déclaration de revenus pour l'année visée par le changement. Cependant, dès qu'une entreprise exploitée par un particulier ou une société de personnes admissible a adopté un exercice prenant fin le 31 décembre, elle ne peut plus revenir à un exercice prenant fin à une autre date.

7.2 LES DÉDUCTIONS

7.2.1 Les frais de bureau à domicile

Si vous êtes un travailleur indépendant ou que vous exploitez une entreprise à l'extérieur du cadre de votre travail et que vous avez aménagé un bureau dans votre maison, vous pouvez déduire certains frais s'y rattachant.

ATTENTION ! **Les frais de bureau à domicile peuvent être déductibles uniquement aux conditions suivantes : le bureau constitue votre principal établissement d'affaires ou il est utilisé dans le but exclusif d'en tirer un revenu d'entreprise et sert à rencontrer des clients ou des patients sur une base régulière et continue.**

Le montant pouvant être déduit ne peut excéder le revenu tiré de l'entreprise pour l'exercice, après déduction de toutes les autres dépenses. Le montant excédentaire pourra être reporté afin d'être déduit ultérieurement au cours des exercices où l'entreprise produit un revenu.

Prenez note qu'au Québec seulement 50 % des frais d'un bureau à domicile sont déductibles afin de tenir compte de l'élément personnel inclus dans ce type de dépenses. Cette limite ne s'applique plus aux dépenses directement liées à l'utilisation à des fins d'affaires de la partie du domicile servant de bureau, comme le chauffage et l'éclairage, pour les exercices qui se terminent après le 14 mars 2000.

Dans le calcul de vos frais de bureau à domicile, vous pouvez inclure toutes les dépenses associées directement à votre bureau, telles que les classeurs, les ordinateurs et les logiciels, les frais de publicité et les frais de téléphone d'affaires. Pour ce qui est des frais généraux tels que les services publics et le loyer, vous devez les répartir afin de tenir compte uniquement de la portion pouvant être directement attribuable à la gestion de votre bureau.

7.2.2 Les dépenses relatives à un congrès

La Loi de l'impôt sur le revenu vous permet de déduire les dépenses relatives à un maximum de deux congrès par année tenus par un organisme professionnel ou commercial dans un endroit compatible avec le territoire sur lequel l'organisme exerce son activité. Cette restriction délimite le caractère raisonnable des dépenses déductibles. Par exemple, si l'organisme hôte du congrès n'a pas de lien évident avec Hawaii, vous ne pourrez déduire les dépenses associées à un congrès tenu à cet endroit. Afin de déduire les dépenses relatives à un congrès à titre de dépenses d'affaires plutôt qu'à titre de dépenses en capital, vous devez établir que vous y assistez dans le but de gagner un revenu. S'il s'agit d'un congrès à vocation essentiellement éducative, vos dépenses pourraient être assimilées à des dépenses en capital et ne pourraient être déductibles de votre revenu.

7.2.3 Les intérêts déductibles

Si vous empruntez un montant d'argent dans le but de gagner un revenu, reportez-vous au chapitre 8 (section 8.4.2 sur les intérêts déductibles).

7.2.4 Le golf et les frais de représentation

Les dépenses engagées pour l'usage d'un terrain de golf ne sont pas déductibles, mais les repas sont admissibles à une déduction de 50 % à certaines conditions. Les cotisations annuelles à un club de golf et les droits d'entrée sont refusés, même si des raisons d'affaires justifient l'adhésion au club de golf et l'organisation de parties de golf avec des clients, des fournisseurs ou des employés.

Les boissons et les repas consommés dans un club de golf (à la salle à manger, dans la salle de banquet, dans les salles de conférences et au bar) peuvent être déduits à titre de frais de représentation s'il existe une véritable raison d'affaires à l'utilisation des installations. Les dépenses de repas et de boissons doivent être clairement identifiées pour être admissibles à une déduction. Si les dépenses au club de golf sont reliées à une collecte de fonds pour un organisme de bienfaisance ou à l'organisation d'une journée de golf pour les employés d'une entreprise, 100 % des dépenses sont déductibles.

Stratégie de planification

En dépit de certaines restrictions, l'employeur peut en général offrir à ses employés une journée de golf et jusqu'à six activités sportives ou sociales par année, et en déduire les frais aux fins de l'impôt sur le revenu. Cependant, aucun droit d'entrée n'est déductible. Les frais engagés au titre de ces activités doivent être «raisonnables» et lesdites activités offertes à tous les employés, à un établissement commercial donné.

Du point de vue des employés, si les frais engagés pour l'activité sont «raisonnables», cette dernière n'est pas considérée comme un avantage imposable. À titre de référence, un coût par personne de 100 $ ou moins est raisonnable. Les activités et événements pour lesquels les frais engagés sont supérieurs à ce montant seront probablement considérés comme un avantage imposable pour l'employé.

7.2.5 Les déductions pour cotisations à un régime privé d'assurance-maladie

Si vous êtes un travailleur indépendant, vous pouvez déduire les primes et les cotisations à des régimes privés d'assurance-maladie (RPAM) du revenu de votre entreprise. Les régimes admissibles qui couvrent les soins médicaux et les soins dentaires peuvent aussi bénéficier à votre famille immédiate.

Un travailleur indépendant est défini comme étant une personne participant activement à une entreprise, seule ou avec un associé. Votre entreprise doit être votre principale source de revenu ou votre revenu provenant d'autres sources ne doit pas dépasser 10 000 $ pour l'année.

Le montant maximum déductible est de 1 500 $ pour vous et votre conjoint et pour un enfant de 18 ans et plus qui habite avec vous. Ce montant est de 750 $ pour chacun des autres enfants. Si vous demandez une telle déduction, vous ne pouvez pas demander un crédit pour frais médicaux pour la même dépense.

Si vous engagez des employés à plein temps pour votre entreprise, vous devez leur offrir des garanties équivalentes. Les limites de déduction ne s'appliqueront pas si plus de la moitié de vos employés à plein temps sont assurés en vertu d'un RPAM.

Nouveau en 2001

DÉDUCTION DU RCP/RRQ POUR UN TRAVAILLEUR AUTONOME

Depuis l'année 2001, la moitié des cotisations versées au Régime de pensions (RCP) peut être déduite dans le calcul du revenu net d'un travailleur autonome; l'autre moitié donne droit à un crédit d'impôt. Cette mesure est en vigueur au Québec depuis 2000 pour le Régime des rentes du Québec (RRQ).

7.3   LES POSSIBILITÉS DE PLANIFICATION

7.3.1 *L'embauche de votre conjoint et de vos enfants*

Si vous pouvez prouver que votre conjoint ou vos enfants participent à la réalisation du revenu de l'entreprise, vous pouvez, dans une certaine mesure, effectuer un déplacement de revenu en leur versant un salaire. Ce dernier doit être raisonnable eu égard aux tâches accomplies.

ATTENTION !

Vous devez tenir compte de l'impact des règles récentes relatives au fractionnement du revenu si vous envisagez de verser des sommes à vos enfants mineurs. Ces sommes pourraient vous être attribuées. Il vaudrait mieux consulter un spécialiste en fiscalité avant d'agir.

7.4   L'ENTREPRISE CONSTITUÉE EN SOCIÉTÉ

Si vous possédez votre propre entreprise, vous vous demandez sûrement si vous devriez ou non la constituer en société.

Le régime fiscal canadien tend à favoriser l'exploitation de petites entreprises constituées en sociétés. Si vous possédez votre propre entreprise, vous devez choisir entre l'exploitation dans le cadre d'une entreprise constituée en société ou dans celui d'une entreprise qui ne l'est pas. Dans les deux cas, les calculs relatifs au revenu et aux déductions demeurent essentiellement les mêmes. Toutefois, il existe des différences qui sont à l'avantage des entreprises constituées en sociétés, tant du point de vue de l'imposition que de celui des possibilités de planification qu'elles offrent.

La planification fiscale de votre entreprise pourrait vous fournir des occasions de fractionner votre revenu, de reporter vos impôts, d'augmenter l'exemption pour gains en capital à laquelle vous avez droit et de faire votre planification successorale de même que celle de votre retraite. Étant donné la complexité des lois de l'impôt visant la famille et les entreprises, il serait préférable de consulter votre conseiller fiscal pour une planification personnalisée.

7.4.1 La définition d'une société

Une société est une personne morale constituée en vertu de la loi et présentant les caractéristiques suivantes :

1. Il s'agit d'une entité juridique distincte qui a une continuité d'exploitation et qui est habilitée à acheter, à vendre, à engager des employés, à emprunter, à prêter et à détenir des biens.

2. Elle agit par l'intermédiaire de personnes physiques.

3. Des actionnaires, qui peuvent également être des employés, y détiennent des participations.

4. Les bénéfices qu'elle génère sont distribués aux actionnaires sous forme de dividendes imposables pour chacun des bénéficiaires.

5. Il s'agit d'une entité imposable distincte qui doit produire des déclarations de revenus et acquitter ses impôts.

7.4.2 Ce que vous devez savoir sur l'imposition des sociétés

Lorsque vous exploitez une entreprise à titre de propriétaire unique, vous déclarez votre revenu tiré de l'entreprise dans votre déclaration de revenus personnelle. Par contre, lorsqu'il s'agit d'une société, celle-ci doit produire sa propre déclaration de revenus et verser ses acomptes provisionnels d'impôt. Vous incluez indirectement le revenu de votre société dans votre déclaration de revenus personnelle lorsque vous toucherez un salaire, des dividendes, des intérêts ou toute autre forme de revenu provenant de celle-ci.

Comme c'est le cas pour les particuliers, la structure des taux d'imposition des sociétés varie en fonction de la province où le revenu est gagné mais, en plus, elle varie selon le genre et le montant du revenu réalisé.

Le taux de base de l'impôt fédéral sur le revenu des sociétés est de 38 %. Il baisse à 28 % sur les revenus de la société réalisés au Canada car, pour tenir compte de l'imposition provinciale, une réduction de 10 % est accordée.

Une autre réduction du taux de base s'applique aux revenus provenant d'activités de fabrication et de transformation se déroulant au Canada. La déduction est de 7 % et permet ainsi de réduire le taux de l'impôt fédéral à 21 %. Depuis le 1er janvier 1999, ce crédit d'impôt a été étendu aux sociétés qui produisent, pour la vente, de l'énergie électrique ou de la vapeur pour générer de l'électricité. Depuis le 1er janvier 2000, ce crédit d'impôt s'applique aussi aux sociétés qui produisent, pour la vente, de la vapeur à des fins autres que la production d'électricité.

Le gouvernement fédéral a voté une réduction du taux d'imposition des sociétés de 7 % sur une période de 5 ans. Le taux d'imposition passera de 28 % à 21 %, en commençant par une diminution de 1 % depuis le 1er janvier 2001. Cette réduction de taux ne s'applique pas aux sociétés dont le revenu profite déjà d'un taux d'imposition privilégié (comme le revenu de fabrication et de transformation ou le revenu tiré des petites entreprises), ni aux sociétés de portefeuille, de placement hypothécaire, de fonds communs de placement, ni aux sociétés de placement appartenant à des non-résidents.

Toutefois, une surtaxe fédérale de 4 % s'applique sur le taux de 28 % (1,12 %, soit 4 % x 28 %) et fait grimper le taux de l'impôt fédéral sur le revenu à 28,12 % (27 % + 1,12 %), si l'on ne tient pas compte de la déduction à l'égard de la fabrication et de la transformation, et à 22,12 % (21 % + 1,12 %) si l'on tient compte de cette déduction.

7.4.3 Les sociétés privées sous contrôle canadien

Des avantages fiscaux particuliers sont consentis aux sociétés privées sous contrôle canadien (SPCC). De façon sommaire, une SPCC est une société résidant au Canada et dont le contrôle est détenu par des résidents canadiens (autres que des sociétés publiques). En général, il y a contrôle lorsque des résidents canadiens détiennent plus de 50 % des droits de vote de la société. Toutefois, tel n'est pas toujours le cas. Lorsqu'une personne possède une influence directe ou indirecte dont l'exercice entraînerait le contrôle de fait de la société, cette personne sera considérée comme possédant le contrôle de la société. Exemple : une personne qui détiendrait 49 % des droits de vote d'une société. Cette personne pourrait être considérée comme exerçant le contrôle si les autres 51 % étaient répartis entre les nombreux employés de ladite société ou détenus par des personnes qu'il est raisonnable de considérer comme agissant conformément aux vœux de la personne détenant 49 % des droits de vote.

Stratégie de planification

Versez un boni à vos employés ou versez-vous un salaire afin de réduire le revenu de l'entreprise, si nécessaire. Une SPCC est admissible à la réduction du taux d'impôt fédéral (la « déduction accordée aux petites entreprises ») sur son revenu annuel tiré d'une entreprise exploitée activement qui est inférieur à 200 000 $. Si l'année d'imposition de la société est inférieure à 12 mois, ce montant doit être établi au prorata. La déduction fédérale pour petite entreprise est de 16 %.

Pour les années d'imposition se terminant après le 31 décembre 2000, la réduction de 7 % mentionnée précédemment s'applique sur la tranche de 100 000 $ de revenu tiré d'une entreprise exploitée activement qui excède 200 000 $. Les mêmes restrictions que celles mentionnées pour la réduction du taux d'impôt général s'appliquent ici. Ainsi, cette mesure ne vise pas les sociétés qui bénéficient déjà d'un taux privilégié (c'est-à-dire les entreprises admissibles à la déduction pour revenu de fabrication et de transformation, ou au remboursement au titre de dividendes).

La déduction de 16 % pour petite entreprise qui s'applique à un revenu inférieur à 200 000 $ est réduite progressivement lorsque le capital imposable de la société et des sociétés associées pour l'année précédente excède 10 millions. Elle est entièrement annulée lorsqu'il atteint 15 millions.

Il est important de noter également qu'il doit s'agir de « revenu tiré d'une entreprise exploitée activement ». Par exemple, si vous constituez une société pour détenir votre portefeuille de placements, vous ne serez pas admissible à la déduction accordée aux petites entreprises, puisque votre revenu ne provient pas d'une entreprise exploitée activement.

Afin d'empêcher les contribuables d'abuser de la déduction accordée aux petites entreprises en créant plusieurs sociétés, les sociétés associées entre elles doivent se partager le plafond annuel de 200 000 $. En général, les sociétés associées sont des sociétés dont le contrôle est détenu par la même personne ou le même groupe de personnes. Par conséquent, il n'est pas possible de créer plusieurs sociétés et de se prévaloir des avantages de la déduction à l'égard d'un montant annuel de 200 000 $ pour chacune des sociétés.

Il n'est pas possible de se prévaloir de la déduction à l'égard des activités de fabrication et de transformation sur la partie du revenu admissible à la déduction accordée aux petites entreprises. Par conséquent, si votre société est une SPCC réalisant un revenu tiré d'une entreprise exploitée activement dans une province canadienne, le taux de l'impôt fédéral applicable à la première tranche de 200 000 $ de revenu imposable est de 12 %. Lorsqu'on ajoute la surtaxe fédérale de 1,12 % (soit 4 % x 28 %), le taux de l'impôt fédéral s'élève à 13,12 %. Le taux d'imposition usuel s'applique au revenu qui excède 200 000 $.

Toutes les provinces prélèvent des impôts sur le revenu. Le taux de l'impôt provincial varie selon les provinces (entre 0 % et 17 %), selon que la société peut se prévaloir d'une déduction à l'égard des activités de fabrication et de transformation, d'une déduction accordée aux petites entreprises ou que la société est temporairement exonérée d'impôts (généralement dans le cas d'une nouvelle société). Le taux d'impôt fédéral et provincial combiné peut donc varier de façon significative selon le cas.

7.4.4 Les grandes entreprises

Un impôt fédéral de 0,225 % doit être payé lorsque le capital employé au Canada par une société dépasse 10 millions de dollars. Compte tenu de ce seuil minimal, la majorité des petites entreprises ne sont pas touchées par cet impôt supplémentaire. L'impôt sur les grandes sociétés n'est pas admis en réduction du calcul du revenu d'une société. La surtaxe de 4 % due par les grandes sociétés est cependant portée en réduction de leur impôt sur le capital exigible.

7.4.5 Le report de l'impôt

Le taux d'impôt provincial et fédéral combiné des petites entreprises se situe entre 17,12 % et 22,16 %, selon la province. Au Québec, ce taux est de 22,16 %. Lorsqu'on compare ces taux avec ceux des particuliers (voir le chapitre 19), on constate que le taux accordé aux petites entreprises est de beaucoup inférieur.

Si vous exploitez une entreprise non constituée en société, vous devez déclarer votre revenu provenant d'une entreprise dans votre déclaration de revenus personnelle dès que vous l'avez gagné. Vous calculerez ainsi l'impôt sur votre revenu d'entreprise en utilisant votre taux marginal d'impôt personnel.

Stratégie de planification

Si vous décidez de constituer votre entreprise en société, l'impôt immédiat peut se limiter à celui qui est payable par la société. Vous ne paierez un impôt personnel que sur la partie des bénéfices de votre société que vous retirerez sous forme de salaire ou de dividendes. Vous êtes ainsi en mesure de reporter votre impôt personnel sur la partie des bénéfices qui n'est pas distribuée mais qui demeure dans la société.

Par exemple, si vous résidez au Québec et que vous gagnez un revenu de 1 000 $, vous paierez environ 487 $ d'impôt personnel au taux marginal le plus élevé. Par conséquent, il vous reste 513 $ à réinvestir dans l'entreprise. Lorsque ce revenu est généré par une société et qu'il est admissible à la déduction accordée à une petite entreprise, la société versera environ 222 $ en impôt ; elle pourra ainsi réinvestir 778 $. Aucun impôt personnel ne sera exigible avant la répartition des bénéfices aux actionnaires. D'après cet exemple, la somme de 265 $ (487 $ - 222 $) d'impôt pourra être reportée.

7.4.6 La création de la société
En règle générale, vous pouvez transférer les biens utilisés dans une entreprise individuelle à une société sans aucune incidence fiscale, sous réserve de certaines restrictions. En contrepartie, la société devra vous émettre des actions. Vous opterez peut-être pour qu'une partie de votre placement dans la société soit sous forme de dette plutôt que d'actions. Si c'est le cas, vous serez en mesure de retirer des bénéfices de la société à titre d'intérêts, lesquels sont déductibles

dans le calcul du revenu de la société. Vous pourrez également retirer des bénéfices sous forme de dividendes.

7.4.7 L'imposition des sommes reçues de la société

Lorsque vous encaissez des montants provenant de la société, le traitement fiscal varie selon la nature du montant. Vous devez inclure dans votre revenu la totalité du salaire que vous gagnez à titre d'employé de la société dans l'année durant laquelle vous l'avez reçu. Si vous avez contribué à financer en partie votre société en lui accordant des prêts, vous devez également inclure dans votre revenu les intérêts touchés. Par ailleurs, si vous louez des biens à la société, le revenu de location que vous en tirez doit aussi être compris dans votre revenu de l'année où vous l'avez reçu. Toutes ces formes de versements sont toutefois déductibles dans le calcul du revenu de la société, pourvu qu'elles soient engagées en vue de gagner un revenu. À certaines conditions, vous pourrez bénéficier d'un report d'impôts sur ces versements, c'est-à-dire que vous pourrez réclamer la déduction dans le calcul du revenu de la société avant même de payer l'impôt personnel sur ces versements. Cette méthode de report comporte toutefois certaines restrictions quant au délai dont bénéficie la société pour effectuer le paiement des dépenses comptabilisées.

Il est aussi possible d'effectuer certains reports en versant des salaires et des bonis. Dans ce cas, afin de se prévaloir de la déduction dans l'année au cours de laquelle les salaires ou les bonis ont été engagés, la société doit verser ces sommes au plus tard le 180e jour suivant la fin de son exercice. Vous devez inclure ces sommes dans votre revenu de l'année au cours de laquelle elles ont été versées. Cependant, si l'exercice de la société se termine après le 5 juillet (par exemple, le 31 juillet), le versement des sommes pourra avoir lieu dans l'année civile suivante tout en respectant la limite des 180 jours. Vous pourrez ainsi bénéficier d'un report de l'impôt de six mois.

7.4.8 L'intégration

Bien que vous déteniez la totalité ou la quasi-totalité des actions d'une société, vous et votre société représentez deux contribuables distincts.

La société s'acquitte de l'impôt sur le revenu lorsque les bénéfices sont réalisés. Lorsque celle-ci distribue ses bénéfices après impôts sous forme de dividendes, ils sont inclus dans votre revenu et la société ne bénéficie pas d'une déduction dans le calcul de son revenu. Les bénéfices générés par l'entremise d'une société sont donc imposés deux fois : lorsque la société les réalise et lorsqu'ils sont distribués aux actionnaires à titre de dividendes.

Afin d'alléger cette double imposition, les systèmes fiscaux des particuliers et des sociétés sont intégrés. Pour ce faire, le dividende reçu par l'actionnaire est majoré en vue de le rapprocher du montant réalisé avant impôts par la société. Un crédit d'impôt est ensuite accordé à l'actionnaire, selon un mode de calcul préétabli, pour l'impôt déjà payé par la société.

Par conséquent, si vous recevez un dividende de votre société, il sera inclus dans votre revenu. Vous devrez également inclure dans votre revenu un pourcentage supplémentaire de 25 % du dividende. Ce montant constitue la majoration du dividende.

Après avoir calculé votre impôt sur le revenu fédéral, vous bénéficierez d'un crédit d'impôt pour dividende équivalant aux deux tiers de la majoration du dividende. Au Québec, le crédit d'impôt pour dividendes correspond à 54 % de la majoration du dividende.

EXEMPLE

Dividende reçu	100,00 $
Majoration du dividende (25 % x 100 $)	25,00
Revenu	125,00 $
Impôt fédéral à 29 % (maximum)	36,25 $
Crédit d'impôt pour dividende (2/3 x 25 $)	(16,67)
	19,58
Abattement du Québec (16,5 % x 19,58 $)	(3,23)
Impôt fédéral total	16,35
Impôt du Québec à 24,5 % (maximum)	30,63
Crédit d'impôt pour dividende (54 % de 25 $)	(13,50)
Impôt du Québec	17,13
Total de l'impôt personnel sur le dividende	33,48 $

Le principe d'intégration est conçu dans le but d'obtenir un niveau d'imposition similaire pour un particulier qui gagne un revenu d'entreprise directement et un autre particulier qui touche un dividende d'une société bénéficiant de la déduction accordée aux petites entreprises. Afin d'obtenir une intégration parfaite, le taux combiné des sociétés devrait être de 20 % et ne comporte aucune surtaxe, tandis que la tranche d'imposition maximale d'un particulier au niveau fédéral devrait être de 29 % et l'impôt provincial devrait correspondre à 50 % de l'impôt fédéral. Dans de telles conditions, il n'y aurait aucun écart d'impôt, que le revenu d'entreprise soit gagné par l'entremise d'une société ou directement, comme l'indique le tableau suivant.

E X E M P L E

	REVENU GAGNÉ DIRECTEMENT	REVENU GAGNÉ PAR L'ENTREMISE D'UNE SOCIÉTÉ
Revenu de la société		100,00 $
Impôt de la société		(20,00)
Bénéfice après impôts		80,00 $
Revenu d'un particulier		
Bénéfice de l'entreprise	100,00 $	
Dividende		80,00 $
Majoration du dividende		
(25 % x 80 $)		20,00
Revenu imposable	100,00 $	100,00 $
Impôt fédéral au taux de 29 %	29,00 $	29,00 $
Crédit d'impôt pour		
dividende (2/3 x 20 $)		(13,30)
Impôt provincial au taux de 50 %	14,50	7,80
Total de l'impôt personnel	43,50	23,50
Impôt de la société		20,00
Total de l'impôt sur un		
revenu de 100 $	43,50 $	43,50 $

Dans la mesure où les taux d'imposition diffèrent de ces taux hypothétiques, les impôts payables au total seront différents selon que le revenu est gagné directement par le particulier ou par l'entremise d'une société. Si les taux d'impôt des sociétés ou les taux d'impôt des particuliers sont inférieurs aux taux hypothétiques en question, le total de l'impôt payé sur le revenu gagné par l'entremise d'une société sera probablement inférieur au total de l'impôt payé sur le revenu gagné directement. Dans le cas où les taux d'impôt des sociétés s'avèrent supérieurs à ceux des sociétés exploitant une petite entreprise, la double imposition, à la société et au particulier, résultera en un impôt total plus élevé que si l'imposition n'existait que pour le particulier.

7.4.9 L'entreprise constituée en société : les avantages et les inconvénients

Le meilleur choix entre l'exploitation d'une entreprise par l'entremise d'une société ou directement par un particulier dépend en grande partie de la nature des activités et du revenu réalisé. Afin de déterminer l'avantage fiscal dont vous pourriez bénéficier, vous devez examiner les écarts entre les taux des sociétés et ceux des particuliers de la province dans laquelle les activités sont menées. En général, les sociétés se révèlent plus avantageuses lorsqu'il s'agit d'une société privée sous contrôle canadien (SPCC) produisant un revenu imposable de 200 000 $ ou moins.

Les six principaux avantages fiscaux ou autres reliés à la constitution d'une entreprise en société sont les suivants :

1. La responsabilité limitée

En raison du caractère distinct de la société, les actionnaires ne peuvent être tenus personnellement responsables des dettes de la société ou de tout autre élément de son passif. Les petites entreprises ne bénéficient pas nécessairement de cet avantage, puisqu'il est courant pour les banques et les autres institutions d'exiger des garanties personnelles lorsqu'elles accordent des prêts à ces entreprises. Cependant, votre responsabilité demeure limitée dans le cas de poursuites judiciaires, à moins que vous ne soyez vous-même négligent.

2. Les possibilités d'épargne et de report d'impôts

Comme nous l'avons mentionné précédemment, les sociétés offrent, au point de vue fiscal, des possibilités d'épargne et de report d'impôts. Ces possibilités varient dans chaque cas, selon les différences qui existent entre les taux d'impôt des sociétés et ceux des particuliers.

3. Le fractionnement du revenu et la planification successorale

L'entreprise constituée en société rend possible l'application de certaines techniques de fractionnement du revenu et de planification successorale. De plus, la société continue son existence même après le décès de ses actionnaires. Il s'agit d'un aspect non négligeable à considérer dans la planification des affaires de l'entreprise. Dans le cas d'une entreprise non constituée en société, la gestion de l'entreprise peut être transférée en embauchant les enfants. Si l'entreprise est constituée en société par actions, il suffit de transférer des actions au lieu des actifs.

4. Le nivellement du revenu

Vous pouvez effectuer un nivellement de votre revenu personnel en exerçant un contrôle sur votre salaire et vos dividendes. Cela vous permettra d'éviter des périodes où le revenu est élevé ou faible, notamment lorsqu'il s'agit d'une entreprise dont les bénéfices varient d'une année à l'autre.

5. Les régimes de pension

Un actionnaire qui est également employé de la société peut participer au régime de pension agréé (RPA) de la société. Un propriétaire d'entreprise non constituée en société ne peut participer à un RPA. Lorsque vous êtes employé de votre entreprise constituée en société, vous pouvez également vous prévaloir de régimes collectifs d'assurance temporaire sur la vie ou de régimes d'assurance-maladie ou d'assurance-accidents. Si votre entreprise n'est pas constituée en société, vous ne pouvez bénéficier de ces régimes.

6. L'exemption pour gains en capital

L'existence d'une société permet de bénéficier d'une exemption pour gains en capital lors de la vente des actions de la société exploitant l'entreprise. En effet, les détenteurs d'actions d'une société exploitant une petite entreprise peuvent se prévaloir d'une exemption pour gains en capital maximale de 500 000 $. Il est à noter que cette exemption comprend l'exemption pour gains en capital de base de 100 000 $ abolie le 22 février 1994 à l'égard des autres genres de biens.

Une société exploitant une petite entreprise est avant tout une SPCC qui utilise en totalité ou presque ses biens (selon l'ADRC, 90 % et plus de leur juste valeur marchande) pour les besoins d'une entreprise exploitée activement au Canada. Les actions d'une société de portefeuille canadienne sont également admissibles lorsque la majeure partie de ses biens est constituée d'actions de sociétés exploitant une petite entreprise. Afin d'être admissible à l'exemption de 500 000 $, la société doit se définir comme une société exploitant une petite entreprise au moment de la vente, et les actions ne doivent pas avoir été détenues par une personne autre que le vendeur ou des personnes qui lui sont liées, dans les 24 mois précédant la vente. De plus, au cours de cette période de 24 mois, la juste valeur marchande des biens de la société doit être constituée à plus de 50 % de biens utilisés dans le cadre d'une entreprise exploitée activement principalement au Canada. Une société de portefeuille doit remplir des conditions plus sévères pour se qualifier comme société exploitant une petite entreprise.

Les trois principaux inconvénients d'une entreprise constituée en société sont les suivants :

1. Les pertes
Il est impossible de se servir des pertes de la société afin de réduire le revenu d'un particulier. Lorsque vous subissez des pertes dans une entreprise non constituée en société, vous pouvez les utiliser afin d'annuler le revenu provenant d'autres activités. Puisque la société représente une entité distincte, son revenu (de même que ses pertes) ne peut être inclus directement dans votre déclaration de revenus personnelle. Par conséquent, vous ne pouvez déduire de telles pertes

à l'encontre de vos autres revenus personnels. Si la société génère un revenu, au cours d'une autre année, les pertes pourront servir à le réduire ou à l'annuler (les pertes de la société pour une année donnée peuvent être reportées sur les trois années antérieures et sur les sept années ultérieures à l'encontre du revenu de la société). Si votre société accuse une perte, vous pouvez ajuster celle-ci en réduisant votre salaire et en y substituant un dividende.

2. Les frais de constitution en société
Il est important de tenir compte de certains frais additionnels lorsque vous constituez votre entreprise en société, notamment les frais initiaux lors de la préparation des documents juridiques.

3. La taxe sur le capital
Il existe depuis plusieurs années une taxe sur le capital qui est payable à certaines provinces et qui peut représenter un montant important pour certaines sociétés. Au fédéral, les sociétés sont assujetties à un impôt spécial du même type. Contrairement aux taxes provinciales, cet impôt fédéral est généralement nul ou considérablement réduit pour les petites entreprises, puisqu'il s'applique uniquement lorsque le capital employé par la société au Canada excède 10 millions de dollars.

Le taux de la taxe sur le capital du Québec est de 0,64 %. Une exonération, pour les cinq premières années entières commençant après le 25 mars 1997, est accordée aux nouvelles sociétés constituées au Québec dont le capital versé est inférieur à 3 000 000 $. Cependant, un montant minimal de 250 $ doit être payé chaque année.

Pour les années d'imposition se terminant après le 14 mars 2000, toute société exerçant des activités et étant établie au Québec doit verser au « Fonds Jeunesse » une contribution équivalant à 1,6 % de son impôt sur le revenu. Les sociétés qui paient la taxe sur le capital applicable aux institutions financières doivent contribuer jusqu'à concurrence de 1,6 % de la taxe sur le capital exigible.

7.5 LA PLANIFICATION POUR LA SOCIÉTÉ DE TYPE PROPRIÉTAIRE EXPLOITANT

Vous devez reconsidérer plusieurs éléments de planification lorsque vous constituez votre entreprise en société. Au moment d'établir votre planification, vous devez tenir compte des facteurs non reliés directement à la fiscalité. Vous devez analyser vos besoins de liquidités ainsi que ceux de la société. De plus, vous devez examiner toutes vos sources de revenu ainsi que votre situation quant aux revenus de placement, aux gains en capital et aux pertes sur placement. Vous devez tenir compte de tous ces éléments lorsque vous procédez à la planification fiscale de votre société.

7.5.1 Le versement d'un revenu de placement

Les règles relatives à la perte nette cumulative sur placement, dont il sera question au chapitre 8, méritent d'être prises en considération dans votre planification. Si vous affichez une perte nette cumulative sur placement, vous voudrez peut-être toucher un revenu en intérêts ou en dividendes de votre société. Ce revenu servirait alors à réduire vos autres pertes sur placement et vous permettrait ainsi d'éviter que votre exemption pour gains en capital de 500 000 $ soit restreinte.

7.5.2 Le salaire versé au conjoint ou à un autre membre de la famille

Vous envisagez peut-être de verser un salaire à votre conjoint ou à un autre membre de la famille. Cependant, le conjoint ou le membre de la famille devra avoir rendu certains services à la société, et ce, dans le cadre d'une véritable relation employeur-employé ; vous devrez en outre être en mesure de justifier le caractère raisonnable du salaire. Celui-ci est considéré comme raisonnable lorsqu'il correspond au salaire qu'une personne avertie aurait versé dans des circonstances analogues et lorsqu'il est proportionnel aux responsabilités assumées et aux services rendus par l'employé.

En pareil cas, la société bénéficiera d'une déduction pour le versement du salaire, et vous, d'une possibilité supplémentaire de fractionner le revenu. En plus, le versement du salaire permet de verser des cotisations à un régime enregistré d'épargne-retraite et de cotiser au Régime des rentes du Québec.

7.5.3 *Le versement d'un salaire ou d'un dividende*

Lorsqu'il s'agit d'une société de type propriétaire exploitant, le choix entre verser un salaire ou verser un dividende au propriétaire exploitant offre des possibilités de planification intéressantes. Le versement d'un salaire permet de réduire l'impôt sur le revenu payable par la société, mais il augmente le revenu soumis à l'impôt personnel. Bien que le versement d'un dividende ne permette pas de réduire l'impôt d'une société, le crédit d'impôt pour dividendes permet de payer moins d'impôt personnel que dans le cas d'un salaire. En principe, il n'y a pas vraiment de différence entre verser un salaire ou verser un dividende, pourvu que le revenu imposable de la société (et des sociétés associées) n'excède pas 200 000 $ avant déduction du salaire.

Parallèlement à l'exemple mentionné précédemment sur l'intégration, ce principe se concrétise seulement si le taux combiné de la société est de 20 % et ne comporte aucune surtaxe, si le particulier se situe dans une tranche d'imposition fédérale de 29 % et si ce particulier réside dans une province dont le taux d'imposition correspond à 50 % de l'impôt fédéral. Lorsque le revenu de la société après impôts est versé à l'actionnaire, le total de l'impôt sera alors identique, peu importe si le revenu est versé en salaire ou sous forme de dividendes.

Nous venons de voir comment le système fonctionne en théorie, mais en pratique, il en va autrement. Dans certaines provinces, le fait de recevoir un salaire et d'optimiser les cotisations à un REER se révèle plus avantageux que de toucher des dividendes. Cependant, ce n'est pas le cas dans toutes les provinces et à l'égard de tous les genres d'entreprises.

Stratégie de planification

En général, il est préférable de tirer le plus de revenus possible de la société, jusqu'à ce que le montant net de vos impôts à payer soit égal à l'impôt additionnel que la société aurait payé si vous n'aviez pas reçu ce revenu.

Selon le cas, la meilleure façon d'y parvenir peut être de vous verser seulement un salaire ou une combinaison de salaire et de dividendes. Par ailleurs, vous pourrez prêter ces sommes à la société et celle-ci pourra vous les rembourser plus tard en franchise d'impôt.

Les commentaires précédents s'appliquent à une société qui réalise un revenu, tiré d'une entreprise exploitée activement, n'excédant pas 200 000 $. Ainsi, tout son revenu imposable serait admissible à la déduction accordée aux petites entreprises. Dans le cas d'un revenu imposable excédant 200 000 $, la société ne pourrait bénéficier de la déduction accordée aux petites entreprises pour la tranche excédentaire et, par conséquent, le taux d'imposition de la société serait considérablement plus élevé. Il est donc généralement avantageux de maintenir le revenu imposable de la société au-dessous de 200 000 $. La façon la plus courante d'y arriver consiste à vous verser un salaire à titre de propriétaire exploitant. Le salaire en question sera alors compris dans votre revenu dans l'année de l'encaissement. Il faut vous souvenir que vous pouvez, dans certains cas, vous prévaloir de la déduction propre à la société dans l'année précédant celle de l'encaissement du salaire. Ne pas distribuer le revenu de la société peut présenter un certain avantage à cause du report d'impôts ; par contre, il est probable que le total de l'impôt immédiat pour la société et de l'impôt futur de l'actionnaire soit plus élevé que si un salaire était versé.

Lorsqu'un salaire est versé, il est important de maximiser les montants qui peuvent être cotisés au Régime de pensions du Canada ou au Régime des rentes du Québec ainsi qu'aux régimes enregistrés d'épargne-retraite. Ces régimes comportent des plafonds de cotisations qui diffèrent en fonction de votre revenu gagné. Par conséquent, même si le revenu de la société est inférieur à 200 000 $, et ce, sans avoir recours à un salaire ou à des bonis supplémentaires, vous souhaiterez peut-être vous verser un salaire suffisant afin de maximiser vos cotisations à de tels régimes.

Il est à noter que le plafond des cotisations à un REER pour une année donnée dépend du revenu gagné durant l'année précédente. Ainsi, votre revenu pour l'année précédente ne devra pas être inférieur à 75 000 $ si vous voulez verser les cotisations maximales de 13 500 $ à votre REER pour l'année courante.

Pour que les salaires versés par une société soient déductibles dans le calcul de son revenu, ceux-ci devront être « raisonnables ». La définition de raisonnable est en général une question de faits. Toutefois, le fisc ne remet habituellement pas en question le montant des salaires ou des bonis versés à un actionnaire dirigeant, pourvu que les retenues d'impôt soient effectuées.

Il existe dans la loi une mesure visant à décourager le frac-tionnement du revenu avec des enfants mineurs. En vertu de cette mesure, un impôt spécial au taux de 29 % est appliqué au revenu de certains particuliers de 17 ans ou moins. Les revenus suivants sont assujettis à cet impôt spécial :

- les dividendes imposables et autres avantages conférés à un actionnaire à l'égard d'actions non cotées en Bourse ;

- le revenu provenant d'une société de personnes ou d'une fiducie relativement à la fourniture de biens ou de services à une entreprise exploitée par un parent de l'enfant ou à une société dont le parent est actionnaire.

Le revenu découlant de biens acquis au décès du père ou de la mère du particulier est exonéré de cet impôt spécial de même que le revenu tiré d'un bien dont a hérité un particulier qui est admissible au crédit pour déficience mentale ou physique ou qui est aux études postsecondaires à plein temps.

Les planifications existantes devraient être révisées le plus tôt possible.

7.5.4 *La vente de votre entreprise*

Si votre entreprise n'est pas constituée en société et que vous envisagez de la vendre, vous pourriez, dans la majorité des cas, transférer les éléments d'actif à une société et vendre immédiatement les actions de cette société afin de bénéficier de l'exemption pour gains en capital de 500 000 $.

Par contre, si votre entreprise est déjà constituée en société mais n'est pas admissible à titre de société exploitant activement une petite entreprise, il est possible de la rendre admissible en transférant les éléments d'actif non admissibles en franchise d'impôt grâce à une planification adéquate. En règle générale, il faut commencer ce processus bien avant de procéder à la vente de l'entreprise. En effet, il existe une mesure en vertu de laquelle on peut vous refuser le droit de réclamer l'exemption pour gains en capital lors de la vente des actions d'une société si vous avez procédé antérieurement, dans le cadre de la vente, à un transfert, en franchise d'impôt, d'éléments d'actif de la société sur lesquels une plus-value s'était accumulée.

Si vous envisagez de vendre les actions de votre société, vous pourriez accumuler le revenu dans la société afin d'accroître le gain. Il est à noter toutefois que, pour continuer d'être admissible à titre de société exploitant activement une petite entreprise, la quasi-totalité (selon l'ADRC, 90 % et plus de la juste valeur marchande) des biens de la société doit servir dans le cadre de l'exploitation de l'entreprise de la société. Par conséquent, vous ne pourriez accumuler les bénéfices dans la société pour effectuer des placements qui ne serviraient pas dans l'exploitation de l'entreprise si ces placements constituaient plus de 10 % du total de la juste valeur marchande des biens de la société au moment de la vente (ou plus de 50 % pour les 24 mois précédents). Par contre, vous pourriez utiliser les bénéfices en vue de réduire la dette de la société.

Lors des négociations pour la vente de votre entreprise, il est possible que l'acheteur préfère opter pour l'achat des éléments d'actif plutôt que pour l'achat des actions. L'acquisition de l'actif permettrait à l'acheteur de bénéficier de déductions dans le calcul de son revenu, ce qui ne serait pas possible s'il acquérait les actions. Par contre, vous préférerez vendre les actions en raison de l'exemption pour gains en capital dont vous-même et les membres de votre famille pourriez bénéficier si des mesures préalables avaient été prises quant à la détention des actions.

Il y a de la place pour la négociation. En raison de l'exemption pour gains en capital de 500 000 $, il serait avantageux de négocier une entente avec l'acheteur, ce qui permettrait aux deux parties de se partager les avantages fiscaux provenant de l'exemption accrue pour gains en capital.

7.5.5 Planifier en tenant compte de votre famille

Vous pouvez modifier la structure du capital-actions de votre société afin que les membres de votre famille puissent bénéficier d'une participation dans la société s'ils le désirent. Une réorganisation bien planifiée de la structure du capital-actions permet de tirer parti à la fois de possibilités de fractionnement du revenu et de planification successorale. De tels arrangements peuvent permettre une diminution des impôts si la société est vendue, notamment s'il s'agit d'une société exploitant activement une petite entreprise, puisque chaque membre de la famille serait en mesure de bénéficier de l'exemption pour gains en capital de 500 000 $. Toutefois, la réorganisation du capital d'une société comporte des pièges et elle ne devrait pas être menée sans les conseils d'une personne avisée.

En résumé, la planification fiscale reliée à votre entreprise peut comporter plusieurs volets, comme le fractionnement du revenu, le report d'impôts, l'augmentation de l'exemption pour gains en capital, la planification successorale ainsi que la planification à l'égard de la retraite. De toute évidence, tenter de bénéficier de tous ces éléments de planification se révèle une tâche complexe. Étant donné que nous avons dû nous limiter dans la présentation de ce sujet, nous vous suggérons de consulter un conseiller fiscal afin de procéder à votre propre planification.

Chapitre 8

SI VOUS INVESTISSEZ À LONG TERME

8.1 LE REVENU TIRÉ D'IMMOBILISATIONS

8.1.1 Ce que vous devez savoir

Le revenu tiré d'immobilisations se présente sous la forme de gains en capital. Ainsi, un gain ou une perte en capital se produit lorsque, à la disposition (par exemple une vente ou un transfert), on dénote un écart entre le prix de base du bien et le produit de disposition obtenu. Les immobilisations font partie d'une vaste catégorie mais, en général, elles désignent un bien qui peut accuser une plus-value ou une dépréciation et qui est détenu en vue de réaliser un revenu de placement.

Il existe différentes catégories d'immobilisations : biens réservés à l'usage personnel, biens meubles déterminés, actions admissibles de petites entreprises, immobilisations admissibles, entités intermédiaires, et autres biens corporels et incorporels pouvant subir une dépréciation. Ces notions sont définies dans la Loi de l'impôt sur le revenu, et certaines règles régissent la disposition, l'évaluation et l'exemption des gains accumulés. Nous aborderons certaines questions relatives aux diverses catégories d'immobilisations, mais nous nous concentrerons davantage sur la catégorie des autres biens.

Cette catégorie comprend les titres inscrits à la Bourse, une forme de placement courante chez les Canadiens. Vous devriez consulter un spécialiste en planification fiscale en ce qui concerne les questions se rapportant aux autres catégories.

Les gains en capital sont devenus imposables après le 31 décembre 1971 ; en fait, on se reporte couramment à cette date comme étant la date d'évaluation de toutes les immobilisations. Si vous possédez des biens acquis avant 1972 et prévoyez les vendre, vous devriez obtenir une évaluation de leur juste valeur marchande au 31 décembre 1971. Cette valeur constituera généralement le prix de base du bien aux fins du calcul du gain ou de la perte en capital. Pour en revenir à notre situation de vente, il est à noter qu'une portion du gain réalisé lors de la vente doit être incluse dans le revenu imposable du vendeur pour l'année de la vente. Dans le cas d'une perte, une partie de cette dernière peut être déduite des gains en capital existants. Si des pertes sur d'autres immobilisations excèdent les gains pour une année donnée, ces dernières peuvent être reportées rétrospectivement sur trois ans et prospectivement sans limite de temps afin de contrebalancer les gains en capital.

ATTENTION !

Il est à noter que depuis le 18 octobre 2000, le taux d'inclusion des gains (et des pertes) en capital est de 50 %.

8.1.2 Les exemptions pour gains en capital

L'exemption pour gains en capital de 100 000 $ qui existait depuis 1985 a été abolie le 22 février 1994. Par ailleurs, l'exemption pour gains en capital de 500 000 $ permise sur les « actions admissibles de petite entreprise » et sur les « biens agricoles admissibles » est toujours en vigueur.

L'incidence du choix d'une immobilisation. Lorsqu'un bien en immobilisation détenu le 22 février 1994 a fait l'objet d'un choix, ce bien est réputé avoir été disposé et acquis de nouveau. Le produit de la disposition réputée et le montant de la nouvelle acquisition sont les mêmes (sauf pour les immeubles non admissibles) et ces derniers sont désignés par le propriétaire. Le montant désigné ne peut excéder la juste valeur marchande du bien au 22 février 1994. Un montant maximal de 100 000 $ des gains en capital réalisés au moyen de la disposition présumée peut être admissible à l'exemption. Les gains en capital cumulés depuis cette date seront imposables lors du transfert ou de la vente du bien.

Les cas spéciaux : les immobilisations admissibles et les entités intermédiaires. Des règles spéciales existent lorsque vous avez effectué un choix sur des immobilisations admissibles (généralement intangibles) utilisées dans l'exploitation d'une entreprise ou sur des intérêts dans des entités intermédiaires, comme des participations dans une société de placement à capital variable, une fiducie de fonds communs de placement (fonds mutuels), une société de personnes, etc. Au lieu d'augmenter le coût fiscal de ces biens du montant des gains en capital réalisés lors du choix, on inscrit plutôt ces gains dans des comptes spéciaux. Ainsi, au fur et à mesure que les gains en capital seront réalisés sur ces biens dans les années ultérieures, ceux-ci pourront être exemptés d'impôt jusqu'à concurrence des montants inscrits dans ces comptes. Des comptes distincts sont créés pour chacun des biens ayant fait l'objet d'un choix par le particulier.

Le compte contenant le solde des gains en capital exemptés n'est toutefois valide que pour une période donnée. Vous avez jusqu'au 31 décembre 2004 pour réduire à zéro votre solde dans ces comptes.

Si votre solde n'est pas réduit à zéro à cette date, le montant du solde sera alors ajouté au prix de base des participations que vous détenez encore dans l'entité. De même, lorsque vous cessez de détenir une participation dans une entité intermédiaire à un moment donné, votre solde des gains en capital exonérés relatif à cette entité pour les années d'imposition qui commencent après ce moment est réduit à zéro. Dans ce cas, il est possible d'augmenter le coût pour usage fiscal des dernières participations vendues ; cette opération donne lieu à une perte en capital ou à un gain moins important.

8.1.3 L'exemption de 500 000 $

Les actions admissibles de petite entreprise et les biens agricoles admissibles donnent encore droit à une exemption pour gains en capital de 500 000 $. La déduction permise dans le calcul de votre revenu imposable de l'année pour ces biens représente le moindre des trois montants suivants :

• la partie inutilisée du plafond de l'exemption ;

• le plafond annuel des gains pour l'année ;

• le plafond des gains cumulatifs à la fin de l'année.

La partie inutilisée du plafond de l'exemption correspond à l'exemption possible durant la vie du particulier, moins les exemptions déjà utilisées au cours des années antérieures (ce qui comprend toutes les tranches utilisées de l'exemption personnelle du gain en capital de 100 000 $ réclamées auparavant).

Le plafond annuel des gains pour l'année représente le montant du gain en capital provenant de la disposition d'actions admissibles de petites entreprises ou de biens agricoles de l'année admissibles, moins les pertes en capital reportées et les pertes admissibles au titre d'un placement d'entreprise.

Ce calcul doit être effectué sur une base annuelle, mais il doit également être effectué sur une base cumulative, puisque l'exemption s'applique durant toute votre vie. Ainsi, pour une année donnée, il faut tenir compte des résultats cumulatifs des années antérieures.

Les pertes nettes cumulatives sur placements. Depuis 1988, les pertes nettes cumulatives sur placements (PNCP) réduisent les gains en capital nets admissibles à l'exemption pour gains en capital. Cette réduction a pour but de vous empêcher d'utiliser votre exemption pour annuler vos gains en capital tout en réduisant vos autres revenus par les pertes subies dans vos placements, pertes qui peuvent être occasionnées par les intérêts payés pour un emprunt effectué pour acheter des actions qui ont donné droit à l'exemption pour gains en capital.

Le mode de calcul. La perte nette cumulative à la fin d'une année donnée correspond à l'excédent de vos frais de placement cumulés sur votre revenu de placement cumulé.

Vos frais de placement pour une année se composent essentiellement des éléments suivants, qui sont déduits dans le calcul de votre revenu pour l'année 1988 et les années d'imposition ultérieures.

• Les déductions demandées à l'égard d'un bien qui sert à gagner des intérêts, des dividendes, un loyer ou un autre revenu tiré de biens ; ces déductions comprennent les intérêts, la location de coffrets de sûreté, la déduction pour amortissement, etc.

• Les frais financiers, intérêts compris, relatifs à une participation ou à un apport de capital dans une société en commandite (à moins que vous ne soyez le commandité) ou toute autre société de personnes dans laquelle vous ne jouez pas un rôle actif (à moins que vous n'exploitiez le même genre d'entreprise).

• La quote-part de la perte (sauf les pertes en capital déductibles) d'une société de personnes comme celle décrite ci-dessus.

• Cinquante pour cent de la quote-part des déductions attribuées à une action accréditive relative aux ressources ou à des frais d'exploration au Canada ou autres frais relatifs aux ressources d'une société de personnes dans laquelle vous ne jouez pas un rôle actif.

• Toute perte de l'année découlant d'un bien, ou de la location ou du crédit-bail de biens immobiliers qui sont votre propriété ou celle d'une société de personnes, qui n'est pas incluse ailleurs dans les frais de placement énumérés ci-dessus.

• Les gains en capital imposables nets qui ne sont pas admissibles à l'exemption pour gains en capital et qui sont réduits, dans l'année en cours, par des pertes en capital nettes des autres années. Ces montants inadmissibles incluent les gains en capital réalisés entre le 1er mars 1992 et le 22 février 1994, au moment de la disposition d'un placement immobilier ou d'une résidence secondaire détenus par le particulier en plus de sa résidence principale.

Votre revenu de placement pour une année comprend essentiellement les éléments suivants, qui sont inclus dans le calcul de votre revenu pour l'année 1988 et les années d'imposition ultérieures.

• Les intérêts, dividendes imposables et autres revenus tirés de biens (y compris la récupération de l'amortissement à l'égard des éléments produisant un revenu provenant de biens).

• La quote-part du revenu (y compris la récupération de l'amortissement mais non les gains en capital imposables) d'une société en commandite ou de toute autre société de personnes dans laquelle vous ne jouez pas un rôle actif (à moins que vous n'exploitiez le même genre d'entreprise).

- Le revenu (y compris la récupération de l'amortissement) annuel tiré d'un bien, ou de la location ou du crédit-bail de biens immobiliers qui sont votre propriété ou celle d'une société de personnes, et qui n'est pas inclus ailleurs.

- Cinquante pour cent des frais d'exploration et d'aménagement recouvrés et inclus dans le revenu.

- La fraction de revenu de certains paiements de rente autres que ceux tirés d'un contrat de rente à versements invariables ou d'une rente acquise en vertu d'un régime de participation différée aux bénéfices.

- Les gains en capital imposables nets qui ne sont pas admissibles à l'exemption pour gains en capital. Comme ils ont été définis antérieurement, ces gains inadmissibles incluent une tranche des gains réalisés à la disposition d'un placement immobilier ou d'une résidence secondaire détenus par le particulier en plus de sa résidence principale, et qui se sont accumulés entre le 1er mars 1992 et le 22 février 1994.

Que vos gains en capital soient admissibles ou non à l'exemption, vous pouvez continuer à déduire les intérêts versés sur les fonds empruntés aux fins de placement.

Les dépenses en intérêts sur des fonds qui servent à exercer une profession ou à exploiter une activité commerciale non constituée en société ne sont pas incluses dans le calcul des pertes nettes cumulatives sur placements.

Votre perte nette sur placements n'est pas calculée en fonction de chacun de vos placements ni sur une base annuelle, mais bien sur l'ensemble de vos placements effectués après 1987. Les frais financiers relatifs à un titre peuvent ainsi réduire l'exemption à laquelle vous auriez droit à l'égard d'un gain en capital imposable réalisé sur la vente d'un autre titre. Ces règles ne diminuent pas votre exemption cumulative à vie pour gains en capital, mais elles peuvent servir à reporter l'utilisation d'une partie ou de la totalité de cette exemption, jusqu'à ce que votre revenu de placement dépasse les frais engagés pour le gagner. Si vous prévoyez utiliser votre exemption en 2001, votre solde de pertes nettes cumulatives sur placements au 31 décembre 2001 sera pris en considération. Si vous avez un solde positif, vous voudrez peut-être prendre les mesures nécessaires pour l'éliminer.

Stratégie de planification

Si vous possédez une société, vous devriez songer à recevoir, avant le 31 décembre 2001, des dividendes ou des intérêts de la société afin de réduire ou d'éliminer le montant des pertes nettes cumulatives sur placements.

Vous devriez consulter votre conseiller fiscal, puisque cette stratégie de planification comporte de nombreux éléments dont il faut tenir compte.

Les biens admissibles à l'exemption pour gains en capital de 500 000 $. Il est important de connaître les conditions auxquelles doivent satisfaire les actions de petites entreprises et les biens agricoles afin d'être admissibles à l'exemption pour gains en capital de 500 000 $.

Les actions admissibles de petites entreprises. Pour être admissibles à l'exemption pour gains en capital, les actions doivent, au moment de la disposition, vous appartenir (ou appartenir à une personne ou société de personnes qui vous est liée) et faire partie du capital-actions d'une société exploitant une petite entreprise.

Ce type de société désigne une société privée sous contrôle canadien dont la totalité ou presque de la juste valeur marchande des éléments d'actif est utilisée surtout dans une entreprise exploitée activement, principalement au Canada (sauf une entreprise de placement déterminée et une entreprise de prestation de services personnels). L'actif de ce type de société peut également être composé d'actions d'une ou de plusieurs sociétés exploitant une petite entreprise qui, à cette date, étaient rattachées à la société, ou d'obligations, de billets ou de titres semblables émis par une telle société rattachée.

Les actions doivent également répondre à deux autres critères pour être admissibles à l'exemption pour gains en capital : un critère de détention des actions et un critère d'utilisation des éléments d'actif.

Ainsi, tout au long de la période de 24 mois qui précède la disposition, les actions ne doivent avoir appartenu qu'à vous ou qu'à une personne ou société de personnes qui vous est liée. Des actions nouvellement émises peuvent également satisfaire à cette exigence dans certaines circonstances.

En ce qui concerne l'utilisation des éléments d'actif, il faut que, tout au long de la période de 24 mois mentionnée ci-dessus, plus de 50 % de la juste valeur marchande des éléments d'actif de la société soit utilisée dans une entreprise exploitée activement.

Lors de la disposition des actions, la totalité ou presque (c'est-à-dire, selon l'ADRC, 90 % et plus) de la juste valeur marchande des éléments d'actif doit être utilisée dans une telle entreprise. Les éléments d'actif dont il faut tenir compte représentent :

• les biens utilisés principalement dans une entreprise exploitée activement, principalement au Canada, par la société ou par une société liée ;

• certaines actions ou certains titres de créance de sociétés rattachées qui se qualifient également à titre de sociétés exploitant une petite entreprise.

Les biens agricoles admissibles. La disposition de biens agricoles admissibles donne également droit à une exemption pour gains en capital de 500 000 $. (Reportez-vous au chapitre 12, à la section 12.2.4.)

ATTENTION ! **Il ne s'agit pas d'une exemption qui s'ajoute à celle sur les actions admissibles de petites entreprises. Ces deux exemptions peuvent être utilisées en même temps, à la condition de ne pas excéder 500 000 $ au total.**

Le bien agricole admissible doit appartenir au particulier, à son conjoint ou à une société de personnes si une participation dans celle-ci est une participation dans une société de personnes agricole familiale qui appartient au particulier ou à son conjoint. Cette dernière règle vous permet ou permet à votre conjoint d'avoir droit à l'exemption pour gains en capital lorsque la société de personnes agricole familiale a été propriétaire du bien et en a disposé.

Le bien agricole admissible peut être :

• un bien immeuble (terrain ou bâtiment) qui a été utilisé dans le cadre de l'exploitation d'une entreprise agricole au Canada ;

• une action du capital-actions d'une société agricole familiale du particulier ou de son conjoint ;

• une participation dans une société de personnes agricole familiale du particulier ou de son conjoint ;

• une immobilisation admissible (généralement intangible) utilisée dans une entreprise agricole dans la mesure où la disposition entraîne un gain en capital.

Les expressions « société de personnes agricole familiale » et « société agricole familiale » signifient une entité qui exploite une entreprise agricole au Canada pour laquelle elle utilise plus de 50 % de la juste valeur marchande de ses biens et dans laquelle l'agriculteur, son conjoint ou son enfant prend une part active de façon régulière et continue.

De plus, le bien immeuble doit avoir été utilisé dans une entreprise agricole exploitée au Canada :

• par le particulier ;

• par un bénéficiaire d'une fiducie, lequel est lié à la personne de qui la fiducie a acquis le bien ;

• par le conjoint, un enfant, le père ou la mère du particulier ;

• par une société de personnes ou une société de personnes agricole familiale dans laquelle l'une ou l'autre des trois catégories de personnes ci-dessus détient une participation.

De plus, pour être admissible à l'exemption pour gains en capital, le bien immeuble doit avoir appartenu à l'une des personnes mentionnées ci-dessus pendant au moins 24 mois avant sa disposition. Il doit également satisfaire à l'une ou l'autre des conditions suivantes :

• Pendant au moins deux années, les revenus bruts de l'exercice, tirés par l'une ou l'autre des trois catégories de personnes, doivent excéder le revenu net tiré par cette personne de toutes autres sources au cours de l'année.

- Tout au long d'une période de 24 mois, le bien immeuble doit avoir été utilisé par une société ou une société de personnes agricole familiale dans le cadre de l'exploitation d'une entreprise agricole au Canada.

Dans les deux cas, l'une des deux personnes mentionnées ci-dessus doit aussi avoir pris part activement et sur une base régulière aux activités de l'entreprise agricole.

ATTENTION ! **Le but de l'application de ces critères est d'accorder l'exemption de 500 000 $ pour gains en capital uniquement aux particuliers pour lesquels l'agriculture est la principale activité.**

Par contre, un bien immeuble acquis avant le 18 juin 1987 qui ne satisferait pas aux critères précédents pourrait être admissible à l'exemption pour gains en capital s'il répondait aux critères en vigueur avant cette date : il doit être utilisé à des fins agricoles, soit pendant l'année au cours de laquelle il a été disposé, soit pendant au moins cinq années (pas nécessairement consécutives) durant lesquelles il a appartenu à toute personne mentionnée ci-dessus.

8.1.4 Les autres gains et pertes en capital

Les remarques suivantes concernent tous les contribuables, plus parti-culièrement ceux qui seront imposés sur leurs gains en capital ou qui ont subi des pertes en capital provenant de la disposition d'autres biens.

Les règles concernant les pertes. Les pertes en capital déductibles autres que les « pertes déductibles au titre d'un placement d'entreprise » (voir plus loin dans ce chapitre) annulent les gains en capital accumulés dans l'année. Les pertes inutilisées peuvent être reportées sur les trois années antérieures ou indéfiniment pour annuler les gains en capital imposables sur les années ultérieures.

Vous pouvez choisir l'année au cours de laquelle des pertes reportées peuvent être réclamées ainsi que le montant des pertes réclamées. Cela permet de réclamer les déductions et les crédits qui ne peuvent être reportés à une autre année, comme le crédit d'impôt pour dividendes.

ATTENTION ! **Assurez-vous d'avoir suffisamment de revenus après avoir appliqué vos pertes de façon à pouvoir réclamer les déductions ou les crédits d'impôt disponibles.**

Vous devez reporter les pertes sur transfert de biens à une société (contrôlée par vous ou votre conjoint) jusqu'à la vente des actions que vous détenez dans la société. Le fisc refuse les pertes sur transfert de biens à votre REER, à votre FERR ou au REER de votre conjoint.

Stratégie de planification

Pour bénéficier immédiatement de la déduction de la perte, vous devez vendre les biens, subir la perte et, ensuite, transférer ou investir de nouveau le produit, en prenant soin d'éviter les règles relatives aux pertes apparentes (voir ci-dessous).

La date de règlement. Le moment de la vente de titres par l'intermédiaire d'un courtier a lieu ordinairement le «jour de livraison», soit trois jours ouvrables après la date où l'ordre de vente a été donné en ce qui concerne les Bourses canadiennes. En conséquence, pour qu'elle soit considérée comme étant réalisée en 2001, l'opération doit avoir lieu au plus tard le 24 décembre. Toutefois, vous avez jusqu'au 31 décembre 2001 s'il s'agit d'une vente au comptant, c'est-à-dire lorsque le paiement et la remise des certificats d'actions s'effectuent immédiatement.

La perte apparente. Vous ne pouvez pas déduire une perte en capital pour un bien que vous avez l'intention de conserver. Cette règle s'applique également lors de l'acquisition d'un tel bien par votre conjoint, par une société que vous contrôlez et par toute autre personne affiliée. Ainsi, il y a perte apparente lorsqu'un bien est vendu à perte, qu'un bien identique est acheté dans une période de 30 jours précédant ou suivant la vente et qu'il est toujours détenu à la fin du 30e jour suivant la première vente. L'acquéreur est tenu d'ajouter le montant de la perte au prix de base du bien et le vendeur se voit refuser la perte en question.

Stratégie de planification

La règle de la perte apparente ne s'applique pas si le bien est acheté par vos enfants ou vos parents.

Les biens identiques. Les immobilisations d'un même genre sont assujetties à des règles spéciales portant sur les « biens identiques ». Les actions d'une même catégorie ou les obligations ayant les mêmes caractéristiques émises par la même société constituent des « biens identiques ». Ces éléments d'actif sont « groupés » et perdent leur identité propre.

Si vous achetez 200 actions à 8 $ chacune et que, par la suite, vous achetez 100 autres actions identiques à 11 $ chacune, le coût réputé de ces actions sera, pour usage fiscal, de 9 $ l'action (2 700 $ ÷ 300). Si le lendemain vous vendez les 100 actions achetées à 11 $ chacune au même prix que vous les avez payées, vous réaliserez alors un gain en capital de 2 $ par action ; la fraction imposable de ce gain que vous devrez inclure dans votre revenu s'élèvera donc à 100 $ (200 $ x 1/2).

Les pertes admissibles au titre d'un placement d'entreprise. Sont considérées comme des pertes au titre d'un placement d'entreprise les pertes subies lors de la vente d'actions ou de créances d'une société exploitant une petite entreprise (telle que définie précédemment).

Stratégie de planification

Une perte au titre d'un placement d'entreprise peut servir à diminuer le revenu de toutes les autres provenances.

Les actions ou les créances doivent être cédées à une personne avec laquelle vous n'avez pas de lien de dépendance. Les actions sont également considérées comme vendues si la société est en faillite (et également dans certaines circonstances où la société a cessé d'exploiter une entreprise), tandis que les créances le sont dans les cas où l'impossibilité de les recouvrer est clairement établie.

La moitié de cette perte, soit la « perte déductible au titre d'un placement d'entreprise », est traitée comme une perte autre qu'en capital, de la même façon qu'une perte d'entreprise. En d'autres termes, vous devez déduire la partie déductible de la perte de votre revenu de toute provenance pour l'année. Les pertes inutilisées peuvent être reportées aux trois années d'imposition précédentes ou aux sept années suivantes.

ATTENTION ! **Le revenu de l'année où la perte a été subie doit être réduit à zéro avant que vous puissiez reporter cette dernière, ce qui signifie que vous ne pourrez pas vous prévaloir de vos crédits d'impôt personnels cette année-là.**

Toutefois, vous avez la possibilité de décider du montant du report que vous voulez réclamer au cours d'une année donnée. Après la période de report prospectif sur sept ans, les pertes admissibles qui n'ont pas été utilisées deviennent des pertes en capital ordinaires et peuvent être reportées indéfiniment, mais uniquement pour annuler des gains en capital. Par exemple, une perte admissible subie en 1993, qui n'a pas été déduite au cours des trois années précédentes ni au cours des sept années suivantes, devient une perte en capital qui peut être déduite des gains en capital de l'année 2001 et des années suivantes.

Les pertes au titre d'un placement d'entreprise subies au cours d'une année d'imposition ultérieure à 1985 sont considérées comme des pertes en capital normales et ne bénéficient pas du traitement spécial décrit précédemment, jusqu'à concurrence d'un montant égal aux déductions effectuées dans les années antérieures en vertu de l'exemption pour gains en capital. En outre, les gains en capital réalisés ne sont pas admissibles à cette exemption jusqu'à concurrence de toute perte antérieure au titre d'un placement d'entreprise subie après 1984.

Report de l'imposition sur les actions de petites entreprises. Vous pouvez choisir de reporter la totalité ou une partie du gain en capital réalisé après le 17 octobre 2000 lors de la disposition d'actions de petite entreprise lorsque le produit de la disposition est réinvesti dans une ou plusieurs autres petites entreprises admissibles. Le nouveau placement doit être constitué d'actions ordinaires nouvellement émises par une société admissible exploitant une petite entreprise. La valeur comptable totale des actifs de la société ne doit pas excéder 50 000 000 $ immédiatement avant et immédiatement après que le placement soit effectué. Le placement doit être détenu pendant au moins six mois et demeure admissible même si la société grandit ou devient une société ouverte.

La provision relative à un produit de vente non exigible. Lorsqu'une immobilisation est vendue, donnant ainsi lieu à un gain en capital, et que le montant total du produit de la vente n'est pas exigible dans l'année, une fraction du gain en capital peut être reportée si l'on demande une provision pour le produit non exigible.

La provision est calculée à nouveau chaque année et dépend du montant qui reste à percevoir à la fin de l'année. Vous pouvez demander une provision inférieure à la provision maximale qu'il est possible d'obtenir au cours d'une année. Toutefois, si vous vous prévalez de ce droit, vous ne pourrez plus demander une provision plus importante l'année suivante.

La provision doit généralement être imposée sur une période maximale de cinq ans, incluant l'année de la disposition, selon un calcul prévu par la loi.

Lorsque la provision est incluse dans le revenu, elle est admissible à l'exemption pour gains en capital de 500 000 $.

Stratégie de planification

Il est aussi possible de se prévaloir d'une provision sur une période de 10 ans, au lieu de 5 ans, lors du transfert d'un bien agricole, d'actions d'une société agricole familiale ou d'actions d'une société exploitant une petite entreprise, à votre enfant, petit-enfant ou arrière-petit-enfant résidant au Canada.

8.2 LE REVENU D'INTÉRÊT

Les titres d'emprunt rapportent aux investisseurs un revenu d'intérêt. Ce revenu s'ajoute au revenu imposable et est imposé au taux marginal le plus élevé du particulier. Selon la durée pendant laquelle vous avez conservé vos placements, vous êtes tenu de déclarer votre revenu couru annuellement.

8.2.1 *La déclaration annuelle du revenu couru*

Pour les genres de placements décrits ci-dessus, les règles de déclaration du revenu tous les trois ans ont été remplacées par celles prévoyant la déclaration annuelle des revenus courus. Ces règles s'appliquent à tous les contribuables ayant acquis de tels placements après 1989.

Les émetteurs de placements soumis à ces règles, comme la Banque du Canada, doivent fournir aux détenteurs des feuillets de renseignements indiquant le montant des intérêts courus à chaque date anniversaire du placement.

ATTENTION ! **Ces placements sont réputés acquis après 1989 si, à compter de 1990, la date d'échéance du placement est reportée ou si le placement subit une modification appréciable.**

8.2.2 La planification relative aux règles de déclaration du revenu couru

Avant d'investir dans des valeurs ou des rentes à revenus reportés, vous devez bien sûr tirer parti au maximum des régimes de revenus différés qui ne vous obligent pas à déclarer annuellement vos revenus courus, comme les régimes enregistrés d'épargne-retraite (REER) et les régimes de pension agréés (RPA).

Le gain accumulé dans ces régimes n'est pas imposé tant qu'on n'en retire pas les fonds. Les cotisations sont généralement déductibles des revenus de l'année en cours et le versement des prestations peut être retardé jusqu'au moment de la retraite. Parce que vous pouvez exercer un certain contrôle sur la façon et le moment de retirer les sommes investies dans votre REER ou votre RPA, vous pouvez planifier dès maintenant la méthode la plus avantageuse pour retirer ces fonds.

Par exemple, présumons que vous avez la possibilité de verser 5 000 $ dans un REER produisant un revenu de retraite que vous commencerez à toucher dans 20 ans. Votre taux d'imposition marginal est actuellement de 40 % et on prévoit, dans le tableau ci-dessous, qu'il sera de 30 % ou de 40 % dans 20 ans. Pour simplifier nos calculs, nous présumons que vous retirerez, la vingtième année, le plein montant du REER et que vous paierez l'impôt sur ce montant au cours de cette même année, ce qui ne devrait pas se produire dans la réalité. Le REER porte intérêt à un taux de 5 % pendant 20 ans.

Taux d'imposition marginal	Montant disponible après impôts
30 %	9 287 $
40 %	7 960 $

Si vous n'aviez pas versé de cotisation à un REER et aviez payé 40 % d'impôt sur les 5 000 $, il vous resterait 3 000 $ à investir. En supposant que votre rendement annuel après impôts s'élève à 3 % (compte tenu de l'impôt à 40 % sur des gains de 5 %), vous accumuleriez 5 418 $ en 20 ans, soit 2 542 $ de moins que si vous aviez cotisé à un REER et payé 40 % d'impôt après 20 ans.

Il en est ainsi parce que les montants investis dans un REER avant impôts portent intérêt en franchise d'impôt, tandis que les revenus après impôts non inclus dans un REER sont imposés chaque année, ce qui laisse un montant moindre à réinvestir. De plus, grâce au montant cumulé dans votre REER, vous serez en mesure d'acquitter plus tard vos impôts avec des dollars de moindre valeur en raison de l'inflation.

Pour obtenir une analyse plus détaillée des règles relatives aux REER, veuillez consulter le chapitre 13.

Stratégie de planification

Votre stratégie financière et fiscale évoluera en fonction de vos besoins et de vos projets futurs. Votre forme d'investissements variera en conséquence. Des placements diversifiés profiteront aux particuliers ayant un taux d'imposition élevé. Si, actuellement, vous détenez des placements procurant un revenu d'intérêt, vous pourrez songer à la possibilité de reporter l'imposition grâce à l'acquisition d'immobilisations. Les règles de déclaration du revenu couru ne s'appliquent pas aux gains en capital non matérialisés. Vous n'aurez pas à payer d'impôt avant d'avoir vendu le bien.

8.3 LE REVENU DE DIVIDENDES

Les actions ordinaires et les actions privilégiées rapportent aux actionnaires des revenus sous la forme de dividendes. Nous limiterons toutefois notre exposé aux revenus de dividendes de source canadienne.

Stratégie de planification

Vous pouvez, sans contredit, optimiser votre situation fiscale au moyen de dividendes. Un particulier résidant au Québec qui ne réclame aucune déduction pour personne à charge peut recevoir environ 12 750 $ en dividendes en 2001 sans payer d'impôts, à condition qu'il s'agisse de son seul revenu.

8.3.1 *L'imposition des dividendes canadiens*

Les dividendes reçus de sociétés canadiennes sont admissibles au crédit d'impôt pour dividendes. À des fins fiscales, les dividendes sont majorés de 25 % et le crédit d'impôt fédéral pour dividendes correspond à 16,67 % des dividendes reçus en espèces (13,5 % au Québec). L'exemple suivant illustre l'imposition d'un contribuable du Québec qui réalise 1 000 $ de dividendes en 2001 et qui se situe au taux marginal maximal d'imposition.

E X E M P L E

Dividendes en espèces	1 000 $
Majoration	250
Dividendes imposables	1 250
Impôt fédéral (29 %)	363
Crédit d'impôt pour dividendes	(167)
	196
Abattement provincial (16,5 % x 196 $)	(32)
Impôt fédéral	164
Impôt provincial (24,5 %)	306
Crédit d'impôt pour dividendes	(135)
Impôt provincial	171
Total de l'impôt	335
Montant disponible après impôts	665 $

8.4 LES DÉDUCTIONS ET LES CRÉDITS LIÉS AUX PLACEMENTS

8.4.1 Les déductions liées aux placements

Les honoraires des conseillers en placements ainsi que les frais de gestion de portefeuille et de garde sont déductibles du revenu réalisé au moyen de vos placements. Les frais demandés pour les REER autogérés, similaires aux frais ci-dessus, ne sont plus déductibles.

8.4.2 Les intérêts déductibles

Si vous empruntez un montant d'argent et que ce montant est utilisé en vue de produire un revenu, toutes les dépenses en intérêts sont déductibles du revenu, sous réserve de certaines exceptions. Produire un revenu ne signifie pas nécessairement que vous devez en retirer un bénéfice immédiat mais vous devez démontrer qu'il existe un espoir raisonnable de réaliser un bénéfice. En outre, le fait de subir une perte n'entrave en rien la déductibilité des intérêts. Toutefois, le fisc peut refuser la portion des intérêts qui excède le rendement de votre placement si, au moment de l'emprunt, il était raisonnablement prévisible que le taux d'intérêt excéderait celui du rendement.

Avant 1994, les dépenses en intérêts étaient déductibles seulement si vous déteniez le placement tout au long de la période durant laquelle les fonds avaient été empruntés. Depuis 1994 cependant, des règles spéciales permettent la déduction des intérêts, après la vente des biens, sur la tranche de l'emprunt représentée par la perte.

Il ne vous est jamais permis de déduire l'intérêt sur les emprunts destinés à des dépenses personnelles, comme l'intérêt hypothécaire sur votre maison ou l'intérêt sur des fonds empruntés pour payer le coût de vos vacances.

Stratégie de planification

N'empruntez que pour effectuer des placements ou pour exploiter une entreprise ; réglez vos dépenses personnelles à même vos économies. Cependant, vous pouvez déduire l'intérêt lorsque vous avez donné un bien personnel en nantissement, comme votre maison, pour obtenir un prêt en vue de financer un placement.

8.4.3 Les frais de location

Même si le revenu de location n'a pas été présenté comme une catégorie distincte, il peut être considéré comme un revenu tiré de biens ou tiré d'une entreprise. L'Agence des douanes et du revenu du Canada (ADRC) l'acceptera comme un revenu d'un bien, si vous louez l'espace et que vous fournissez des services de base seulement, soit le chauffage, l'électricité, le stationnement et les installations de buanderie. Si vous fournissez d'autres services aux locataires, comme la sécurité, le nettoyage et les repas, l'ADRC aura l'impression que vous exploitez une entreprise. Généralement, plus vous fournissez de services, plus les probabilités augmentent que votre exploitation locative soit considérée comme une entreprise. Il vous faudra calculer votre revenu à titre de propriétaire d'entreprise (voir le chapitre 7).

Lorsque vous détenez un bien de placement et tirez un revenu de location, vous pouvez déduire toutes les dépenses courantes que vous engagez à l'égard de votre bien de placement ainsi que la déduction pour amortissement (DPA) relativement à ce bien. La déduction pour amortissement s'applique aux biens amortissables et permet la déduction des coûts liés au bien à l'encontre des autres revenus dans une période donnée.

ATTENTION ! Toutefois, vous ne pouvez vous pré-valoir de la DPA dans le but de créer ou d'augmenter une perte à l'égard d'un bien de location.

Les dépenses courantes comprennent les frais de publicité pour louer le bien, les frais de chauffage et d'électricité, les impôts fonciers, la taxe d'eau, le coût de l'assurance, les frais de la main-d'œuvre et les matériaux pour les réparations et l'entretien. Les dépenses en immobilisations, comme les rénovations d'envergure, ne sont pas déductibles ; cependant, ces dépenses peuvent habituellement s'ajouter au coût en capital du bien de location et ensuite être réclamées de façon échelonnée au titre de la DPA.

Lorsque vous louez une partie de votre résidence principale, vous pouvez bénéficier des mêmes règles à l'égard des dépenses courantes. Les dépenses qui sont en totalité attribuables à la location peuvent être entièrement déductibles. Les frais généraux, comme les frais de chauffage et d'électricité ainsi que les impôts fonciers, doivent être établis proportionnellement, de sorte que seule la partie des frais qui a trait à la location d'une partie de la résidence principale soit déduite du revenu de location.

Vous pouvez réclamer la DPA à l'égard de la partie de la maison qui est louée. Cependant, vous ne voudrez peut-être pas vous prévaloir de cette déduction, car vous diminuerez votre exemption pour résidence principale et vous serez assujetti à l'impôt quant au gain que vous réaliserez lors de la vente ultérieure de la maison.

Si vous désignez votre maison comme résidence principale pour les années durant lesquelles vous ne l'avez pas occupée, vous ne pouvez pas demander d'amortissement à l'égard de la maison pour les années en question.

Chapitre 9

SI VOUS INVESTISSEZ DANS DES ABRIS FISCAUX

Beaucoup de Canadiens bénéficiant d'un revenu élevé se sont rendu compte, un peu tard, que l'aspect le plus important d'un abri fiscal est la valeur du placement et non les économies d'impôt promises qui en découlent.

Le fait d'obtenir une déduction fiscale pour les fonds que vous investissez dans un abri fiscal est une piètre consolation si vous finissez par perdre ces fonds parce qu'il s'agit d'un mauvais placement. Si vous envisagez d'investir dans un abri fiscal, il serait avisé de consulter un spécialiste avant de risquer vos fonds et votre tranquillité d'esprit.

9.1 COMMENT POUVEZ-VOUS VOUS PROTÉGER ?

Puisqu'un numéro d'identification d'abri fiscal ne garantit pas nécessairement que l'Agence des douanes et du revenu du Canada (ADRC) accordera les avantages fiscaux à l'égard de votre placement, vous devez prendre certaines mesures afin de vous protéger. En voici quelques-unes :

- Demandez le prospectus ou tout autre document portant sur l'abri fiscal et lisez-le attentivement.

- Examinez de près tout énoncé ou toute opinion dans la documentation au sujet des conséquences fiscales des placements.

- Obtenez par écrit toutes les garanties données verbalement au sujet de l'abri fiscal.

- Demandez au promoteur une copie de toute décision anticipée en matière d'impôt sur le revenu rendue par l'ADRC au sujet du placement.

- Obtenez les conseils d'un spécialiste avant de signer un document.

9.2 LES SOCIÉTÉS EN COMMANDITE

Les crédits d'impôt à l'investissement et les pertes que peuvent réclamer les commanditaires sont généralement limités à la fraction de leur participation dans la société qui comporte un risque. Ces règles ne s'appliquent pas à certaines sociétés en commandite déjà constituées le 25 février 1986 ou dont les prospectus étaient remplis avant le 12 juin 1986. Dans le cas d'un premier acquéreur, cette « fraction à risque » correspond en général au prix de base rajusté (prix d'achat moins les frais) de sa participation dans la société en commandite à la fin de l'année, plus sa part du bénéfice de la société pour l'année. Ce montant est réduit de toute somme à payer à la société ou de toute garantie ou indemnité accordée au commanditaire en vue de le protéger contre la perte de son placement. De plus, lorsque l'attribution des pertes d'une société en commandite ou le retrait de fonds entraîne un prix de base négatif, ce montant négatif constitue un gain en capital du commanditaire pour l'année au cours de laquelle le prix de base devient négatif. En dépit de ces règles sévères, la société en commandite présente souvent des avantages en matière de financement et de limitation des risques.

Si vous désirez obtenir des précisions sur la souscription de parts d'une société en commandite, adressez-vous à votre courtier en valeurs.

Stratégie de planification

Depuis 1998, les parts de certaines sociétés en commandite ne sont plus considérées comme un bien étranger et assujetties au plafond de 30 % lorsqu'elles sont détenues dans le cadre d'un REER. Reportez-vous au chapitre 13, à la section 13.2.12 au paragraphe sur les investissements étrangers.

9.3 L'EXPLORATION MINIÈRE ET LES SECTEURS PÉTROLIER ET GAZIER

Grâce aux actions accréditives, toutes les déductions et tous les crédits d'impôt qui sont reliés à la prospection minière, pétrolière et gazière sont transférés directement aux détenteurs de parts.

Comme dans le cas des parts de sociétés en commandite, adressez-vous à votre courtier en valeurs pour obtenir des renseignements sur les occasions de placement dans le secteur de la prospection minière et gazière.

9.4 LES IMMEUBLES RÉSIDENTIELS À LOGEMENTS MULTIPLES

Depuis 1994, les immeubles résidentiels à logements multiples (IRLM) sont considérés comme n'importe quel bien de location détenu par des personnes qui n'exploitent pas de façon active une entreprise dans le secteur immobilier. Par conséquent, la déduction pour amortissement fiscal ne peut servir qu'à annuler le revenu de location, et non à créer ou augmenter une perte déductible des autres types de revenus.

9.5 LES FILMS CANADIENS

Les avantages reliés à l'investissement dans la production de film ont diminué considérablement au cours des ans. Les règles concernant les déductions pour amortissement ont été remplacées par un système de crédits d'impôt remboursables aux producteurs de films canadiens sans possibilité d'attribution aux investisseurs. Ce système est applicable aux films produits après le 29 février 1996.

9.6 L'EXPLOITATION AGRICOLE

Certains types d'exploitations agricoles peuvent constituer un abri fiscal intéressant. Cependant, plusieurs règlements de la législation fiscale, y compris un rajustement obligatoire au titre des stocks, ont rendu plus difficile la création de pertes résultant d'une exploitation agricole pour compenser le revenu provenant d'autres sources. De plus, la plupart des contribuables sont assujettis aux règles concernant les pertes agricoles restreintes qui limitent à 8 750 $ le montant des pertes agricoles déductibles au cours d'une année donnée.

Même pour pouvoir déduire le montant des pertes agricoles restreintes, votre exploitation agricole doit raisonnablement s'attendre à réaliser un profit et vous, à titre d'exploitant, devez établir que vous dirigez l'exploitation agricole comme une entreprise.

Il existe plusieurs cas d'activités liées à l'élevage de chevaux et de bétail où l'ADRC a soutenu avec succès que le propriétaire de l'exploitation n'était pas considéré comme un agriculteur ou était admissible à déduire uniquement des pertes agricoles restreintes. Assurez-vous d'obtenir les conseils d'un spécialiste avant de vous lancer dans une entreprise agricole, surtout si vous envisagez des pertes.

Malgré les obstacles, l'agriculture peut constituer un abri fiscal intéressant en raison de l'exemption pour gains en capital de 500 000 $

possible pour les gains découlant de biens agricoles admissibles. Il n'est pas nécessaire d'être un agriculteur à temps plein pour profiter de cette exemption. Toutefois, l'entreprise se doit d'être viable. Si l'entreprise n'a pas d'espoir raisonnable de profit, les autorités fiscales s'empresseront d'en refuser les pertes.

9.7 LES ABRIS FISCAUX À L'ÉCHELLE PROVINCIALE

Plusieurs provinces ont établi des programmes en vue de favoriser les investissements dans certaines régions ou dans des secteurs particuliers de l'industrie. Certaines provinces possèdent des régimes d'épargne-actions qui allouent des crédits d'impôt aux investisseurs. Certaines d'entre elles offrent également des programmes destinés à encourager les placements dans les petites et les moyennes entreprises.

Pour une description des abris fiscaux particuliers au Québec, veuillez vous référer au chapitre 18.

9.8 LES RÈGLES GÉNÉRALES POUR LA DÉCLARATION DE PLACEMENTS À L'ÉTRANGER

De nombreux Canadiens possèdent des placements à l'étranger afin, entre autres choses, de réduire l'exposition de leurs placements à l'instabilité du dollar canadien, de profiter de taux d'imposition plus faibles, ou encore d'investir dans des véhicules de placement qui ne sont pas offerts au Canada. Le gouvernement canadien ne cherche pas à décourager ses résidents d'investir à l'étranger, mais il n'approuve pas que certains ne paient pas la totalité de l'impôt canadien qui s'y rapporte. La règle de base est que tous les résidents canadiens doivent inclure dans leur déclaration de revenus annuelle la totalité de leur revenu mondial.

Depuis 1998, tous les résidents canadiens doivent déclarer certains avoirs étrangers de plus de 100 000 $. L'information présentée ne constitue d'ailleurs qu'un aperçu des exigences de déclaration de revenus étrangers. Nous vous suggérons de consulter votre conseiller fiscal pour en connaître les incidences sur vos placements.

Le formulaire T1135. Les particuliers, les sociétés par actions, les fiducies et les sociétés de personnes qui détiennent des biens étrangers dont le coût total excède 100 000 $ à tout moment pendant l'année doivent produire un formulaire T1135 aux fins de déclaration de ces biens. Voici, selon l'ADRC, les catégories de biens étrangers visés : comptes dans des banques étrangères, autres dettes, actions de sociétés étrangères, biens immobiliers et corporels de même que biens incorporels situés ailleurs qu'au Canada. Ne sont pas visés par ces nouvelles règles les biens utilisés exclusivement dans le but de poursuivre une activité commerciale, les fonds détenus dans des régimes de pension agréés, les biens pour usage personnel et les actions dans des sociétés affiliées étrangères.

ATTENTION ! N'oubliez pas que vous devez déclarer tout revenu provenant d'éléments d'actif étrangers, même si leur coût n'excède pas 100 000 $.

Si vous détenez des parts de fiducie de fonds commun de placement à l'étranger, vous devez les déclarer au moyen d'un autre formulaire relatif aux avoirs en fiducie (formulaire T1142), même si leur coût est inférieur à 100 000 $.

Des pénalités sont aussi prévues pour les déclarations incomplètes, les déclarations en retard et l'absence de déclarations de revenus étrangers. Les pénalités s'appliqueront aux omissions de déclaration intentionnelles de plus de 24 mois, de même qu'aux déclarations insuffisantes. Une pénalité de 5 % sera calculée en fonction du coût d'acquisition des biens.

Afin d'inciter les contribuables à respecter les règles de déclaration, le formulaire T1135 est de type « cochez la case ». Les contribuables n'ont pas à fournir une liste détaillée de leurs avoirs étrangers ; ils n'ont qu'à cocher la case correspondant le mieux au type, au lieu et au genre de placements, et à inscrire le montant de revenu gagné pour chaque bien déclaré. Il ne reste qu'à inclure le formulaire avec la déclaration de revenus.

ATTENTION !

Lorsque vous remplissez le formulaire T1135, gardez à l'esprit les lignes directrices suivantes :

- **Si, avant 1972, vous déteniez des biens en immobilisations à l'étranger, et que vous les détenez encore, les règles d'évaluation canadiennes relatives aux biens en immobilisations s'appliquent. Le coût indiqué correspond à la juste valeur marchande du bien en date du 31 décembre 1971.**

- **Si vous détenez des actions canadiennes échangeables contre des actions étrangères, vous êtes tenu, sous réserve de certaines conditions, de déclarer ces actions comme des biens étrangers.**

- **Si vous êtes récemment devenu un résident canadien, tout bien étranger que vous détenez encore doit être déclaré, mais le coût indiqué est calculé à la juste valeur marchande du bien à la date à laquelle vous êtes devenu un résident du Canada.**

Stratégie de planification

Voici certains moyens de contourner les règles de déclaration :

• La meilleure façon de ne pas faire de déclaration est aussi la plus facile : il s'agit de ne pas détenir de biens étrangers dont le coût total excède 100 000 $. Par exemple, le réinvestissement des dividendes augmentera le coût de base de vos placements étrangers alors que le réinvestissement des versements d'intérêt n'aura pas cet effet.

• Puisque les placements dans des entreprises étrangères actives ne sont pas assujettis aux règles de déclaration, vous devriez peut-être songer à cette option. Il faut toutefois se montrer prudent en choisissant ce type de placements. Les normes utilisées pour définir si une entreprise est active sont définies par la Loi de l'impôt sur le revenu du Canada. En outre, les placements dans une entreprise étrangère active comportent souvent plus de risques que ceux effectués dans des banques étrangères et des fonds communs de placement.

• Vous pouvez aussi investir à l'étranger en choisissant des biens qui peuvent être définis comme des biens pour usage personnel. Les biens pour usage personnel forment une catégorie très vaste qui inclut les immobilisations et les autres biens détenus pour un usage ou un plaisir personnel. Selon les règles canadiennes, le coût des immobilisations pour usage personnel est de 1 000 $. Si vous achetez et vendez un bien pour moins que 1 000 $, vous ne réaliserez aucun gain en capital et vous n'aurez pas à déclarer de revenu. Rappelez-vous aussi que vous pouvez demander une exemption pour résidence principale pour une maison située en dehors du Canada. Les placements dans des biens pour usage personnel peuvent restreindre vos options de placement mais peuvent maintenir le coût de base de vos biens étrangers sous la barre des 100 000 $ (par exemple utiliser vos dividendes pour acheter des biens pour usage personnel admissibles). De plus, vous ne devrez pas nécessairement immobiliser vos placements étrangers si vous faites l'acquisition de biens pour usage personnel qui sont également un placement liquide.

Les placements à l'étranger demeurent, pour nombre de Canadiens, une possibilité de placement alléchante. Ce type de placement comporte toutefois des risques qu'il importe de connaître, tant dans le pays d'origine, où il faut faire preuve d'une vigilance accrue en ce qui concerne les impôts, qu'à l'étranger, en raison des risques inhérents à ce mode de placement. Il est recommandé de consulter un conseiller en placement avant d'effectuer des placements à l'extérieur du Canada.

De plus, le 2 août 2001, le ministre des Finances a proposé plusieurs modifications importantes applicables aux participations dans les fonds de placement non-résidents. Le but de ces modifications est de permettre à l'ADRC d'imposer les transactions sur ces types de placements. Une période de consultation est actuellement en cours et les nouvelles règles, si elles sont adoptées, s'appliqueraient à compter de l'année 2002.

Chapitre 10

SI VOUS POSSÉDEZ UNE RÉSIDENCE

D'un point de vue fiscal, le seul et le plus important avantage lié à la possession d'une résidence est que tout gain en capital découlant de la vente ou du transfert de la résidence principale est exempté de l'impôt sur les gains en capital.

10.1 L'EXEMPTION CONCERNANT LES RÉSIDENCES PRINCIPALES

Le gain réalisé sur la vente de votre résidence n'est pas imposable si vous respectez les règles suivantes :

1. Une seule propriété peut être désignée comme résidence principale pour une année donnée.

2. Cette désignation ne peut porter que sur les années où vous êtes résident du Canada.

3. Pour les années d'imposition ultérieures à 1981, une seule résidence principale est permise par famille, et non par personne (deux par famille) comme c'était le cas avant 1982.

La résidence principale peut être une maison, un appartement dans une habitation en copropriété, une maison mobile, une roulotte, une maison flottante ou une participation dans une coopérative d'habitation constituée en corporation. Vous pouvez posséder ces biens à part entière ou conjointement avec une ou plusieurs personnes. En outre, il n'est pas nécessaire que ce bien soit situé au Canada. (Au moment de sa vente, vous serez peut-être assujetti à l'impôt du pays dans lequel ce bien est situé.)

Pour que le logement soit admissible à titre de résidence principale, vous-même, votre conjoint ou l'un de vos enfants doit y « habiter normalement » dans l'année de la désignation. Il s'agit habituellement du domicile familial, mais la résidence qui n'est occupée qu'une partie de l'année, comme un chalet d'été, est également admissible.

ATTENTION ! **Si vous possédez plus d'une résidence familiale, il peut être difficile de décider laquelle sera désignée à titre de résidence principale et pour combien de temps. Vous devriez songer à consulter un spécialiste avant de conclure la vente.**

10.1.1 *Un seul logement par famille*

Depuis 1982, une famille ne peut désigner qu'un seul logement à titre de résidence principale au cours d'une année. En d'autres mots, les conjoints qui possèdent chacun une résidence sont, depuis le 1er janvier 1982, soumis à l'impôt en ce qui concerne une partie ou la totalité du gain en capital cumulé relativement à l'un des logements. Par famille, on entend les conjoints mariés qui n'ont pas vécu séparés l'un de l'autre toute l'année de même que leurs enfants célibataires de moins de 18 ans.

Si deux personnes se sont mariées après 1981 et que chacun des conjoints possédait une résidence, les deux logements sont admissibles à titre de résidence principale pour l'année du mariage et pour les années antérieures pour chacun des conjoints, mais une seule résidence peut être admissible à l'exemption par la suite. Il est à noter que les conjoints de fait de sexe opposé ou de même sexe ont droit au même traitement que les couples mariés.

10.1.2 Le calcul de la fraction imposable

Le gain en capital réalisé sur votre résidence principale est imposable pour la période où elle n'a pas été désignée comme telle. On détermine la fraction imposable du gain en soustrayant, du gain total, la fraction du gain exemptée. Le solde, s'il y a lieu, est assujetti aux règles habituelles applicables au gain en capital. (Voir le chapitre 8).

La fraction du gain exemptée est établie d'après le nombre d'années pendant lesquelles le bien est désigné à titre de résidence principale en regard du nombre d'années pendant lesquelles vous détenez le bien à titre de propriétaire. Les règles précises régissant ce calcul sont techniques. Toutefois, s'il vous est possible de désigner le bien à titre de résidence principale pendant toute la période où vous en étiez le propriétaire, ou toutes les années à l'exception d'une, la totalité du gain est généralement exemptée.

Des règles transitoires spéciales s'appliquent lorsqu'une résidence détenue le 31 décembre 1981 est vendue après cette date. En vertu de ces règles, la fraction imposable du gain correspond au moindre de deux montants, tous deux calculés de la façon indiquée ci-dessus. Selon le premier calcul (la méthode normale), l'ensemble des années où l'on détient un bien ne constitue qu'une période alors que, selon l'autre calcul, on divise ces années en deux périodes, soit celle qui précède 1982 et celle qui suit 1981. Pour être en mesure d'effectuer ce dernier calcul, vous devez déterminer la juste valeur marchande du bien au 31 décembre 1981.

10.1.3 La désignation à titre de résidence principale

Il y a deux possibilités lorsque vous réalisez un gain lors de l'aliénation d'un bien sur lequel vous voulez réclamer l'exemption à titre de résidence principale. Si le gain est entièrement exempté, vous faites la désignation appropriée dans votre déclaration de revenus pour l'année de la disposition. Si une fraction du gain est assujetti à l'impôt, vous devez présenter un formulaire prescrit avec votre déclaration de revenus dans lequel vous désignez le bien en question à titre de résidence principale pour le nombre d'années choisi.

10.1.4 Les résidences secondaires

Si vous possédez déjà une deuxième résidence ou si vous avez l'intention d'en acquérir une, vous devez établir la liste de tous les coûts en capital qui s'y rapportent, comme le creusage d'une piscine, la finition du sous-sol ou l'ajout d'une pièce. Ces coûts vont augmenter le prix de base de la résidence. Si vous ne tenez pas un registre de ces dépenses, il est possible que vous ayez à calculer tout gain subséquent en vous servant du prix d'achat initial comme prix de base du bien, lequel prix pourrait être nettement inférieur à votre investissement réel.

10.2 LES POSSIBILITÉS DE PLANIFICATION

10.2.1 Le régime d'accession à la propriété

Le régime d'accession à la propriété (RAP) permet de retirer des fonds du REER pour acheter une première maison. On considère qu'un particulier achète pour la première fois une maison si ni lui ni son conjoint n'était propriétaire d'une maison leur servant de résidence principale au cours de l'une des cinq années civiles commençant avant la date du retrait. Un couple peut utiliser des cotisations jusqu'à concurrence de 40 000 $ (20 000 $ chacun) provenant de deux REER différents. L'expression « premiers acheteurs d'une résidence » s'applique aux particuliers et à leur conjoint n'ayant pas possédé de résidence principale et n'y ayant pas habité au cours des quatre années civiles précédant le moment du retrait. Si vous avez habité avec un conjoint dans une maison dont il était propriétaire au cours de cette période, vous ne serez pas admissible au RAP. Depuis 1999, les particuliers peuvent participer plus d'une fois au programme à certaines conditions.

Les particuliers qui veulent bénéficier du RAP peuvent donc retirer jusqu'à 20 000 $ de leurs REER pour s'acheter une maison, sans avoir à payer d'impôts sur le retrait ; sauf exceptions, la résidence doit être acquise avant le 1er octobre de l'année civile suivant l'année du retrait. Les fonds retirés doivent être reversés au REER par paiements échelonnés sur une période d'au plus 15 ans. Par exemple, si un particulier a retiré 15 000 $ d'un REER dans le cadre du régime d'accession à la propriété, son remboursement annuel doit être de 1 000 $ par année (15 000 $ divisés par 15 ans). La période de remboursement de 15 ans commence la deuxième année civile suivant celle du retrait. Un participant peut opter pour qu'un remboursement effectué au cours des 60 premiers jours d'une année soit considéré comme effectué l'année précédente.

Si un particulier décide de ne pas rembourser le montant prévu pour une année donnée ou choisit de n'en rembourser qu'une partie, le montant non remboursé sera inclus dans son revenu pour l'année et sera donc assujetti à l'impôt.

ATTENTION !   **Si vous bénéficiez du régime d'accession à la propriété, vous devriez rembourser les fonds retirés de votre REER aussi rapidement que possible afin de maximiser votre revenu de retraite.**

Vous pouvez reverser à votre REER, au cours de n'importe quelle année, un montant supérieur au remboursement annuel prévu. Cela permet de réduire le solde à rembourser ainsi que les remboursements annuels prévus pendant le reste de la période.

Une règle spéciale empêche les contribuables de bénéficier d'une déduction fiscale au titre d'une cotisation versée à un REER s'ils retirent cette cotisation dans les 90 jours qui suivent, dans le cadre du régime d'accession à la propriété. Les cotisations versées à un REER au cours de la période de 90 jours ne sont pas considérées comme ayant été retirées dans la mesure où le solde, après le retrait du REER, n'est pas inférieur à la cotisation ainsi versée.

Enfin, une personne invalide admissible au crédit d'impôt pour déficience mentale ou physique, ou un proche parent au profit de celle-ci, peut participer au régime même si elle ne répond pas aux critères d'acheteur de première maison. Il doit alors s'agir d'une résidence dont l'accès est plus facile pour la personne invalide ou qui est mieux adaptée aux soins qu'elle requiert.

10.2.2 Les frais de bureau à domicile

Vous êtes travailleur indépendant ou vous exploitez une entreprise à l'extérieur du cadre de votre travail ? Si vous avez aménagé un bureau dans votre résidence, vous pouvez déduire certains frais s'y rattachant si le bureau en question constitue votre principal établissement d'affaires ou s'il est utilisé dans le but exclusif d'en tirer un revenu d'entreprise et sert à rencontrer des clients ou des patients sur une base régulière et continue.

Le montant pouvant être déduit ne peut excéder le revenu tiré de l'entreprise pour l'exercice, après déduction de toutes les autres dépenses. Le montant excédentaire pourra être reporté afin d'être déduit ultérieurement au cours des exercices où l'entreprise produit un revenu.

Prenez note qu'au Québec seulement 50 % des frais d'un bureau à domicile sont déductibles du revenu d'entreprise, afin de tenir compte de l'élément personnel inclus dans ce type de dépenses. Cette restriction ne s'applique pas au revenu d'emploi.

10.2.3 Le fractionnement du revenu

Si votre famille ne dispose que d'une seule résidence, vous devriez envisager de la vendre à sa juste valeur marchande au conjoint dont le revenu est le moins élevé. De cette manière, tout gain imposable découlant d'une vente éventuelle sera imposé au taux d'imposition auquel est soumis le conjoint dont le revenu est le moins élevé. Notez toutefois que la résidence doit être vendue à sa juste valeur marchande et qu'une contrepartie doit être versée, sinon l'ADRC attribuera le gain imposable au conjoint dont le revenu est le plus élevé.

10.2.4 Vendre ou ne pas vendre

Vous pouvez songer à conserver votre résidence si vous partez pour un temps défini ou non. Pendant votre absence, vous pouvez louer votre maison tout en conservant la possibilité de la désigner comme résidence principale relativement aux années où vous y avez vécu et, sous réserve de certaines conditions, jusqu'à quatre années par la suite.

Stratégie de planification

Pendant les années de la location de la maison, vous pouvez déduire divers frais.

Si vous vendez cette maison plutôt que d'y retourner, le gain cumulé au cours des années où la maison était désignée comme résidence principale sera exempt d'impôt. Le gain cumulé au cours des années où la résidence était louée pourrait ne pas être imposable si la période de la location de la maison est inférieure à cinq ans.

Des règles spéciales prolongeront la durée maximale de quatre ans, dont il est question précédemment, si la maison est inoccupée en raison d'une décision de votre employeur (ou de celui de votre conjoint) de vous réinstaller. Certaines conditions doivent être remplies afin de se prévaloir d'une prolongation.

Chapitre 11

SI VOUS AVEZ
UN CONJOINT

11.1 LA DÉFINITION D'UN CONJOINT

Il y a plusieurs années, la définition d'un conjoint a été élargie pour inclure le conjoint de fait. Les couples formés de personnes de même sexe et vivant en union de fait sont maintenant considérés comme des conjoints de fait, c'est-à-dire deux personnes qui habitent ensemble en union conjugale et de façon continue depuis au moins 12 mois.

Nouveau en 2001

Depuis 2001, toutes les lois fiscales ont été modifiées afin que tous les conjoints de fait soient traités de la même façon. Les conjoints de fait de même sexe sont admissibles aux mêmes avantages fiscaux et assujettis aux mêmes obligations que les couples mariés et les conjoints de fait de sexe opposé.

11.2 LES CRÉDITS ET LES DÉDUCTIONS

11.2.1 Le crédit pour conjoint

En 2001, une personne peut réclamer entièrement le crédit d'impôt fédéral pour conjoint, soit 1 007 $, lorsqu'elle assure la subsistance de son conjoint et que le revenu net de celui-ci ne dépasse pas 629 $. Ce crédit est réduit de 16 % de tout revenu net, gagné par le conjoint, qui dépasse 629 $. Par conséquent, aucun crédit n'est offert pour un conjoint dont le revenu net est de 6 923 $ ou plus en 2001. Le crédit est indexé annuellement suivant l'augmentation de l'indice des prix à la consommation. Si vous vivez séparé de votre conjoint à la fin de l'année en raison de l'échec de votre union conjugale, toute réduction du crédit pour conjoint est calculée en fonction du revenu de votre conjoint pour la période de l'année pendant laquelle vous n'étiez pas séparés.

De plus, vous ne pouvez réclamer le crédit d'impôt pour conjoint que pour une seule personne. Si vous divorcez et que vous vous remariez la même année, vous ne pourrez obtenir un double crédit d'impôt.

11.2.2 La mise en commun des crédits

Stratégie de planification

Si vous et votre conjoint êtes imposés à des taux différents, la mise en commun des crédits constitue un moyen simple de fractionner le revenu. Ainsi, le conjoint dont le revenu est le plus élevé paie toutes les dépenses et les impôts de la famille, alors que le conjoint dont le revenu est le moins élevé investit toutes les économies dont le couple dispose. Le bénéfice tiré des placements sera imposé au conjoint dont le revenu est le moins élevé à un taux d'imposition inférieur, alors que le conjoint dont le revenu est le plus élevé peut demander tous les crédits offerts.

Les crédits suivants peuvent être transférés au conjoint :

• Les frais médicaux (se reporter au chapitre 5, section 5.2.2)

• Le crédit pour déficience mentale ou physique (se reporter au chapitre 12, section 12.5.1)

• Le crédit pour frais de scolarité (se reporter au chapitre 12, section 12.3.1)

• Le crédit pour personne âgée de 65 ans et plus (se reporter au chapitre 15, section 15.2.1)

• Le crédit pour revenu de pension (se reporter au chapitre 15, section 15.2.2)

• Le crédit pour dons de bienfaisance (se reporter au chapitre 17, section 17.1)

11.3 LES POSSIBILITÉS DE PLANIFICATION
11.3.1 Le fractionnement du revenu
Certaines stratégies de fractionnement du revenu abordées dans le présent chapitre recoupent celles qui sont présentées au chapitre 12. Dans ce chapitre, nous nous concentrerons sur les descriptions les plus détaillées des stratégies. Gardez en mémoire cependant l'impôt spécial sur le fractionnement de revenu avec les enfants mineurs (voir chapitre 3). Souvenez-vous également qu'un fractionnement réussi exige que vous et votre conjoint (ou vos enfants, selon votre situation) soyez dans des tranches d'imposition différentes. En effet, vous ne réaliserez aucune économie d'impôt en fractionnant le revenu de deux personnes se trouvant dans la même tranche d'imposition. En outre, plus le plan fiscal est complexe, plus il est important de consulter votre conseiller pour vous assurer que les règles d'attribution n'annuleront pas vos économies d'impôt. Les règles d'attribution

représentent le principal obstacle à un fractionnement du revenu avec votre conjoint (ou vos enfants, selon le cas).

Le revenu tiré d'une entreprise. Si votre conjoint gagne un revenu provenant de fonds que vous lui avez prêtés ou transférés, les règles d'attribution vont généralement s'appliquer et le revenu vous sera attribué. Pour contourner ces règles, votre conjoint doit exploiter personnellement l'entreprise ou investir dans une société de personnes dont il est un membre actif. Les règles d'attribution ne devraient pas non plus s'appliquer si vous-même et votre conjoint exploitez une entreprise à titre d'associés. Cependant, un gain en capital réalisé par votre conjoint sur l'aliénation de l'entreprise vous serait attribué. Il n'y a aucune attribution des gains en capital réalisés par votre enfant mineur, sauf lorsqu'il s'agit d'un bien agricole qui a fait l'objet d'un traitement fiscal privilégié.

Si vous prêtez ou transférez un bien qui est une participation dans une société de personnes à votre conjoint (ou à votre enfant), la quote-part de votre conjoint dans le revenu d'entreprise de la société de personnes peut être assimilée à un revenu tiré d'un bien (et non d'une entreprise) aux fins des règles d'attribution et, ainsi, vous être attribuée.

Cette mesure s'applique lorsque votre conjoint est assimilé à un membre déterminé de la société de personnes, c'est-à-dire :

- si votre conjoint était commanditaire de la société en commandite pendant l'exercice qui a donné lieu au revenu en cause ; ou

- si votre conjoint n'était pas engagé activement dans les activités de la société en commandite et s'il n'exploitait pas une entreprise semblable à celle de la société (sauf à titre de membre de cette société de personnes), de façon régulière, continue et substantielle tout au long de l'exercice en cause.

À titre d'exemple, vous donnez ou prêtez 100 000 $ à votre conjoint ; celui-ci utilise ce montant pour acquérir une participation dans une société en commandite. Les règles d'attribution pourraient s'appliquer parce que votre conjoint n'est qu'un investisseur passif. Si la quote-part de votre conjoint dans le revenu de la société en commandite est de 10 000 $ pour une année donnée, cette somme sera ajoutée à votre revenu de l'année en question.

Les intérêts composés. Les règles d'attribution ne signifient pas que vous devez renoncer à donner ou à prêter des fonds à votre conjoint pour lui permettre de réaliser des revenus de placement. Le fait que les intérêts sur les intérêts ne soient pas assujettis aux règles d'attribution peut se révéler avantageux à long terme. À titre d'exemple, si vous donnez 20 000 $ à votre conjoint et que cette somme est placée à 8 % d'intérêt par année sur 10 ans, y compris les intérêts versés chaque année et réinvestis au même taux, seuls les intérêts simples de 16 000 $ (8 % de 20 000 $ = 1 600 $ x 10 ans) vous sont attribués. Si les intérêts annuels de 1 600 $ sont réinvestis à 8 %, des intérêts composés de 7 178 $ seront réalisés au cours de la période de 10 ans et ils seront imposables pour votre conjoint et non pour vous.

En principe, l'attribution ne s'applique pas au bénéfice réalisé sur le revenu attribué, comme les intérêts composés, sauf lorsqu'il s'agit de dividendes en actions. Bien que certains revenus ou gains soient attribués pour usage fiscal, ces montants appartiennent légalement au conjoint ou à l'enfant mineur. Les créanciers ont ainsi difficilement accès à ces fonds.

Le régime enregistré d'épargne-retraite du conjoint. En cotisant au REER de votre conjoint, vous bénéficiez de l'avantage de pouvoir fractionner vos revenus ultérieurs, puisque les règles d'attribution ne s'appliquent pas dans ce cas. Ainsi, la rente ou les prestations provenant d'un fonds enregistré de revenus de retraite (FERR), qui pourront découler du REER de votre conjoint, seront imposables pour ce dernier et non pour vous.

Si vous devez retirer des fonds versés dans un REER dans un proche avenir, assurez-vous que toutes vos cotisations portées au REER de votre conjoint sont versées dans un régime distinct. En effet, toute somme retirée du REER du conjoint pourrait vous être attribuée si vous avez cotisé au REER de votre conjoint dans l'année du retrait ou dans les deux années antérieures. De plus, les cotisations portées au REER d'un conjoint appartiennent à ce dernier, ne l'oubliez pas !

Si vous cotisez au REER de votre conjoint, vous devriez verser les cotisations directement au fiduciaire et exiger un reçu, de manière à prouver, au besoin, que vous avez effectué le paiement.

Le chapitre 13 traite en profondeur du REER du conjoint.

Payer l'impôt du conjoint. Si votre revenu est supérieur à celui de votre conjoint, vous devriez songer à la possibilité de payer son impôt. Le montant en cause est alors considéré comme un don au conjoint. Il ne produit aucun revenu puisqu'il sert à payer l'impôt et, par conséquent, les règles d'attribution ne s'appliquent pas. Votre conjoint peut ainsi investir les fonds qu'il aurait autrement utilisés pour acquitter son impôt, et le revenu qu'il réalise alors ne vous est pas attribué. Évidemment, une telle entente ne peut se faire lorsque l'employeur du conjoint déduit les impôts à la source.

Qui paie les dépenses familiales ? Lorsque les conjoints réalisent tous deux des revenus, mais que le taux d'imposition de l'un est plus élevé que celui de l'autre, le conjoint dont le revenu est plus important peut acquitter toutes les dépenses familiales, tandis que l'autre investit la totalité de son revenu. Le revenu généré par les sommes investies sera ainsi imposé à un taux moins élevé.

Verser un salaire au conjoint. Vous pouvez payer un salaire à votre conjoint ou à votre enfant relativement à tout travail accompli dans une entreprise non constituée en société par actions, et déduire par la suite ce salaire de votre revenu d'entreprise. Le salaire sera imposé entre les mains de votre conjoint ou de votre enfant. Le salaire ou le traitement en question doit être raisonnable par rapport aux tâches accomplies. Votre conjoint ou votre enfant sera ainsi en mesure de cotiser au Régime de pensions du Canada ou au Régime des rentes du Québec, selon le cas, de même qu'à un REER.

Stratégie de planification

Si vous exploitez une entreprise secondaire offrant des possibilités de réaliser un bénéfice à moyen terme, il peut être avantageux de verser un salaire raisonnable à votre conjoint de façon à créer une perte d'entreprise dans une année donnée. Une telle solution est envisageable lorsque les pertes peuvent être déduites à l'encontre de vos autres revenus.

Les conjoints associés dans une entreprise. Même si vous pouvez verser un salaire à votre conjoint, certaines raisons pourraient vous amener à définir l'entreprise comme étant une société de personnes. À titre d'associé, votre conjoint est admissible à une participation aux bénéfices de la société tout en partageant une certaine part des responsabilités. Cette situation est courante dans les exploitations agricoles, mais elle peut également s'appliquer à tous les autres genres d'entreprises.

ATTENTION ! Il convient d'établir une convention de société de personnes en bonne et due forme qui expose en détail les arrangements concernant la répartition des bénéfices et des titres de propriété des biens de l'entreprise.

L'Agence des douanes et du revenu du Canada (ADRC) apportera les changements nécessaires si elle juge que la répartition des bénéfices de la société de personnes n'est pas raisonnable.

Lorsque le capital investi par le conjoint est passablement élevé, il est en général plus avantageux de s'associer avec son conjoint dans une entreprise que de lui verser un salaire. Cette association permet à ce dernier d'avoir droit à une plus grande part des bénéfices de l'entreprise que s'il recevait simplement un salaire raisonnable pour le travail accompli.

Stratégie de planification

S'il vous est impossible de créer une société de personnes avec votre conjoint, vous devriez envisager de constituer une société par actions ; votre conjoint pourrait alors acquérir des actions en se servant de ses propres fonds.

Le transfert à la juste valeur marchande. Vous pouvez choisir de transférer des biens à votre conjoint et toucher une contrepartie égale à la juste valeur marchande. À certaines conditions, les règles d'attribution ne s'appliqueront pas au revenu ultérieur et les gains en capital seront imposables pour votre conjoint. Dans le cas d'une immobilisation, vous devez tenir compte des gains ou des pertes en capital cumulés au moment du transfert.

Lorsque le bien transféré à sa juste valeur marchande est assorti d'une perte non matérialisée, les règles concernant les pertes apparentes s'appliquent (voir le chapitre 8, section 8.1.4), et vous ne pouvez déduire la perte en capital si le conjoint possède encore le bien 31 jours après le transfert.

Le don au conjoint des frais d'intérêt. Les règles d'attribution ne s'appliquent que si les fonds transférés ou cédés au conjoint servent à réaliser un revenu de biens ou un gain en capital. Par conséquent, ces règles ne s'appliquent pas lorsque aucun revenu n'est réalisé sur les fonds transférés. Ainsi, lorsqu'un contribuable cède à son conjoint des fonds pour régler les intérêts sur un prêt qu'il lui a consenti, les règles d'attribution ne s'appliquent pas au montant donné ni au revenu net réalisé par le conjoint grâce aux fonds prêtés. Le prêt, fait de bonne foi, doit porter intérêt au moindre du taux prescrit et du taux commercial. Ces intérêts doivent être payés au plus tard dans les 30 jours qui suivent la fin de l'année.

Le contribuable doit inclure les intérêts versés par son conjoint dans son revenu imposable, mais ce procédé demeure avantageux, puisque le revenu de placement du conjoint augmente beaucoup plus rapidement que si ce dernier devait payer chaque année les intérêts sur le prêt.

Les fonds cédés en vue d'un effet de levier. Le revenu ou les gains en capital réalisés à l'aide de fonds empruntés par votre conjoint dans un contexte commercial, sans votre garantie, ne vous sont pas attribués. Le contribuable qui songe à emprunter pour investir peut donc transférer des fonds à son conjoint qui, pour sa part, s'en servira pour emprunter. Par exemple, vous pouvez donner

25 000 $ à votre conjoint pour faciliter un emprunt de 75 000 $. Ce dernier achète 100 000 $ de titres qui peuvent être donnés en nantissement auprès de l'établissement de crédit, à la place de votre garantie. Dans ce cas, seulement 25 % du revenu net ou des gains en capital réalisés (25 000 $ / 100 000 $) vous sont attribués.

Le prêt au conjoint : le maintien des intérêts au taux le moins élevé. Les prêts entre conjoints prévoient généralement un taux d'intérêt égal au taux prescrit pour usage fiscal, lequel est habituellement inférieur au taux des prêts commerciaux. Le taux prescrit est fixé chaque trimestre selon le rendement des bons du Trésor d'une durée de trois mois vendus au cours du premier mois du trimestre précédent. On connaît donc le taux d'un trimestre environ deux mois à l'avance.

Avant de fixer le taux d'intérêt d'un prêt consenti au conjoint pour plus de trois mois, il est préférable de vérifier la tendance des taux d'intérêt pour le trimestre suivant.

On peut fixer les conditions du prêt pour une période plus longue si une augmentation plutôt qu'une diminution des taux est prévue. Dans le cas d'une baisse anticipée, on devrait maintenir le prêt à un taux variable.

La société de gestion exploitant une petite entreprise. La popularité des sociétés de gestion provient du fait que les règles d'attribution ne s'appliquent pas aux sociétés exploitant une petite entreprise. De telles sociétés sont en général établies par des professionnels, comme les médecins et les dentistes, qui ne peuvent exercer leurs activités professionnelles par l'intermédiaire d'une société par actions. La société, propriété du conjoint ou des enfants des personnes en cause, fournit des services aux professionnels qui lui versent des honoraires correspondant habituellement au coût des services plus 15 %. De tels services peuvent inclure la location du matériel et du bureau, l'embauche d'assistants, la comptabilité, le secrétariat et autres services administratifs. Lors de la constitution d'une telle société, des conseils professionnels devraient être obtenus pour s'assurer que la société n'est pas considérée comme une entreprise de services personnels, ce qui limiterait certaines des dépenses et modifierait le taux d'impôt que la société devra payer.

Si elle est constituée en société par actions, une société de gestion est considérée comme une société exploitant une petite entreprise. Les règles d'attribution ne s'appliquent pas lorsque les professionnels prêtent ou vendent des biens à une société exploitant une petite entreprise dont leur conjoint ou leurs enfants sont actionnaires. Lorsque l'entreprise de gestion n'est pas exploitée dans le cadre d'une société par actions, ce qui n'est généralement pas recommandé, les règles d'attribution ne s'appliquent pas si les biens sont transférés au conjoint et servent à réaliser un revenu d'entreprise. Compte tenu de la nature des services qui seront rendus, il est possible que les honoraires facturés soient assujettis à la TPS/TVH et, au Québec, à la TVQ. Certaines activités, comme celles du domaine de la santé, ne permettent pas de recouvrer la TPS/TVH et la TVQ payées. Dans ces cas, le recours à une société de gestion peut se révéler désavantageux.

11.3.2 *Les situations à éviter : l'application des règles d'attribution*

Les situations où les règles d'attribution ne s'appliquent pas. Si vous avez transféré un revenu ou un bien à un enfant mineur, les règles d'attribution ne s'appliquent généralement plus lorsque l'enfant atteint 18 ans (lire ci-dessous la section intitulée « Les biens prêtés à des personnes liées »). À l'égard d'un conjoint, l'attribution cesse au moment d'un divorce, d'une séparation ou lorsque les conjoints ne vivent plus ensemble. Le conjoint ayant effectué le prêt ou le transfert doit signifier un choix à cet effet (et ce choix doit également être ratifié par l'autre conjoint) s'il ne tient pas à ce que les règles d'attribution relatives aux gains en capital s'appliquent après la rupture du mariage ou de l'union conjugale. Les règles d'attribution prennent également fin lorsque le prêteur ou l'auteur du transfert décède ou perd son statut de résident canadien.

De plus, les revenus générés par certains prêts ou transferts ne sont pas soumis aux règles d'attribution. Ainsi, les règles d'attribution ne s'appliquent pas à un prêt dans les cas suivants :

1. Le taux d'intérêt du prêt est raisonnable ou correspond au taux prescrit selon la Loi de l'impôt sur le revenu au moment où le prêt a été accordé.

2. Les intérêts de chaque année sont versés au plus tard dans un délai de 30 jours après la fin de l'année.

Les règles d'attribution ne s'appliquent pas à un transfert lorsque trois conditions sont respectées :

1. La juste valeur marchande du bien transféré ne dépasse pas celle de la contrepartie reçue par le cédant lors du transfert.

2. Lorsque la contrepartie reçue comprend des titres d'emprunt, les conditions énumérées ci-dessus relativement à un prêt exempté sont respectées.

3. Le cédant choisit de ne pas appliquer les dispositions de roulement permettant le report d'impôts.

Les situations où les règles d'attribution s'appliquent. Considérons maintenant les situations où les règles d'attribution s'appliquent et, par conséquent, où il n'est à peu près pas possible de réduire l'impôt à payer.

Le transfert au conjoint ou à un enfant mineur. Les règles d'attri-bution s'appliquent à un particulier qui prête ou cède des biens à son conjoint (ou son futur conjoint), à certaines personnes mineures ou à une fiducie en leur nom. Ces règles s'appliquent aux mineurs ayant un lien de dépendance avec le particulier (enfant, petit-enfant, frère, sœur, beau-frère, belle-sœur, etc.) de même qu'à un neveu ou à une nièce. Des règles similaires s'appliquent dans le cas d'un prêt à toute personne ayant un lien de dépendance, par exemple un enfant âgé de plus de 18 ans. Sont considérés comme des biens: des espèces, des actions, des obligations, un droit quelconque, une maison, un terrain, etc.

Le terme « transfert » a été interprété de façon très large. À titre d'exemple, il comprend un don et même une vente à la juste valeur marchande.

Lorsque les règles d'attribution s'appliquent, le revenu tiré ou la perte matérialisée des biens prêtés ou transférés (ou des biens qu'on leur substitue) n'est pas considéré comme un revenu imposable du bénéficiaire du prêt ou du transfert. Il est plutôt inclus dans le revenu de l'auteur du prêt ou du transfert. Dans la plupart des cas, l'attribution correspond au gain net ou à la perte nette qui découle du bien.

Ces règles s'appliquent également aux gains et aux pertes en capital provenant de biens transférés ou prêtés au conjoint, de même qu'aux biens qu'on leur substitue. Ce n'est pas le cas pour les gains et pertes en capital d'un enfant mineur (n'ayant pas atteint l'âge de 18 ans au cours de l'année d'imposition), sauf dans certains cas touchant des biens agricoles qui ont déjà bénéficié d'un traitement fiscal privilégié.

Notez que seuls les transferts effectués après 1971 sont soumis aux règles d'attribution en ce qui a trait aux gains en capital. Par consé-quent, un gain en capital découlant d'un bien transféré avant 1972 n'est pas assujetti aux règles d'attribution, mais ces dernières s'appliquent à tout revenu réalisé sur ce bien, par exemple des dividendes.

ATTENTION ! Les montants attribués conservent généralement leur identité. Si vous prêtez des fonds à votre conjoint et que ce dernier les investit dans des actions, tout dividende, gain ou perte en capital vous sera attribué. Vous serez donc imposé sur les montants attribués à titre de dividende, de gain ou de perte en capital.

Les règles d'attribution et les fiducies. Pour qu'il y ait attribution du revenu (ou d'une perte), le conjoint ou l'enfant mineur doit au départ disposer d'un revenu sur les biens transférés (sauf dans certains cas ayant trait à des sociétés). Ainsi, lorsque le bien est transféré à une fiducie en faveur d'enfants mineurs et que cette fiducie acquitte l'impôt sur le revenu se rattachant au bien, il n'y a pas d'attribution du revenu. Toutefois, aucun avantage n'en résulte, puisqu'une fiducie entre vifs est assujettie, au fédéral, au taux d'imposition maximal applicable aux particuliers. Au Québec, l'impôt payable par une telle fiducie correspond au plus élevé de 20,75 % de son revenu imposable ou de l'impôt calculé selon les taux applicables aux particuliers.

Dès que le revenu de la fiducie est encaissé ou encaissable par les enfants et que, par conséquent, il constituerait un revenu pour eux, les règles d'attribution s'appliquent. Cependant, la perte nette d'une fiducie ne peut être transférée aux bénéficiaires et, pour cette raison, elle ne peut jamais être attribuée.

Lorsque le revenu attribué est réalisé par une fiducie, des règles spéciales servent à déterminer quelle part du revenu d'un bénéficiaire désigné (le conjoint, un enfant mineur, une nièce ou un neveu mineur) de la fiducie doit être attribuée. L'application de ces règles entraîne des résultats différents si la totalité ou une partie seulement du revenu de la fiducie provient de biens prêtés ou transférés ou si l'on compte plus d'un bénéficiaire désigné.

ATTENTION ! **Si vous et votre conjoint décidez tous deux de verser des fonds dans une même fiducie en faveur de votre enfant mineur, le revenu de ce dernier devrait alors vous être attribué ainsi qu'à votre conjoint, ce qui entraînerait une double imposition. Toutefois, si chaque parent crée une fiducie distincte, seul le revenu de la fiducie dont il est l'auteur lui sera attribué.**

Si vous tirez parti de fiducies, vous devriez procéder à un examen de votre situation avec un professionnel pour vous assurer de ne pas avoir à faire face à des complications fiscales.

Les biens substitués. Les règles d'attribution s'appliquent non seulement aux biens prêtés ou transférés, mais aussi aux biens qui sont substitués à ces derniers. À titre d'exemple, lorsqu'un particulier prête des fonds à son conjoint qui les utilise pour acheter des actions privilégiées, ces actions constituent un bien substitué et les revenus qu'il génère sont assujettis aux règles d'attribution. Si les actions privilégiées sont vendues en contrepartie d'un montant qui sert à acheter des obligations, ces dernières constituent à leur tour des biens substitués et les règles d'attribution s'y appliquent.

Un dividende reçu sur des actions est considéré comme un bien substitué à l'action. Par conséquent, les règles d'attribution s'appliquent à tout revenu réalisé (et, dans le cas du conjoint, à tout gain réalisé) sur un dividende en actions si ce dividende a lui-même été attribué à titre de revenu découlant d'un bien prêté, transféré ou substitué.

Les biens prêtés à des personnes liées. Les règles d'attribution s'appliquent lorsqu'un particulier prête un bien à un autre particulier avec qui il a un lien de dépendance. Le fisc applique les règles lorsqu'il est raisonnable de croire que l'une des principales raisons du prêt vise à réduire ou à éliminer l'impôt sur le revenu applicable à ce bien (ou au bien substitué), de sorte que ce revenu figure dans le revenu de l'autre particulier.

Cette application des règles d'attribution vise les prêts entre particuliers liés par les liens du sang (ascendants et descendants), du mariage ou de l'adoption. Les parents, les conjoints et même les enfants majeurs y sont assujettis. Le transfert de la propriété d'un bien à un particulier lié n'est toutefois pas visé.

Cette mesure pourrait, à titre d'exemple, concerner un prêt à intérêt faible ou nul consenti à votre enfant majeur. Les prêts octroyés à un taux d'intérêt commercial ne sont pas visés. Cependant, si le taux d'intérêt est inférieur au taux d'intérêt prescrit selon la Loi de l'impôt sur le revenu (annoncé à chaque trimestre) ou au taux dont des personnes non liées auraient autrement convenu, les règles d'attribution du revenu continuent de s'appliquer. Elles sont également en vigueur quand les intérêts du prêt ne sont pas réglés au plus tard dans les 30 jours qui suivent la fin de chaque année. L'attribution ne s'applique pas si l'argent d'un prêt sert à autre chose qui n'a rien à voir avec des investissements (par exemple le paiement de frais de scolarité).

Les règles d'attribution relatives aux sociétés par actions. Ces règles s'appliquent aux prêts et aux transferts d'un particulier à une société par actions. Lorsque l'on peut raisonnablement considérer qu'un des objets principaux du prêt ou du transfert consiste à réduire le revenu du particulier et à avantager une « personne désignée », le particulier doit réaliser, au minimum, un rendement annuel prescrit sur la créance ou sur les actions obtenues lors du prêt ou du transfert de biens ; sinon, des intérêts créditeurs sont réputés attribués au particulier. Par personne désignée, on entend le conjoint ou des enfants mineurs, s'ils détiennent au moins 10 % d'une catégorie quelconque d'actions de la société.

Les règles ne s'appliquent pas aux sociétés exploitant une petite entreprise. Une telle société doit être une société privée sous contrôle canadien (SPCC) et doit exploiter principalement une entreprise active au Canada. Les SPCC qui détiennent des portefeuilles de placements ou des biens immobiliers de même que les sociétés publiques ne sont pas considérées comme des sociétés exploitant des petites entreprises.

Les règles d'attribution ont une portée très large. Les commentaires suivants soulignent quelques problèmes éventuels.

Dans certaines circonstances, les règles d'attribution peuvent s'appliquer lorsqu'un des actionnaires d'une société à laquelle un particulier a prêté ou transféré des biens est le conjoint de ce dernier, ou un enfant mineur, ou encore une société de personnes ou une fiducie dont le conjoint ou l'enfant mineur est membre ou bénéficiaire.

Contrairement aux règles d'attribution habituelles, le conjoint ou l'enfant mineur n'a pas à recevoir un revenu pour que s'appliquent les règles d'attribution relatives aux prêts ou aux transferts à des sociétés.

Les règles d'attribution des sociétés ne s'appliquent pas dans le cas où les actions d'une société sont détenues dans une fiducie et qu'un particulier ne peut toucher, en vertu de la fiducie, aucun montant tiré du capital ou du revenu provenant de la fiducie tant que ce particulier est une personne désignée (conjoint, enfant mineur, nièce ou neveu de moins de 18 ans).

11.4 LES CONSÉQUENCES FISCALES DE L'ÉCHEC D'UN MARIAGE OU D'UNE UNION CONJUGALE

L'échec d'un mariage, ou la dissolution d'une union de fait, a de nombreuses répercussions sur le plan juridique. Toutefois, nous nous contentons ici de discuter des incidences fiscales. Certains principes ou certaines stratégies fiscales seront touchés par l'échec d'un mariage ou de l'union conjugale.

11.4.1 Les règles d'attribution

En cas d'échec d'un mariage, vous pourriez transférer, en franchise d'impôt, des fonds de votre REER ou de votre FERR au REER, au FERR ou au RPA de votre conjoint. Les règles d'attribution ne s'appliquent pas à un tel transfert. Autrement dit, le revenu découlant du transfert d'un conjoint à un autre n'est pas imposé entre les mains du cédant, comme ce serait le cas si le couple demeurait marié.

Pour que les fonds ainsi transférés du REER d'un particulier à celui de son conjoint ou ancien conjoint ne soient pas imposés, ils doivent être transférés aux termes d'un décret, d'une ordonnance ou d'un jugement d'un tribunal compétent, ou encore d'un accord de séparation écrit.

Par ailleurs, vous ne pourrez plus demander de déduction pour avoir versé des cotisations au REER de votre conjoint. De plus, les fonds déjà déposés demeureront la propriété de votre conjoint.

11.4.2 Les pensions alimentaires

Si vous êtes divorcé ou séparé, vous recevez (ou payez) peut-être des montants en vertu d'une entente de pension alimentaire ou d'allocation indemnitaire. En règle générale, de tels paiements doivent être inclus dans votre revenu imposable dans l'année où ils sont reçus (et déductibles, pour la personne qui les verse, dans la même année). Ces paiements sont très différents des pensions alimentaires pour enfants qui ne sont plus inclus dans le revenu du bénéficiaire ni déductibles du revenu du payeur. La règle générale stipule que si le paiement constitue un revenu imposable pour l'une des parties, il constitue une déduction admissible pour l'autre partie.

Pour être admissibles à titre de pension alimentaire ou d'allocation indemnitaire, les paiements doivent :

• être périodiques ;

• découler d'un arrêt, d'une ordonnance ou d'une entente écrite ;

• être effectués pour subvenir aux besoins du bénéficiaire ou des enfants.

Les parties visées par une entente doivent vivre séparément en vertu d'une séparation judiciaire ou d'un accord écrit de séparation, à compter du moment où le paiement est effectué, et ce, jusqu'à la fin de l'année. Les pensions alimentaires ou allocations indemnitaires comportent un bon nombre de difficultés, notamment celle de déterminer si les paiements sont périodiques ou s'ils peuvent être considérés comme des versements effectués à l'égard d'une somme forfaitaire. L'admissibilité des paiements versés à des tiers, par exemple au détenteur d'une hypothèque sur la maison, constitue une autre difficulté. À noter que les paiements supplémentaires volontaires qui ne font pas partie de l'entente ne sont pas admissibles.

ATTENTION ! Il est prudent de faire appel à des conseillers juridiques et fiscaux compétents en matière d'entente de séparation ou de divorce. Les nouvelles règles concernant les pensions alimentaires sont entrées en vigueur le 1er mai 1997.

Les ententes assorties de pensions alimentaires ou d'allocations indemnitaires se traduisent souvent par un déplacement de revenu d'un particulier dont le revenu est élevé à un autre dont le revenu est moins élevé. Par conséquent, il en résulte des avantages fiscaux parce que le particulier dont le revenu est élevé obtient une déduction d'impôt plus grande que l'augmentation d'impôt de celui qui bénéficie du paiement. Compte tenu du déplacement du revenu que ces paiements entraînent, beaucoup d'ententes de séparation ou de divorce sont négociées en fonction de chiffres après impôts.

Il y a aussi des conséquences fiscales liées au versement des pensions alimentaires pour enfants. Depuis le 1er mai 1997, comme nous l'avons déjà mentionné, les pensions alimentaires pour enfants versées conformément à un accord écrit ou à un jugement rendu à cette date ou postérieurement ne sont ni déductibles pour le payeur ni imposables pour le bénéficiaire.

En général, les nouvelles règles ne s'appliquent qu'aux jugements et accords postérieurs au 30 avril 1997. Pour ceux qui ont été conclus avant le 1er mai 1997, les pensions demeurent imposables et déductibles, sauf si l'une des conditions suivantes est en place :

• Un choix est produit conjointement auprès de l'ADRC.

• L'ordonnance ou l'accord est modifié après le 30 avril 1997.

• Un accord ou un jugement rendu après le 5 mars 1996 prévoit la non-imposition et la non-déduction.

Ces modifications ne touchent pas les pensions alimentaires versées pour le conjoint.

ATTENTION ! **Lorsqu'un accord ou un jugement ne précise pas qu'un montant est exclusivement destiné au conjoint, il sera considéré comme étant versé au bénéfice des enfants.**

Pour cette raison, les paiements effectués à des tiers seront admissibles à titre de pension alimentaire, à moins qu'il ne soit clairement indiqué dans une entente ou une ordonnance que le versement est effectué uniquement dans le but de subvenir au besoin du conjoint. De même, si un paiement partiel est effectué, il sera considéré, en premier lieu, comme étant versé au bénéfice des enfants, puis à titre de pension alimentaire au conjoint.

Chapitre 12

SI VOUS AVEZ DES ENFANTS

12.1 LES CRÉDITS ET LES DÉDUCTIONS SI VOS ENFANTS OU PETITS-ENFANTS ONT MOINS DE 18 ANS

12.1.1 Le crédit d'équivalent de conjoint

Si vous ne demandez pas le crédit pour conjoint (consultez le chapitre 11) et que vous subvenez aux besoins d'une personne liée, vous pouvez demander le crédit fédéral d'équivalent de conjoint qui est de 1 007 $ en 2001. Pour être admissible à ce crédit, vous ne devez pas être marié, ou, si vous l'êtes, vous ne devez pas subvenir aux besoins de votre conjoint, ce dernier ne doit pas subvenir aux vôtres, et vous ne devez pas habiter ensemble. Le crédit est réduit si le revenu de la personne à charge dépasse 629 $ et il est complètement éliminé lorsque son revenu atteint 6 923 $. Ce crédit est indexé annuellement selon l'augmentation de l'indice des prix à la consommation.

12.1.2 La prestation fiscale canadienne pour enfants

La prestation fiscale canadienne pour enfants (PFCE) est un montant non imposable versé aux parents d'enfants mineurs dont les revenus se situent à l'intérieur des limites prescrites. Ce montant est calculé mensuellement en fonction du nombre et de l'âge des enfants. La prestation est indexée chaque année pour tenir compte de l'augmentation du coût de la vie.

Depuis juillet 2001, la prestation mensuelle de base payable en vertu de la PFCE s'établit à 93,08 $ pour les deux premiers enfants et à 99,58 $ pour chaque enfant additionnel. La prestation fiscale canadienne pour enfants est augmentée par le supplément du Régime national de prestations pour enfants. Les parents qui gagnent moins de 21 744 $ recevront ce supplément. Depuis juillet 2001, le programme prévoit une somme de 104,58 $ par mois pour le premier enfant, de 87,91 $ par mois pour le deuxième et de 81,66 $ par mois pour chacun des autres enfants. L'élimination progressive du supplément commence pour les familles dont le revenu net est supérieur à 21 744 $. Le supplément est complètement éliminé lorsque le revenu net familial excède 32 000 $.

Les versements sont fixés en juillet de chaque année en fonction du revenu familial de l'année précédente. Le revenu familial servant de base au calcul peut être révisé lorsque la situation familiale est modifiée en raison, par exemple, d'un décès ou d'une séparation.

L'Agence des douanes et du revenu du Canada (ADRC) administre également les programmes provinciaux et territoriaux de crédit et de prestations pour enfants pour la Colombie-Britannique, l'Alberta, la Saskatchewan, le Nouveau-Brunswick, Terre-Neuve et le Labrador, la Nouvelle-Écosse, les Territoires du Nord-Ouest et le Nunavut. L'ADRC utilisera automatiquement les renseignements fournis pour la PFCE afin de déterminer si vous êtes admissible à ces programmes. Enfin, le Québec administre son propre programme d'allocations familiales.

12.1.3 Les frais de garde d'enfants
Un contribuable peut se prévaloir de la déduction pour frais de garde jusqu'à concurrence de 4 000 $ par enfant n'ayant pas atteint l'âge de 16 ans au cours de l'année. Le montant de la déduction est haussé à

10 000 $ par enfant pour les enfants admissibles au crédit d'impôt pour déficience physique ou mentale et à 7 000 $ pour les autres enfants âgés de moins de 7 ans à la fin de l'année.

Au fédéral, la déduction est restreinte aux deux tiers du revenu gagné, et seul le conjoint ayant le revenu le moins élevé peut se prévaloir de cette déduction. Par contre, au Québec, il s'agit d'un crédit d'impôt remboursable calculé en fonction du revenu gagné par le conjoint ayant le revenu le moins élevé (voir le chapitre 18, section 18.1.4).

Si vous êtes étudiant à temps partiel dans le cadre d'un programme admissible et que vous avez des enfants de moins de 16 ans, vous pourriez avoir droit à la déduction pour frais de garde d'enfants si ces frais ont été engagés pendant que vous suiviez des cours. Vous ne pouvez vous prévaloir de cette déduction si vous inscrivez vos enfants à un programme de garde d'enfants et que vous restez à la maison pour faire des devoirs, par exemple.

Stratégie de planification

Certains frais relatifs aux camps de jour et aux programmes de sports pour externes seront admissibles à la déduction. Le programme doit prévoir un degré suffisant de services de garde d'enfants. L'admissibilité d'un programme dépend de l'âge des enfants, des compétences des instructeurs et du type d'installations utilisées. Consultez votre conseiller fiscal afin de déterminer l'admissibilité du programme estival de votre enfant.

12.2 LES POSSIBILITÉS DE PLANIFICATION

12.2.1 Le fractionnement du revenu

Il existe trois possibilités de fractionner votre revenu avec vos enfants mineurs, mais elles sont assujetties aux règles d'attribution et à l'impôt spécial concernant ce genre de planification. Veuillez vous reporter au chapitre 3 pour une definition des règles d'attribution (section 3.1.1) et au chapitre 11 (plus particulièrement à la section 11.3.2) pour connaître les situations où elles s'appliquent.

Les stratégies de fractionnement suivantes s'appliquent plus particulièrement aux enfants.

12.2.2 Le transfert de la prestation fiscale canadienne pour enfants

La façon la plus courante de créer un revenu imposable pour un enfant consiste à utiliser la prestation fiscale canadienne le concernant pour l'acquisition de placements qui lui appartiennent en propre, tels un compte d'épargne, des obligations, des certificats de placement, des fonds de placements, etc. Aucun revenu généré par ces fonds ne vous sera attribué. Lorsque vous investissez les prestations fiscales au nom de vos enfants, les revenus sont attribués à ces derniers.

Les allocations familiales unifiées pour enfants versées par le gouvernement du Québec sont non imposables et elles peuvent également être utilisées pour acquérir des placements au nom de l'enfant et générer un revenu qui n'est pas attribué au parent mais à l'enfant.

12.2.3 Le transfert de biens en immobilisation

Le revenu découlant d'un transfert de biens à un enfant vous est attribué, mais le gain en capital réalisé ne l'est pas. Cette situation offre de nombreuses possibilités de transferts de biens, plus particulièrement en ce qui a trait aux biens qui ne sont pas admissibles à l'exemption de 500 000 $ pour gains en capital. Notons par exemple les actions de sociétés publiques ou privées, les parts détenues dans des fonds de placements qui rapportent des revenus sous la forme de gains en capital, etc. Assurez-vous toutefois de respecter les règles d'attribution (voir le chapitre 11).

12.2.4 L'exception : les transferts de biens agricoles à un enfant

Le transfert d'un bien agricole effectué au cours de votre vie à un enfant, petit-enfant ou arrière-petit-enfant peut être effectué à n'importe quelle valeur se situant entre le prix de base rajusté du bien agricole (coût du bien plus les frais) et sa juste valeur marchande (JVM). L'enfant aura un coût fiscal équivalant à la valeur convenue lors du transfert, et tous les gains en capital résultant de toute aliénation du bien lui seront imposables.

ATTENTION ! Si l'enfant aliène le bien agricole, y compris les éléments d'actif, avant d'atteindre ses 18 ans et que le bien lui avait été transféré à un coût moindre que la JVM, tout gain en capital vous sera attribué.

Un bien agricole se définit avant tout comme un bien dont la plupart des éléments d'actif sont utilisés à des fins agricoles. Le bien doit être utilisé dans une entreprise agricole par la personne qui le cède ou par sa famille, et ce, immédiatement avant le transfert ; de plus, l'enfant doit être résident canadien. Ces transferts avec report d'impôts peuvent aussi avoir lieu à l'égard d'une participation dans des sociétés de personnes agricoles admissibles ou d'actions de sociétés agricoles.

Une exemption totale de 500 000 $ concernant les gains en capital s'applique aux aliénations de biens agricoles admissibles (voir le chapitre 8). Si vous avez déjà utilisé votre exemption cumulative de 100 000 $ qui était possible sur d'autres biens jusqu'en 1994, l'exemption à l'égard des biens agricoles admissibles est de 400 000 $.

À moins de prévoir épuiser autrement votre exemption, vos enfants seront plus avantagés (c'est-à-dire qu'ils réaliseront éventuellement un gain moins important) si vous transférez le bien agricole à une valeur supérieure au prix coûtant et que vous réalisez vous-même la totalité ou une partie du gain obtenu, lequel est alors exempté d'impôt en vertu de votre exemption de 500 000 $.

12.2.5 La planification successorale pour vos petits-enfants
La planification successorale étant un processus continu, vous devriez réviser votre testament de façon régulière et l'adapter à votre situation courante.

Si vous avez des enfants adultes et des petits-enfants mineurs, il vous est possible de léguer des fonds par testament à une fiducie en faveur de vos petits-enfants plutôt qu'à vos enfants. Lors de votre décès, les fonds seront dévolus à la fiducie en faveur de vos petits-enfants mineurs et vos enfants en seront les fiduciaires. Les fonds ne seront pas attribués, puisque les règles d'attribution cessent de s'appliquer lors du décès de l'auteur du transfert. Vos petits-enfants réaliseront alors des revenus sur les fonds légués qui seront soumis à un taux d'imposition nettement moindre que si leurs parents (vos enfants) en avaient hérité. À titre de fiduciaires, les parents peuvent faire en sorte que les fonds et le revenu de la fiducie servent à l'instruction de vos petits-enfants.

12.3 LES CRÉDITS ET LES DÉDUCTIONS SI VOS ENFANTS ÉTUDIENT AU NIVEAU POSTSECONDAIRE OU ONT PLUS DE 18 ANS

12.3.1 *Les frais de scolarité*

Le crédit d'impôt fédéral de 2001 pour frais de scolarité correspond à 16 % des frais de scolarité admissibles payés dans l'année à un établissement d'enseignement admissible pour des cours de niveau scolaire postsecondaire ou à un établissement certifié par le ministre du Développement des ressources humaines (pour des cours visant à offrir une formation professionnelle à un élève âgé d'au moins 16 ans à la fin de l'année), pourvu que le total des frais versés dans l'année à cet établissement dépasse 100 $. Des règles spéciales permettent d'appliquer le crédit d'impôt à des frais de scolarité admissibles versés par un étudiant fréquentant à plein temps une université située à l'extérieur du Canada, ainsi qu'aux frais supérieurs à 100 $ versés par un résident canadien qui suit des cours offerts dans un établissement d'enseignement postsecondaire situé aux États-Unis.

Les frais suivants sont admissibles au crédit d'impôt pour frais de scolarité :

• frais d'admission, d'examens, de demandes et frais de cours ;

• frais liés à l'utilisation de la bibliothèque ou des laboratoires ;

• frais liés à l'obtention d'un certificat, d'un diplôme ou d'un grade universitaire ;

• frais obligatoires liés à l'utilisation des ordinateurs ;

• coûts des livres inclus dans le total des frais pour un cours par correspondance ;

• frais supplémentaires, tels que les frais liés aux installations de sport et aux services de santé, sous réserve que tous les étudiants doivent payer pour ces services.

Les frais liés aux associations étudiantes à des fins non éducatives ne sont pas inclus dans les frais admissibles.

Le crédit pour frais de scolarité d'une année donnée est calculé en tenant compte uniquement des frais de scolarité payés à l'égard de cette année. Lorsque les frais de scolarité payés au cours d'une année donnée visent une session scolaire qui se prolonge au-delà de cette année, ils sont admissibles pour déterminer le crédit d'impôt pour l'année à laquelle ils se rapportent. Ainsi, dans le cas où les frais de scolarité couvrent la session qui commence en septembre d'une année et se termine en avril de l'année suivante, le crédit calculé pour chacune de ces années équivaut à la demie du total des frais de scolarité multipliée par 16 %. Si les frais de scolarité sont payés par une tierce partie, l'étudiant ne pourra réclamer le crédit que s'il inclut le montant dans son revenu.

12.3.2 Les études

En 2001, le crédit d'impôt fédéral pour études correspond à 64 $ (400 $ x 16 %) pour chaque mois de l'année pendant lequel l'étudiant suit à plein temps un programme admissible offert par un établissement d'enseignement désigné. Les programmes admissibles incluent les programmes réguliers de collèges et d'universités de même que les cours certifiés de formation professionnelle. La fréquentation à plein temps exige qu'un étudiant suive des cours *postsecondaires* et que sa charge de cours comporte au moins 60 % de la charge de cours habituelle du programme. Le cours doit être d'une durée minimum de trois semaines consécutives et doit comporter un minimum de 10 heures d'enseignement théorique ou de travaux reliés au programme chaque semaine, durant tout le cours, excluant les heures d'étude.

Un étudiant qui ne peut s'inscrire à plein temps à un programme de formation admissible à cause d'une déficience mentale ou physique peut réclamer le crédit de 64 $ s'il est admissible au crédit d'impôt pour déficience mentale ou physique.

Les étudiants à temps partiel peuvent également réclamer un crédit pour études de 19,20 $ (120 $ x 16 %) pour chaque mois entier ou partiel pendant lequel ils sont inscrits à un programme de formation admissible dans un établissement d'enseignement agréé. Le programme de formation admissible doit se poursuivre pendant un minimum de trois semaines consécutives et doit comporter un minimum de 12 heures d'enseignement théorique chaque mois.

L'étudiant qui reçoit une allocation ou un remboursement pour ses frais de cours, ou un salaire pendant qu'il suit un cours ne peut réclamer le crédit.

Les étudiants qui ne peuvent utiliser la totalité du crédit pour frais de scolarité ou du crédit pour études pour diminuer leur revenu imposable peuvent reporter l'utilisation de ces crédits à des années subséquentes.

L'étudiant peut aussi transférer toute fraction inutilisée (jusqu'à concurrence de 800 $, soit 16 % de 5 000 $) du crédit d'impôt pour frais de scolarité et du crédit d'impôt pour études à son conjoint. Si le conjoint n'a pas déclaré l'étudiant à titre de personne à charge et n'a pas demandé les crédits d'impôt inutilisés de l'étudiant, lesquels auraient pu lui être transférés, un des parents ou des grands-parents ayant l'étudiant à sa charge peut demander les crédits d'impôt pour études et pour frais de scolarité que l'étudiant n'a pas utilisés (jusqu'à concurrence de 800 $). Le parent ou le grand-parent en question n'a pas à produire le formulaire prescrit, émis par l'établissement d'enseignement désigné. Ce formulaire doit toutefois être rempli et signé par l'étudiant et être conservé par le parent ou le grand-parent.

Aux fins de l'impôt du Québec, les frais de scolarité ne peuvent être transférés.

12.3.3 *Crédit pour intérêts sur prêts étudiants*
Puisqu'il est de plus en plus fréquent de voir des étudiants terminer leurs études postsecondaires avec des dettes importantes provenant de prêts aux étudiants, le gouvernement fédéral accorde un crédit d'impôt pour les intérêts de ces prêts, pendant leur remboursement. Le crédit accordé aux étudiants admissibles correspond à 16 % de l'intérêt sur les prêts. Les prêts admissibles comprennent les prêts émis en vertu de la Loi canadienne sur les prêts aux étudiants ou d'une loi provinciale équivalente. Notez que l'intérêt de prêts aux étudiants obtenus de sources autres que le programme gouvernemental de prêts aux étudiants, comme les prêts obtenus des principales grandes banques, ne sera généralement pas admissible à ce crédit d'impôt.

Le crédit d'impôt peut être demandé au cours de l'année où il est gagné ou dans les cinq années qui suivent : il n'est pas transférable.

12.4 LES POSSIBILITÉS DE PLANIFICATION
12.4.1 *Le maintien du statut de personne à charge*
Si votre enfant détient des droits de cotisation à un REER à la suite de la réalisation d'un revenu gagné admissible, vous pouvez verser des cotisations à un REER en son nom. De cette façon, vous réduirez le revenu de l'enfant et pourrez utiliser une partie de ses crédits d'impôt relatifs aux frais de scolarité et aux études, le cas échéant.

12.4.2 *Le retrait du REER à des fins d'éducation permanente*
Une personne peut retirer des fonds de son REER pour payer les coûts de formation ou d'études à plein temps dans un établissement postsecondaire admissible. Il est possible de retirer jusqu'à 10 000 $ par année, jusqu'à concurrence de 20 000 $ pour une période de 4 ans. Le

montant retiré doit être remboursé à la fin des études, en versements minimums égaux échelonnés sur 10 ans commençant au plus tard 60 jours après la cinquième année suivant celle du premier retrait. Tout montant qui n'est pas remboursé dans une année donnée doit être inclus dans le revenu imposable.

ATTENTION !

Bien que ce programme puisse vous être utile en cas de manque de liquidités, il comporte deux inconvénients majeurs. Premièrement, si vous ne menez pas vos études à terme, les montants retirés peuvent être entièrement imposables pour vous. Deuxièmement, vous ne pouvez verser des intérêts dans votre REER avec les remboursements de capital. Puisque les fonds ne s'accumuleront pas à l'abri de l'impôt dans votre REER avant d'être remboursés, le manque de gains dans votre REER sur une période de dix ans pourrait réduire considérablement la valeur de votre épargne-retraite. À la lumière de ces considérations, vous devriez opter pour d'autres sources de financement disponibles avant d'avoir recours à cette méthode.**

12.4.3 Le régime enregistré d'épargne-études (REEE)

Les parents qui versent des cotisations à ce régime n'ont pas droit à un crédit d'impôt à l'égard des cotisations versées. Cependant, l'avantage fiscal lié à ce régime est que les cotisations sont libres d'impôt jusqu'à ce que l'enfant touche les économies s'y trouvant ou jusqu'à son échéance. Lorsque l'enfant touchera le revenu, ce dernier ne vous sera pas attribué ; il sera imposé à l'enfant. Cette mesure constitue donc une autre possibilité de fractionner votre revenu.

Le plafond annuel des cotisations s'élève à 4 000 $ par enfant pour un maximum cumulatif de 42 000 $ par enfant.

COMMENT RÉDUIRE VOS IMPÔTS

Si l'enfant ne poursuit pas d'études supérieures, une somme maximale de 50 000 $ du revenu total du REEE (autre que le capital) peut être transférée libre d'impôt à votre propre REER. Tout excédent retiré du REEE est assujetti à un taux d'imposition de 20 % (12 % pour un résident du Québec plus 8 % aux fins de l'impôt du Québec), en plus des impôts habituels exigibles. Pour profiter de cette mesure, vous devez satisfaire à trois critères :

• Vous devez disposer de suffisamment de droits de cotisation à votre REER.

• Le REEE doit exister depuis au moins 10 ans.

• L'enfant doit avoir au moins 21 ans.

Les REEE peuvent également servir à financer les cours d'enseignement à distance, pourvu qu'ils correspondent à une charge de cours à temps plein.

Depuis le 1er janvier 1998, le gouvernement fédéral verse dans chaque REEE une subvention annuelle égale à 20 % de la première tranche de 2 000 $ des cotisations. Le montant maximal de la subvention pouvant être versé à une personne née après 1997 est donc de 7 200 $ (20 % x 2 000 $ x 18 ans).

12.5 LES CRÉDITS ET LES DÉDUCTIONS SI VOS ENFANTS ONT DES BESOINS PARTICULIERS

12.5.1 *La personne à charge atteinte d'une déficience physique ou mentale*

Si vous subvenez aux besoins d'une personne souffrant d'une déficience mentale ou physique et que cette personne a 18 ans révolus, vous pouvez demander un crédit d'impôt pour personne à charge de 560 $ (3 500 $ x 16 %) pour l'année d'imposition 2001. Toutefois, le revenu de cette personne ne doit pas dépasser 4 966 $, sinon le crédit sera réduit. Aucun crédit ne pourra être demandé si le revenu de la personne à charge s'élève à 8 466 $ ou plus. De plus, l'ADRC exige qu'un professionnel, admissible, atteste la présence d'une déficience chez la personne à qui serait accordé le crédit. Ce crédit est indexé annuellement.

Si un particulier demande un crédit d'impôt pour une personne à charge en vertu du crédit d'équivalent de conjoint décrit précédemment, il ne peut demander pour cette même personne un crédit d'impôt pour personne à charge atteinte d'une déficience mentale ou physique.

Lorsque plus d'un particulier est en droit de demander un crédit d'impôt pour personne à charge relativement à une même personne, le total demandé par ces particuliers ne doit pas dépasser le maximum permis si un seul particulier en faisait la demande. L'ADRC peut répartir le crédit d'impôt entre les particuliers qui subviennent aux besoins de la personne s'ils ne parviennent pas à s'entendre sur une répartition.

12.5.2 *La déficience grave et prolongée : crédit de base et crédit additionnel*

Les personnes ayant une déficience mentale ou physique grave et prolongée, qui ont obtenu une attestation d'un professionnel admissible, peuvent demander un crédit d'impôt fédéral de 960 $ (6 000 $ x 16 %) en 2001 (indexé annuellement). Dans le cas d'un enfant agé de moins de 18 ans à la fin de l'année, un crédit additionnel de 560 $ (3 500 $ x 16 %) est également accordé : ce crédit est cependant réduit de la partie des frais de garde d'enfants et des frais de préposé aux soins réclamés qui excèdent 2 050 $. Toute fraction inutilisée des crédits peut, à certaines conditions, être transférée au conjoint du particulier ou à une autre personne dont il était à charge.

Ces deux crédits s'appliquent également aux personnes qui doivent suivre une thérapie au moins trois fois par semaine pendant une durée totale d'au moins 14 heures par semaine en moyenne pour maintenir leurs fonctions vitales.

Chapitre 13

SI VOUS AVEZ UN REER

Un régime enregistré d'épargne-retraite (REER) est un mode de placement dans lequel vous investissez une partie de votre revenu avant impôts tiré d'un emploi ou d'un travail indépendant, sous réserve de certaines limites. Aucun impôt n'est exigible sur le revenu gagné dans un REER. Les sommes cumulées dans votre régime vous seront par la suite remises sous forme de revenu de retraite et seront imposables à ce moment.

À titre de placement en vue de la retraite, les REER représentent le choix tout désigné pour la majorité des contribuables. Le REER peut également servir à épargner en vue de l'acquisition d'une résidence ou pour vous procurer les fonds nécessaires lors d'une année sabbatique. Toutefois, les fonds d'un REER ne devraient servir à ces fins qu'en dernier recours, puisqu'on va à l'encontre de la principale raison d'être du REER, c'est-à-dire la création d'un revenu de retraite suffisant.

13.1 COMMENT TIRER PARTI DE VOTRE REER

Les cotisations que vous versez à votre REER vous permettent de demander une déduction dans le cadre de votre déclaration de revenus ; vous épargnez ainsi l'impôt qui aurait autrement été exigible sur le montant de la cotisation. Vous disposez donc de plus d'argent pour investir dans le REER que vous en auriez eu si vous aviez payé l'impôt et aviez investi, ailleurs que dans un REER, les dollars après impôts. Si vous payez immédiatement l'impôt, ce montant ne pourra plus être recouvré. Si vous versez une cotisation à votre REER, vous pouvez utiliser cet argent à titre de placement et, selon votre âge, il pourrait s'agir d'un programme de placement à très long terme. Les cotisations à votre REER vous permettent donc de payer moins d'impôts tout en épargnant en vue d'une retraite sans soucis financiers.

Plus la durée de votre placement dans le REER est longue, plus ce placement est avantageux par rapport à d'autres modes de placement. C'est pourquoi il est avantageux de commencer à verser des cotisations au REER le plus tôt possible en début de carrière.

 **Stratégie** de planification

Vous avez intérêt à commencer tôt à verser des cotisations à votre REER, ainsi qu'à verser le montant maximal permis, et à le faire dès le début de l'année, car vous augmentez ainsi le capital disponible dans votre REER pour financer votre revenu de retraite.

Si vous négligez de contribuer à votre REER ou de maximiser vos cotisations le plus tôt possible, vous disposerez d'un revenu de retraite moins important pour subvenir à vos besoins.

En outre, plus le taux de rendement est élevé, plus il est avantageux d'investir dans un REER, car la cotisation que vous versez dans votre REER vous donne un montant à investir plus considérable que celui que vous auriez obtenu si vous aviez payé l'impôt puis aviez investi seulement les dollars après impôts.

13.2 LES RÈGLES DE COTISATION ET LE MÉCANISME DU REER

Vous pouvez verser des cotisations à votre REER chaque année. Ces cotisations sont déductibles de votre revenu imposable, sous réserve de limites bien définies, au cours de l'année où elles sont versées ou d'une année subséquente.

 **Stratégie** de planification

Les cotisations versées dans les 60 premiers jours de l'année peuvent être déduites de votre revenu de l'année en question ou de l'année précédente. Si les cotisations versées sont inférieures aux plafonds autorisés, la déduction inutilisée d'une année donnée peut être reportée aux années subséquentes.

Tout revenu ou gain en capital réalisé dans le REER n'est pas immédiatement assujetti à l'impôt, dans la mesure où le participant se conforme à certaines exigences. Les gains en capital et les dividendes perdent leurs caractéristiques fiscales lorsqu'ils sont réalisés dans un REER et ils sont pleinement imposés au moment du retrait.

Stratégie de planification

Même si vous devez peser le pour et le contre de ces caractéristiques fiscales et de la valeur du report d'impôts à long terme dans votre REER, il est souhaitable de réaliser les gains en capital et les dividendes à l'extérieur du REER.

Vous pourrez alors utiliser le crédit d'impôt pour dividendes, le taux d'inclusion réduit des gains en capital, ou l'exonération cumulative des gains en capital de 500 000 $. Si ces crédits ne sont pas disponibles ou ont peu de valeur pour vous compte tenu de vos revenus de dividendes ou de gains en capital, le REER demeure un mécanisme de report d'impôts efficace (se reporter à la section 13.3.1 ci-après).

13.2.1 Qui peut verser des cotisations à un REER?

Tout particulier qui dispose d'un revenu gagné, selon la description qui figure ci-après à la rubrique « Le revenu gagné », peut verser des cotisations à un REER. Par contre, comme vous devez toucher un revenu de retraite de votre REER au plus tard le 31 décembre de l'année de votre 69e anniversaire, vous ne pouvez plus y verser de cotisations après ce moment. Si vous avez 69 ans ou plus, vous pouvez cependant cotiser au REER de votre conjoint, si celui-ci a moins de 69 ans. Si vous n'avez pas atteint l'âge de 69 ans, mais que vous touchez un revenu de retraite d'un REER, vous pouvez continuer à verser des cotisations à votre propre REER si vous avez encore un « revenu gagné ».

Les enfants de moins de 18 ans peuvent verser des cotisations à un REER, dans la mesure où ils disposent d'un « revenu gagné » et se conforment aux règles qui gouvernent les REER. En revanche, vous pourriez éprouver certaines difficultés à trouver un émetteur acceptant d'établir un REER au nom d'un mineur. Certains contribuables à revenu très élevé versent des cotisations (pour lesquelles ils ne reçoivent aucune déduction) au REER de leur enfant dans le but de fractionner leur revenu avec l'enfant et de réduire le fardeau fiscal global de la famille. Selon la durée du placement des fonds dans le REER et le taux d'imposition de l'enfant au moment du retrait, l'avantage du report d'impôts peut suffire à compenser le coût fiscal résultant de l'imposition des sommes lors du retrait, même si celles-ci n'avaient procuré aucune déduction au moment du versement des cotisations. Toutefois, des pénalités fiscales s'appliquent, sauf si l'enfant a un solde de déductions inutilisées au titre d'un REER. De plus, il n'y a pas de réduction des pénalités pour tenir compte du plafond de 2 000 $ pour « cotisations excédentaires », sauf si le titulaire du REER a atteint l'âge de 18 ans au cours d'une année antérieure.

13.2.2 *Les plafonds de cotisation*
Les particuliers qui ne participent pas à un RPA ou à un RPDB. Le plafond de cotisation à un REER pour les particuliers qui ne participent pas à un régime de pension agréé (RPA) ni à un régime de participation différé aux bénéfices (RPDB) est fixé à 18 % du revenu gagné de l'année précédente, sous réserve d'un plafond absolu. Jusqu'en 2004 inclusivement, ce plafond de cotisation est de 13 500 $.

Par exemple, la cotisation maximale à un REER pour 2002 correspond à 18 % du revenu gagné en 2001, jusqu'à concurrence de 13 500 $. Autrement dit, pour verser 13 500 $ à votre REER pour 2002, il vous faut un revenu gagné d'au moins 75 000 $ en 2001.

Les participants à un RPDB ou à un RPA à cotisations déterminées. Dans un RPDB ou un RPA à cotisations déterminées, les cotisations et les gains accumulés sont utilisés au moment de la retraite en vue d'obtenir le meilleur revenu de pension possible. Pour les particuliers qui y participent, le plafond de cotisation à un REER s'établit à 18 % du revenu gagné de l'année précédente jusqu'à concurrence du plafond absolu de l'année, comme on le précise ci-dessus, moins un montant appelé « facteur d'équivalence » (FE). Dans ce cas, le FE représente simplement le total de toutes les cotisations de l'employé et de l'employeur versées ou réallouées au cours de l'année civile précédente à tous les RPDB et RPA à cotisations déterminées.

Supposons qu'en 2001 votre employeur verse 1 800 $ à votre RPA à cotisations déterminées et que vous y cotisiez 1 600 $. Si votre revenu gagné en 2001 se chiffre à 50 000 $, le plafond de votre cotisation à un REER pour 2002 s'établit à 9 000 $ (soit le moins élevé de 13 500 $ ou de 18 % de 50 000 $). De cette somme vous devez déduire le FE de l'année précédente (2001), soit 3 400 $ (cotisations de 1 800 $ et 1 600 $ au RPA). Ainsi, vous aurez le droit de contribuer 5 600 $ (9 000 $ - 3 400 $) à votre REER en 2002. Si vous retirez des sommes de votre RPDB ou de votre RPA avant que les droits vous soient acquis, vous pouvez être admissible à un facteur d'équivalence rectifié (FER) : ce FER augmentera alors votre plafond de cotisation.

Les participants à un RPA à prestations déterminées. Les particuliers qui participent à un RPA sont assurés d'un revenu de retraite fixe. Leur plafond de cotisation à un REER équivaut à 18 % du revenu gagné de l'année précédente jusqu'à concurrence du plafond absolu pour l'année en cours, comme il est exposé ci-dessus. La limite des contributions est cependant réduite par un facteur d'équivalence (FE) qui tient compte de la valeur des droits à la pension en vertu du RPA à l'égard de l'année précédente et moins tout facteur d'équivalence pour services passés (un montant qui tient compte des enrichissements rétroactifs au régime) déclaré pendant l'année, augmenté de tout facteur d'équivalence rectifié (FER) déclaré pendant l'année. Le FER est déclaré lorsque le particulier cesse de participer à un régime enregistré et que le montant versé par le régime (autre qu'un revenu de retraite ou une rente différée) est inférieur au facteur d'équivalence déclaré pendant que le contribuable participait au régime. Le FER est utilisé le plus souvent lorsqu'un contribuable laisse un RPA à prestations déterminées, mais peut aussi être utilisé lorsqu'un particulier cesse de participer à un RPDB ou à un RPA à cotisations déterminées. Si le particulier participe aussi à un RPDB ou à un RPA à cotisations déterminées, le FE tiendra également compte du montant de toute cotisation ou de tout abandon en vertu de ces régimes.

ATTENTION !  Votre revenu de retraite provenant de votre RPA à prestations déterminées peut avoir été calculé en tenant compte des prestations versées en vertu du RRQ (ou RPC). Si vous prenez votre retraite avant 65 ans, votre revenu de retraite pourrait être réduit à compter de 65 ans alors que vous recevrez diverses prestations gouvernementales.

13.2.3 Le facteur d'équivalence

Le FE a pour objectif d'assurer que les participants à des régimes de pension (ou RPDB) ayant droit à des prestations différentes aient le même accès à l'aide fiscale pour constituer un revenu de retraite, dans la mesure où ils ont un revenu comparable. Le FE d'une année civile sert à calculer le plafond de cotisation déductible au titre d'un REER pour l'année suivante.

Par exemple, la participation à un régime de retraite qui rapporte de généreuses prestations aura comme conséquence un facteur d'équivalence relativement élevé. Or, un FE élevé diminue le montant qu'un particulier peut verser à son REER. Bien des participants à un régime non contributif à prestations déterminées ont remarqué qu'ils ne pouvaient pas verser de cotisations à un REER. Ainsi, des régimes moins généreux donneront lieu à un FE moins élevé et permettront de verser davantage de cotisations au REER.

Les employeurs doivent calculer le FE de chaque employé et les déclarer au moment de produire les feuillets T4, au plus tard le dernier jour de février, ce qui permet aux employés de connaître leur cotisation maximale déductible à un REER pour l'année suivante en prenant également en considération leur facteur d'équivalence pour services passés et leur facteur d'équivalence rectifié. L'Agence des douanes et du revenu du Canada (ADRC) avise également les contribuables de leur cotisation maximale déductible au titre d'un REER mais beaucoup plus tard dans l'année : ce montant apparaît sur l'avis de cotisation émis par l'ADRC pour l'année précédente.

13.2.4 *Le revenu gagné*
Votre cotisation maximale déductible au titre d'un REER est fondée sur un pourcentage de votre revenu gagné alors que vous êtes résident canadien.

Le revenu gagné englobe les éléments suivants :

• les traitements ou salaires nets des montants déductibles à l'égard d'un tel revenu (autres que les cotisations à un RPA, les cotisations à une convention de retraite et les déductions au titre de la résidence d'un membre du clergé) ;

• les rentes d'invalidité versées en vertu du Régime de pensions du Canada ou du Régime des rentes du Québec, à condition que vous ayez été résident canadien lorsque vous avez reçu ces versements ;

• les redevances sur un ouvrage ou une invention dont vous êtes l'auteur ;

- le revenu provenant d'une entreprise que vous exploitez activement, seul ou comme associé ;

- le revenu de location net, actif ou passif, provenant de biens immeubles ;

- les sommes reçues d'un régime de prestations supplémentaires de chômage ;

- les pensions alimentaires ou autres allocations incluses dans le revenu imposable (y compris celles qui sont reçues d'un conjoint de fait) ainsi que les remboursements que vous avez reçus au titre de versements de pension alimentaire ou autres allocations que vous avez effectuées ;

- les subventions de recherche nettes.

On soustrait du revenu gagné les éléments suivants :

- les pertes provenant d'une entreprise que vous exploitez activement, seul ou comme associé ;

- les pertes nettes provenant de la location de biens immeubles ;

- les paiements déductibles au titre de pension alimentaire et autres allocations, ainsi que les remboursements que vous avez effectués au titre de pension alimentaire ou autres allocations que vous avez reçues ;

- certains montants en immobilisation admissibles cumulatifs et négatifs qui ont été inclus dans le revenu d'entreprise.

13.2.5 *La règle du report de déductions inutilisées*

Si un particulier verse dans un REER un montant inférieur au montant maximal auquel il a droit pour une année donnée, la déduction inutilisée peut être reportée. Cela signifie que vous pouvez verser des cotisations qui excèdent les maximums permis pour les années ultérieures. Par exemple, si votre revenu gagné augmente considérablement pour une année, il pourrait être avantageux de réclamer une déduction pour une cotisation plus importante au REER pour cette année en particulier.

ATTENTION ! **Si vous attendez trop pour combler les déductions inutilisées, cela pourrait se traduire par une charge fiscale et, dans de nombreux cas, donner lieu à une accumulation de fonds moins importante dans votre REER au moment de la retraite.**

De plus, il semble peu avantageux de reporter votre cotisation à une année où votre taux d'imposition risque d'être plus élevé. L'économie fiscale alors réalisée sera vraisemblablement neutralisée par le coût résultant de la renonciation à l'avantage fiscal tiré de cotisations versées plus tôt.

13.2.6 Les retraits d'un REER

Le but principal des REER est d'accumuler des fonds en vue de la retraite. La loi n'empêche cependant pas le retrait, à tout moment, des capitaux investis dans un REER. La somme retirée d'un REER est toutefois incluse dans le revenu imposable. Lorsque le retrait porte sur l'excédent non déductible d'une cotisation à un REER, une déduction compensatoire peut être offerte. Il est aussi possible de retirer d'un REER une somme en franchise d'impôt dans le cadre du Régime d'accession à la propriété (voir section 10.2.1), ainsi qu'aux fins d'éducation permanente (voir section 12.4.2).

Avant de retirer des fonds de votre REER, il faut tenir compte de l'avantage pécuniaire immédiat en comparaison des incidences à long terme sur votre épargne-retraite. Demandez-vous si vous pourrez rembourser les fonds retirés tout en continuant à cotiser à votre régime.

Vous pouvez effectuer des retraits partiels de votre REER. L'émetteur du REER exige généralement que vous l'avisiez de votre intention de retirer une partie ou la totalité des fonds du régime ; certains régimes exigent un préavis de un mois ou deux. Un REER antérieur à 1986 devra toutefois être modifié par l'émetteur pour que le titulaire ait droit à un retrait partiel.

L'émetteur du REER est tenu de retenir l'impôt (taux combinés fédéral et provincial) sur toute somme qui vous est versée à même un REER.

Stratégie de planification

Si vous comptez retirer des fonds relativement importants d'un REER ou d'un FERR, prévoyez plutôt plusieurs retraits distincts afin de réduire le taux de retenue à la source et répartissez vos retraits sur plusieurs années afin d'éviter qu'une partie des fonds soit imposée à un taux d'impôt plus élevé.

13.2.7 Le REER du conjoint

Les cotisations au REER du conjoint représentent un excellent moyen de fractionnement du revenu au moment de la retraite.

Vous pouvez verser la totalité ou une partie de vos cotisations à un REER dont votre conjoint est le rentier, même si celui-ci verse des cotisations à son propre REER. Vous devez verser la cotisation directement au fiduciaire du régime et obtenir un reçu prouvant que vous avez effectué les versements.

Par exemple, si vous estimez que votre conjoint n'aura que peu de revenus à la retraite autres que les rentes de l'État, il est souhaitable de cotiser à son REER. En effet, son taux marginal d'impôt pourrait n'être que de 25 % au moment de la retraite, tandis que le vôtre serait de 45 %. Si c'est le cas, vous et votre conjoint disposerez de 0,20 $ de plus sur chaque dollar de revenu de retraite provenant du REER de votre conjoint. De plus, votre conjoint disposera d'un revenu admissible au crédit d'impôt pour revenu de pension dès l'âge de 65 ans.

 **ATTENTION !** **Votre cotisation au REER du conjoint réduit la valeur de la cotisation admissible à votre propre REER.**

Autrement dit, les cotisations totales versées aux deux régimes ne peuvent dépasser votre déduction maximale admissible. Les transferts de fonds de vos REER et RPA à un REER du conjoint sont interdits, sauf en cas de décès ou d'échec du mariage ou de l'union conjugale.

Si vous avez 69 ans ou plus et que vous disposez d'un solde de déductions inutilisées, vous pouvez toujours cotiser au REER de votre conjoint si celui-ci a moins de 69 ans.

En cas de décès, le représentant légal de la succession est autorisé à verser, dans les 60 jours qui suivent la fin de l'année où le contribuable est décédé, une cotisation au REER du conjoint lorsque ce dernier n'a pas atteint 69 ans. Cette disposition permet de déduire la somme en cause dans la déclaration fiscale du défunt.

Le retrait d'un REER du conjoint. Une règle spéciale empêche l'utilisation du REER du conjoint pour fractionner le revenu et réduire l'impôt à payer. Un montant reçu par votre conjoint peut ainsi être inclus dans votre revenu. C'est le cas lorsque votre conjoint reçoit des fonds d'un REER, d'un FERR ou d'une rente auquel vous avez cotisé. Cette règle, plutôt complexe, tient compte du montant reçu par votre conjoint durant l'année et de l'ensemble des cotisations que vous avez versées au régime de votre conjoint au cours de cette même année et des deux années précédentes.

Par exemple, présumons que les montants suivants ont été versés au REER de votre conjoint :

Année	Montants versés	
	par vous	par votre conjoint
1	2 000 $	-
2	-	4 000 $
3	1 000 $	-

Si votre conjoint retire 4 000 $ du REER à la fin de la troisième année, un montant de 3 000 $ est inclus dans votre revenu et un montant de 1 000 $, dans celui de votre conjoint. Si votre conjoint avait versé 4 000 $ à un régime distinct au cours de la deuxième année et s'il avait retiré ce même montant au cours de la troisième année, la totalité du montant aurait été incluse dans son revenu en supposant que vous n'ayez pas versé de cotisation à ce régime.

Cette mesure s'applique, peu importe le nombre de REER détenus par votre conjoint, même si les fonds ont été transférés d'un REER « du conjoint » à un autre REER dans lequel vous n'avez versé aucune cotisation directe. Si votre conjoint reçoit des fonds d'un REER dans lequel lui seul a versé des cotisations, vous n'avez pas à inclure les montants en question dans votre revenu, même si vous avez versé des cotisations à d'autres régimes en faveur de votre conjoint au cours de l'année ou des deux années précédentes.

Cependant, la règle ne s'applique pas lors de votre décès ni si vous êtes divorcé ou séparé et que vous ne cohabitez pas avec votre conjoint.

13.2.8 Les REER immobilisés

Lorsqu'il quitte son emploi, un employé a normalement trois possibilités à l'égard des fonds de retraite acquis dans le régime de son employeur : laisser ces fonds dans ce régime, les transférer au régime de pension agréé de son nouvel employeur (si celui-ci est d'accord) ou les transférer à un REER immobilisé. Le REER immobilisé (compte de retraite immobilisé au Québec) est plus contraignant qu'un REER ordinaire puisque aucun retrait n'est permis avant la retraite. Au moment de votre retraite, les fonds cumulés dans ce REER servent habituellement à l'acquisition d'une rente (ou d'un « fonds de revenu viager » au Québec). Certaines lois provinciales prescrivent le même traitement lors du transfert de fonds d'un RPA à un REER.

13.2.9 Les genres de cotisations

Les cotisations à votre REER peuvent être effectuées sous forme d'espèces ou de biens, selon votre type de REER. Les REER gérés par les institutions financières permettent généralement d'effectuer uniquement des cotisations en argent, tandis que les REER autogérés permettent plusieurs formes de cotisations. Lors du transfert d'un bien au REER, on considérera que vous avez vendu ce bien à la juste valeur marchande et effectué une cotisation équivalente. Le gain qui peut en résulter doit être inclus dans votre revenu imposable.

ATTENTION !

**Toute perte en capital vous est
cependant refusée et ne peut servir à
compenser un gain en capital. Il n'est
donc pas conseillé de transférer à
votre REER un bien dont la valeur a
diminué.**

Si le bien transféré à titre de cotisation constitue un placement
non admissible (décrit plus loin dans ce chapitre), sa juste valeur
marchande doit être incluse dans votre revenu de l'année de la
cotisation.

13.2.10 *Devez-vous emprunter pour contribuer à un REER?*

L'intérêt payé sur les capitaux empruntés pour verser une cotisation
à un REER n'est pas déductible d'impôt. Malgré cela, dans certaines
circonstances précises, emprunter pour verser une cotisation pourrait s'avérer plus avantageux que de ne pas cotiser du tout. En
empruntant maintenant pour verser une cotisation plutôt que d'attendre plusieurs années pour vous prévaloir du report de déductions
inutilisées, vous pouvez commencer immédiatement à placer votre
revenu à l'abri du fisc. Si vous contractez un emprunt, assurez-vous
que les sommes contenues dans votre REER augmentent à un
rythme supérieur à celui des versements d'intérêts.

13.2.11 *Le REER et les transferts*

D'une manière générale, on permet le transfert direct en franchise
d'impôt de sommes forfaitaires d'un régime à un autre, sous réserve
d'un maximum prescrit. Par exemple, les sommes cumulées dans un
REER peuvent être transférées en franchise d'impôt à un autre REER,
à un FERR ou à un RPA. Elles doivent cependant être transférées
directement par l'émetteur du REER, et le transfert doit survenir avant

l'échéance du REER. Si vous recevez le montant directement, ce dernier sera inclus dans votre revenu imposable.

Stratégie de planification

Le roulement en franchise d'impôt d'une allocation de retraite dans un REER est encore autorisé, sous réserve de certains plafonds

Une allocation de retraite est une somme versée en reconnaissance des années de service antérieures pour la perte d'une charge ou d'un emploi, incluant la retraite. Pour les années de service avant 1996, le plafond s'établit à 2 000 $ par année de service. Cette somme peut être majorée de 1 500 $ par année de service accomplie avant 1989 et pendant laquelle aucune cotisation de l'employeur à un RPA ou à un RPDB n'est acquise à l'employé. Pour éviter que l'impôt soit retenu sur l'allocation de retraite, l'employeur peut effectuer le transfert directement dans le REER.

Stratégie de planification

Pourvu que les modalités de transfert générales soient respectées, une allocation de retraite peut s'avérer un mécanisme efficace pour un travailleur indépendant ou un propriétaire de petite entreprise afin d'augmenter ses avoirs dans son REER. L'important est de s'assurer que le montant reçu à titre d'allocation de retraite sera jugé raisonnable par l'ADRC. Si le paiement peut être défini comme étant un report de rétribution, le transfert libre d'impôt ne sera pas permis.

Les paiements de rentes et de FERR peuvent aussi être transférés dans un REER, un autre FERR ou une rente de type REER. Vous pouvez transférer directement dans un REER ou un autre FERR des paiements de rentes et des paiements d'un FERR qui dépassent le versement annuel minimal requis (voir ci-dessous). Vous pouvez également utiliser les fonds transférés pour acheter une rente de type REER. La rente achetée doit cependant prévoir des paiements égaux au moins une fois l'an à partir d'une date qui survient au plus tard un an après le transfert.

Vous pouvez aussi transférer à votre REER en franchise d'impôt un remboursement de primes (un terme défini dans le cas du REER) que vous avez obtenu du REER d'une personne décédée à titre de conjoint ou de personne à charge. Enfin, advenant l'échec d'un mariage ou d'une union conjugale, vous pouvez transférer à votre conjoint des sommes contenues dans un REER en franchise d'impôt.

13.2.12 *Les pénalités, les impôts spéciaux et le retrait d'enregistrement*

Les cotisations excédentaires. Lorsque les cotisations non déduites qui sont versées à un REER excèdent le seuil de 2 000 $ à la fin d'un mois, cet excédent est assujetti à un impôt spécial de 1 % par mois jusqu'au retrait de celui-ci. Des règles transitoires sont prévues pour les cotisations excédentaires qui étaient déjà versées le 26 février 1995 et qui n'excédaient pas le seuil de 8 000 $. Elles peuvent être laissées dans le REER sans être assujetties à l'impôt spécial de 1 % et être déduites, à titre de cotisations pour les années 1996 et suivantes, jusqu'à ce que l'excédent atteigne le seuil de 2 000 $. Une nouvelle cotisation ne peut être déduite tant que l'excédent n'a pas été ramené à 2 000 $.

Stratégie de planification

Profitez de la cotisation excédentaire permise de 2 000 $ jusqu'à l'année où vous atteindrez 69 ans afin d'augmenter votre fonds du REER.

Les investissements étrangers. Comme la valeur internationale oscillante du dollar canadien nous le rappelle de temps à autre, il existe des monnaies plus stables qui nous sont offertes sur les marchés internationaux. Pour cette raison, de la même façon que les placements étrangers procurent une certaine stabilité à vos placements non détenus dans des REER, vos placements REER en profiteront aussi.

Nouveau en 2001

Depuis le 1er janvier 2001, le pourcentage d'investissements étrangers permis dans le REER est de 30 %.

Si vous dépassez la limite permise, vous devez payer un impôt au taux de 1 % sur le montant excédentaire investi en titres étrangers pour chaque mois durant lequel l'excédent demeure dans votre REER.

Pour les années d'imposition postérieures à 1998, les unités de fiducies internationales désignées ne sont pas considérées comme des « biens étrangers » aux fins d'un REER. Depuis l'année 1998, il en va de même des parts des sociétés en commandite désignées. Pour être admissible, la société en commandite doit satisfaire à certaines conditions.

Stratégie de planification

Vous pouvez dépasser le seuil de 30 %, sous réserve de certaines limites, si vous investissez dans des petites entreprises admissibles ou si vous investissez dans certaines fiducies. Par exemple, tous les fonds réservés (segregated funds) offerts par les sociétés d'assurances canadiennes continueront d'être considérés comme un bien canadien jusqu'en 2002. Investir dans des fonds réservés qui ne contiennent que des placements étrangers vous permettra d'augmenter le contenu étranger de votre REER pour les deux prochaines années. De plus, vous pouvez maximiser votre contenu étranger en investissant dans des fonds de placement ayant eux-mêmes un contenu étranger élevé. Consultez votre fiscaliste.

Les placements non admissibles. Si votre REER acquiert un placement non admissible, la juste valeur marchande du placement au moment de l'acquisition doit être incluse dans votre revenu pour l'année en cause. Dans l'année où le REER se défait de ce placement, vous pouvez déduire de votre revenu le moindre du produit de la vente ou du coût initial.

ATTENTION ! **Le revenu gagné grâce au placement non admissible est assujetti à un impôt calculé au taux marginal maximal.**

Lorsque vous détenez dans votre REER un placement admissible qui cesse de l'être, le REER est assujetti à un impôt spécial correspondant à 1 % de la juste valeur marchande du placement au moment de l'acquisition, pour tous les mois durant lesquels le placement demeure non admissible ou jusqu'à ce que le placement ne fasse plus partie du

REER. Cette règle s'applique dans la mesure où la valeur du placement n'a pas été incluse dans votre revenu.

L'emprunt et l'exploitation d'une entreprise. Si votre REER emprunte de l'argent durant l'année, il est assujetti à l'impôt sur son revenu annuel total jusqu'au remboursement de l'emprunt. Le REER, à titre de fiducie, est assujetti à l'impôt au taux le plus élevé des particuliers dans votre province de résidence. De plus, si le REER exploite une entreprise pendant l'année, le revenu tiré de cette entreprise est assujetti à l'impôt selon les taux applicables aux fiducies.

Le REER en garantie d'un emprunt. Lorsqu'un bien détenu dans votre REER sert à garantir un emprunt, la juste valeur marchande du bien servant de garantie doit être ajoutée à votre revenu de l'année en cause. Lorsque le bien cesse de servir de garantie, une somme correspondant au montant ajouté à votre revenu, réduite de toute perte subie dans le cadre de l'emprunt, peut être déduite de votre revenu. Fait à noter, les modalités sont différentes pour le REER de type dépôt, puisque ce REER se désenregistre dès qu'une partie est cédée ou mise en garantie. Dans ce cas, la valeur intégrale de votre régime doit être incluse dans votre revenu imposable. Ce retrait d'enregistrement est irrévocable.

Le retrait d'enregistrement. Le retrait d'enregistrement d'un REER peut avoir lieu pour plusieurs motifs, auxquels cas la juste valeur marchande de tous ses éléments d'actif s'ajoute à votre revenu imposable pour l'année au cours de laquelle le régime est désenregistré. Dans la plupart des cas, les émetteurs structurent votre REER de manière à empêcher le retrait d'enregistrement. Autrement dit, le contrat ou l'entente que vous avez avec l'émetteur interdit les démarches susceptibles de provoquer cette situation.

Votre REER sera automatiquement désenregistré si vous ne prévoyez pas le versement d'un revenu de retraite au plus tard le 31 décembre de l'année de votre 69e anniversaire. La valeur intégrale s'ajoute à votre revenu de l'année où vous atteignez l'âge de 70 ans. Certains régimes prévoient un achat de rente automatique lorsque aucun autre mode de paiement d'un revenu de retraite n'a été convenu, mais il se pourrait qu'une rente ne corresponde pas à vos besoins de revenu de retraite.

13.3 LES PLACEMENTS DANS UN REER

13.3.1 *Les intérêts, les dividendes ou les gains en capital*

Si vous détenez tous vos placements dans un REER, votre stratégie de placement doit consister à maximiser votre rendement à long terme. Toutes les sommes reçues d'un REER sont imposées intégralement. En effet, les gains en capital et les dividendes gagnés dans un REER perdent leur identité et n'ont pas droit à un traitement fiscal préférentiel.

Si vous détenez des placements tant à l'intérieur qu'à l'extérieur de votre REER, les règles du jeu ne sont plus tout à fait les mêmes. Premièrement, vous devriez détenir vos placements productifs d'intérêt dans un REER, puisque le revenu d'intérêt provenant d'un instrument de placement autre qu'un REER est imposé intégralement. Deuxièmement, il est généralement plus avantageux de détenir les actions privilégiées ou ordinaires par lesquelles vous recevez des dividendes à l'intérieur du REER, si vous prévoyez réaliser d'importants gains en capital imposables sur ces placements dans l'avenir. Si vous devez choisir entre détenir des capitaux propres ou des placements productifs d'intérêt dans votre REER, vous devriez opter pour les placements productifs d'intérêt dans votre régime. Les investissements de capitaux qui sont admissibles à l'exonération cumulative des gains en capital de 500 000 $ devraient être détenus à l'extérieur du régime afin que vous puissiez pleinement profiter de cet avantage.

Généralement, plus vous êtes jeune, plus vous devriez détenir des actions dans votre portefeuille. Vous pouvez profiter du rendement supérieur prévu à long terme, car vous êtes à même de résister aux fluctuations boursières.

En revanche, plus vous approchez de la retraite, plus vous devriez privilégier (tant pour votre REER que pour vos placements hors REER) des investissements moins risqués, tels les titres productifs d'intérêt, afin de protéger votre capital cumulé.

13.3.2 *La Société d'assurance-dépôts du Canada*

Assurez-vous que les placements de votre REER bénéficient de la garantie offerte par la Société d'assurance-dépôts du Canada (SADC) ou par d'autres organismes semblables, généralement établis par les provinces pour les dépôts effectués auprès des caisses populaires et d'économie. Les placements admissibles comprennent les comptes d'épargne et de chèques, les certificats de placement garanti et les dépôts à terme remboursables en cinq ans ou moins. Les dépôts en devises étrangères, comme les comptes d'épargne en dollars américains et les certificats de placement garanti ou les fonds communs de placement libellés en dollars américains, ne sont pas assurés.

La protection maximale de la SADC s'élève à 60 000 $ par client pour chaque institution membre de la SADC. Une protection semblable existe pour les dépôts effectués auprès des caisses populaires et d'économie.

Stratégie de planification

Si vous détenez un REER dans plus d'une institution, directement ou par l'entremise d'un régime autogéré, vous multipliez votre protection.

Parallèlement, si vous êtes titulaire d'un REER autogéré qui détient des placements auprès de plusieurs institutions financières membres de la SADC, chacun de ces placements jouit d'une protection distincte. L'assurance qui couvre votre REER est distincte de celle qui protège vos placements personnels. Votre protection maximale auprès d'une institution s'élève donc à 120 000 $.

13.3.3 *Les types de REER*

Les trois grandes catégories de placements dans un REER s'établissent comme suit :

1. Le REER de type assurance : vous vous engagez à verser un certain montant, le plus souvent à intervalles réguliers, en contrepartie d'un revenu de retraite d'une valeur donnée versé à intervalles réguliers.

2. Le REER de type dépôt : vos dépôts sont versés directement auprès de l'émetteur.

3. Le REER de type fiducie : le plus connu est le REER autogéré, dans le cadre duquel vous prenez les décisions en matière de placements.

Deux autres types de REER sont compris dans ces catégories : les REER gérés par les institutions financières et les REER autogérés. Le premier type comprend les REER qui sont gérés pour vous par les institutions financières telles les sociétés d'assurances, les sociétés de fonds de placement, les banques et les caisses populaires. Une institution financière détiendra aussi votre REER autogéré, mais les décisions d'investissement sont prises par vous.

Les sociétés d'assurances vendent des REER semblables et concurrentiels à ceux offerts par les autres institutions financières. Ces REER ne sont généralement pas protégés par la Société d'assurance-dépôts du Canada, mais ils sont autoassurés par le secteur des assurances.

13.3.4 *Les REER autogérés*

Les REER autogérés vous permettent de choisir parmi une vaste gamme de placements complémentaires admissibles au REER. Les comptes gérés offrent des choix plus restreints. Les placements admissibles au REER comprennent, entre autres, ce qui suit :

- les liquidités, excluant les devises et l'or ;

- les obligations et les débentures du gouvernement fédéral, d'une province, d'une municipalité ou d'une société d'État, y compris les obligations d'épargne du Canada et les obligations à coupons détachés ;

- les certificats de placement garanti (CPG) canadiens ;

- les actions et les titres de créance de sociétés ouvertes canadiennes qui sont cotées en Bourse au Canada ;

- les actions inscrites à une Bourse précise à l'étranger ;

- les actions du capital-actions de certaines sociétés ouvertes qui ne sont pas cotées en Bourse au Canada ;

- les parts d'une fiducie de fonds communs de placement ;

- l'hypothèque garantie par un bien immobilier à l'intérieur du Canada, y compris une hypothèque sur votre propre maison (à condition que certaines règles des taux d'intérêt du marché soient respectées) ;

- les biens immobiliers, si leur acquisition résulte d'une défaillance en vertu d'une hypothèque détenue par le REER ;

- la rente, à condition que les paiements ne commencent pas avant l'échéance du REER ;

- le bon de souscription ou le contrat à terme coté en Bourse au Canada.

D'autres placements admissibles sont aussi disponibles sur le marché. Veuillez vérifier quels sont ces placements auprès de votre conseiller en fiscalité.

Les REER autogérés proposent généralement des relevés mensuels pratiques, établis par une seule source, ce qui facilite la répartition et la diversification du risque. À mesure que les objectifs d'investissement évoluent, on peut modifier la composition du portefeuille autogéré.

13.4 LES SITUATIONS SPÉCIALES

13.4.1 *Si vous devenez non-résident*

Le fait de devenir non-résident du Canada peut entraîner des conséquences fiscales extrêmement complexes. Vous devriez résoudre la question de votre REER et des nombreuses autres décisions financières et fiscales après consultation avec votre conseiller fiscal. En termes très généraux, l'impôt est retenu à la source sur de nombreux types de paiements versés à partir du Canada à des résidents d'un autre pays. Il se peut aussi que l'autre pays assujettisse le « paiement » à l'impôt, mais la plupart des pays étrangers accordent un crédit pour les impôts canadiens déjà versés. Au Canada, le traitement fiscal réservé au REER dépend de la situation de votre REER (échu ou non) et de votre nouveau pays de résidence. Toutefois, si vous travaillez à l'étranger, vos revenus pourraient ne pas être admissibles à titre de revenu gagné, ce qui pourrait vous empêcher de verser des cotisations à votre REER.

Stratégie de planification

Si votre départ n'est pas définitif, vous n'avez pas à mettre un terme à votre REER. Vous pouvez le laisser croître à l'abri de l'impôt canadien. Si votre départ est définitif, attendez d'être un non-résident pour encaisser votre REER. En tant que résident, vos retraits sont imposés à votre taux marginal tandis que si vous êtes non-résident, vous serez assujetti uniquement au taux de retenue de 25 % ou moins, selon la convention fiscale applicable.

13.4.2 L'accès des créanciers à votre REER

Les tribunaux ont statué que les créanciers peuvent avoir accès au REER d'un failli pour régler ses dettes. En fait, seuls quelques REER du type assurance offrent une protection contre les créanciers, mais des cas récents de jurisprudence pourraient affaiblir cette protection dans certaines circonstances. Par contre, les créanciers n'ont pas accès aux rentes viagères et ils peuvent difficilement assujettir à une saisie-arrêt les rentes certaines et les fonds d'un FERR. Vous n'obtiendrez vraisemblablement aucune protection en transférant votre REER auprès d'une société d'assurances peu avant une éventuelle déclaration de faillite, car les lois sur la faillite prévoient ce genre de subterfuge.

13.4.3 En cas de décès

Pour déterminer le traitement fiscal des sommes cumulées dans un REER au moment du décès du rentier, il faut savoir si le REER est échu et qui en est le bénéficiaire. Le conjoint reçoit le traitement le plus favorable.

Stratégie de planification

Afin de garantir que les sommes sont versées aux bénéficiaires prévus avec un minimum de tracasseries, vous devriez désigner expressément les bénéficiaires de votre REER dans le contrat lui-même ou dans votre testament.

Si le REER n'est pas échu, on inclut généralement la juste valeur marchande de tous les biens du REER dans le revenu de la personne décédée pour l'année du décès ; ce montant est assujetti à l'impôt dans l'ultime déclaration fiscale de la personne décédée avant que les biens soient répartis entre ses bénéficiaires.

Il existe cependant deux exceptions. Premièrement, lorsque le conjoint ou un enfant à charge de plus de 18 ans qui se qualifie au crédit pour personne handicapée est désigné à titre de bénéficiaire, le régime lui est essentiellement transféré avec tous les avantages du report de l'impôt.

Deuxièmement, on n'inclut pas dans le revenu de la personne décédée un « remboursement de primes ». Cette notion, qui englobe tout le revenu cumulé, se définit comme suit :

• toute somme versée au conjoint d'un rentier décédé, à même un REER, même si le conjoint n'était pas expressément désigné à titre de bénéficiaire ; ou

• les sommes versées à ses enfants ou petits-enfants qui étaient des personnes à charge du rentier.

Un conjoint ou un enfant de plus de 18 ans physiquement ou mentalement handicapé peut transférer un remboursement de primes à son propre REER ou FERR, selon la méthode du report d'impôts, au cours de l'année du décès du rentier ou dans les 60 jours qui suivent la fin de cette année. De plus, le conjoint ou l'enfant handicapé peut acquérir une rente viagère ou une rente certaine jusqu'à l'âge de 90 ans à même le remboursement de primes. Les autres enfants qui reçoivent un remboursement de primes peuvent bénéficier d'un report d'impôts s'ils utilisent ce montant pour acquérir une rente qui sera échue à l'âge de 18 ans.

Le représentant légal du rentier décédé (le liquidateur) peut choisir de faire verser le remboursement de primes au conjoint ou aux personnes à charge admissibles.

Des règles similaires s'appliquent au FERR. Lorsque le conjoint du rentier décédé est le bénéficiaire, le régime lui est transféré, l'imposition est généralement reportée et le conjoint reçoit tous les paiements futurs.

Une succession peut maintenant distribuer un REER ou un FERR aux enfants et petits-enfants financièrement à la charge d'une personne décédée même si cette dernière a un conjoint qui lui survit. Cette mesure s'applique aux décès survenus après 1998 ainsi qu'aux décès survenus après 1995 si la succession de la personne décédée et le bénéficiaire de la distribution en font la demande. Des mesures transitoires sont prévues si la distribution a été effectuée avant 1999.

13.5 L'ÉCHÉANCE DE VOTRE REER

Avant l'échéance de votre REER, vous devez songer sérieusement à vos objectifs de retraite, au montant nécessaire pour les atteindre et au moment où vous aurez besoin de cette somme. Vous devez aussi envisager l'incidence fiscale de vos décisions à l'approche de votre retraite. Il importe de comparer attentivement les choix du revenu de retraite provenant d'un REER. Vous avez tout intérêt à obtenir les conseils d'un spécialiste compétent lors de la planification de votre revenu de retraite.

13.5.1 Les choix à l'échéance

Il faut mettre un terme à votre REER au plus tard le 31 décembre de l'année de votre 69e anniversaire. Un REER vient à échéance lorsque le rentier prend des dispositions pour commencer à toucher un revenu de retraite à même les fonds du REER. Dans le cas de certains REER du type assurance, il s'agit simplement de la date à laquelle vous commencez à recevoir le revenu convenu du REER.

Les REER autres que ceux du type assurance comportent essentiellement trois choix à l'échéance :

1. Vous pouvez recevoir une rente, dont il existe plusieurs formes.

2. Vous pouvez transférer le montant cumulatif de votre REER dans un FERR et en retirer un revenu de retraite périodique.

3. Vous pouvez simplement mettre fin au REER et recevoir un paiement forfaitaire duquel l'émetteur aura prélevé l'impôt y afférent.

Vous pouvez choisir une ou plusieurs de ces options et détenir autant de rentes et de FERR que vous le désirez. Vous pouvez ainsi envisager de mettre fin à une partie de vos REER cumulés afin de financer certaines dépenses prévues dès le début de votre retraite, par exemple un long voyage, bien que le FERR permette aussi d'atteindre cet objectif. Vous voudrez vraisemblablement vous protéger de l'inflation en transférant une partie des fonds provenant de vos REER à un FERR, à une rente indexée ou aux deux.

Les REER restent particulièrement souples, même après que vous avez arrêté votre choix sur un revenu de retraite, car vous pouvez passer d'une option à une autre sans trop de contraintes. Ainsi, vous pouvez transférer un FERR à un autre émetteur afin d'obtenir un meilleur rendement. Vous pouvez aussi détenir autant de FERR que vous le voulez et en retirer n'importe quelle somme à tout moment, à la condition de retirer une somme minimale chaque année. Selon les dispositions du contrat, vous pouvez également faire racheter une rente, auquel cas la valeur de rachat devient imposable. En revanche, les sommes retirées d'un FERR au-delà du minimum stipulé et la valeur d'une rente rachetée peuvent être directement transférées, sans conséquence fiscale immédiate, à d'autres rentes ou à un FERR et même à un REER, si vous avez moins de 70 ans. Vous pourriez également faire l'acquisition, auprès de certaines sociétés d'assurances, d'une rente viagère qui prévoit des versements plus importants si vous prouvez que votre espérance de vie est considérablement inférieure à la norme.

Stratégie de planification

Vous n'êtes aucunement tenu d'acquérir une rente ou un FERR de l'émetteur de votre REER. Vous pouvez choisir une autre institution financière.

Comparez les taux offerts en tenant compte des options que vous préférez avant de fixer votre choix ; pensez à consulter un courtier en rentes ou un autre conseiller professionnel afin qu'il recherche les meilleurs rendements et qu'il s'occupe des modalités en votre nom.

ATTENTION ! N'attendez pas à la dernière minute, soit au 31 décembre de l'année de votre 69ᵉ anniversaire, pour planifier l'échéance de votre REER. Passé ce délai, tous les fonds cumulés dans votre REER sont ajoutés à votre revenu de l'année qui suit celle de votre 69ᵉ anniversaire. Vous ne disposez alors d'aucun moyen pour corriger cet oubli.

13.5.2 L'échéance hâtive

Le choix d'une échéance hâtive pour votre REER peut s'avérer coûteux en matière de diminution du revenu. Essayez de retarder le moment de toucher un revenu de retraite à même votre REER jusqu'à ce que vous en ayez absolument besoin.

Si vous avez 65 ans ou plus, le revenu de retraite provenant d'un REER est admissible au crédit d'impôt pour revenu de pension. (Voir le chapitre 15.)

13.5.3 Les rentes provenant d'un REER

Il existe deux grands types de rentes : les rentes viagères et les rentes certaines. D'une part, en vertu d'une rente viagère, vous devez toucher des paiements périodiques au moins une fois l'an, et ce, jusqu'à votre décès. Le montant du paiement est fondé sur l'espérance de vie moyenne pour votre catégorie d'âge et sur les taux d'intérêt du moment, entre autres facteurs. D'autre part, les rentes certaines au titre d'un REER sont payables jusqu'à ce que vous ayez 90 ans ou jusqu'à ce que votre conjoint ait atteint cet âge. Les paiements, fondés pour l'essentiel sur les taux d'intérêt du moment, cessent après votre 90ᵉ année.

Le tableau suivant présente le revenu mensuel que procure un placement de 50 000 $, selon diverses méthodes de placement et à divers âges. Les chiffres proviennent du groupe Polson Bourbonnière, courtiers en rentes et en FERR. La première mensualité est versée un mois après la date d'achat. Les chiffres sont appelés à varier selon les fluctuations des taux d'intérêt ; ils correspondent à une moyenne des régimes ayant les meilleurs taux d'intérêt au 6 novembre 2001.

E X E M P L E

REVENU MENSUEL PROVENANT D'UN INVESTISSEMENT DE 50 000 $

ÂGE À L'ACHAT	RENTE VIAGÈRE SUR LA VIE D'UNE SEULE PERSONNE (PÉRIODE GARANTIE DE 10 ANS)		RENTE VIAGÈRE SUR LA VIE DES DEUX CONJOINTS (PÉRIODE GARANTIE DE 10 ANS)	RENTE CERTAINE JUSQU'À 90 ANS (PÉRIODE GARANTIE DE 10 ANS)	FEER (RENTE DE LA PREMIÈRE ANNÉE SEULEMENT)
	HOMME	FEMME	HOMME OU FEMME	HOMME OU FEMME	VERSEMENT MINIMAL
60	326 $	304 $	283 $	273 $	139 $
61	333	309	286	277	144
62	339	315	290	281	149
63	346	320	295	285	154
64	353	327	299	290	160
65	361	333	304	295	167
66	368	339	309	300	174
67	375	346	315	306	181
68	383	353	322	313	189
69	390	360	328	321	198
70	397	367	334	329	208
71	404	374	341	339	308

Au moment d'analyser les possibilités de revenus de retraite, n'oubliez pas que les paiements versés durant les premières années de la retraite sont beaucoup moins généreux pour les rentes indexées que pour les rentes à paiements égaux, mais ils deviennent plus généreux par la suite. Il est extrêmement important de procéder à une évaluation minutieuse de vos besoins en revenus à long terme avant d'opter pour l'une ou l'autre de ces possibilités.

13.5.4 *Les fonds enregistrés de revenu de retraite (FERR)*

Les FERR comportent un certain nombre d'avantages par rapport aux rentes :

- On peut mieux y contrôler le facteur de protection contre l'inflation qu'avec une rente indexée, étant donné que la valeur du paiement annuel est très variable.

- Vous pouvez aisément répondre aux besoins ponctuels de revenu qui surgissent au cours d'une année donnée, car vous avez la faculté de retirer n'importe quel montant d'un FERR à tout moment, pourvu que vous retiriez au moins le montant minimal.

- Vous pouvez choisir le type de placements que vous voulez effectuer dans le cadre du FERR qui génèrent votre revenu de retraite comme dans un REER autogéré. Bien entendu, des fonds investis dans votre FERR peuvent être dilapidés si vous faites de mauvais placements ou des placements risqués.

- Vos ayants droit en profitent, en ce sens que des montants appréciables peuvent être conservés dans le FERR, surtout durant les premières années de son existence.

- Vous pouvez convertir des montants d'un FERR en une rente viagère à tout moment ; cette conversion est irréversible sauf si vous êtes âgé de moins de 69 ans et que la rente viagère a été acquise à même les fonds d'un REER.

RETRAIT MINIMAL ANNUEL (% DE L'ACTIF DU FERR)

ÂGE	ANCIENNES RÈGLES[1] %	NOUVELLES RÈGLES (%)	
		GÉNÉRALES	FERR ADMISSIBLES
71	5,26	7,38	5,26
72	5,56	7,48	5,56
73	5,88	7,59	5,88
74	6,25	7,71	6,25
75	6,67	7,85	6,67
76	7,14	7,99	7,14
77	7,69	8,15	7,69
78	8,33	8,33	8,33
79	9,09	8,53	8,53
80	10,00	8,75	8,75
81	11,11	8,99	8,99
82	12,50	9,27	9,27
83	14,29	9,58	9,58
84	16,67	9,93	9,93
85	20,00	10,33	10,33
86	25,00	10,79	10,79
87	33,33	11,33	11,33
88	50,00	11,96	11,96
89	100,00	12,71	12,71
90	s.o.	13,62	13,62
91	s.o.	14,73	14,73
92	s.o.	16,12	16,12
93	s.o.	17,92	17,92
94 ou plus	s.o.	20,00	20,00

1 Les facteurs dans cette colonne correspondent à $1/(90 - x)$, x étant égal à l'âge du rentier ou de son conjoint, selon le cas.

Le FERR ressemble au REER. Les fonds y sont investis par l'émetteur ou par le titulaire même (FERR autogéré). Divers types de fonds peuvent détenir différents types de placements admissibles, semblables dans l'ensemble à ceux qui sont autorisés pour les REER. Tous les montants investis dans un FERR restent à l'abri de l'impôt jusqu'à ce qu'ils soient versés, et le rendement des placements influe sur la valeur globale du régime.

Un montant minimal doit être versé chaque année au rentier à même chaque FERR, puis il doit être inclus dans son revenu imposable. Le tableau de la page précédente établit une comparaison entre les pourcentages actuels de retrait minimal et ceux permis en vertu des anciennes règles.

Les règles actuelles s'appliquent à tous les FERR auxquels les fonds ont été transférés après 1992. Pour la plupart des FERR acquis avant la fin de 1992 ou constitués exclusivement de montants provenant de tels fonds avant 1992 (FERR admissibles), les pourcentages de paiement minimal précédents continueront de s'appliquer pour les particuliers dont l'âge va jusqu'à 77 ans. Cependant, les pourcentages inférieurs de paiement minimal pour les particuliers âgés de plus de 78 ans s'appliqueront à tous les FERR acquis après mars 1986 et à ceux antérieurs à avril 1986 qui ont été amendés.

Vous pouvez à tout moment retirer des sommes d'un ou de plusieurs FERR. Vous devez toutefois retirer chaque année au moins le montant minimal de chacun de vos FERR.

ATTENTION ! N'oubliez pas que, si vous retirez des sommes importantes de votre FERR, vous réduisez la valeur des paiements à recevoir au cours des années futures. Gardez à l'esprit que vous pouvez encourir des frais médicaux et de logement plus élevés en vieillissant.

Une retenue fiscale s'applique à l'excédent du retrait sur le montant minimal que vous devez retirer au cours de l'année. Cette retenue devient un crédit à faire valoir sur votre impôt à payer pour l'année en question.

Tous devraient envisager un investissement d'au moins une partie de leurs REER dans un FERR au moment de la retraite, en raison de la souplesse des régimes.

Le conjoint survivant d'un rentier du FERR qui est décédé après 1990 est désigné comme le « rentier » de ce fonds, pourvu que les parties aient convenu au préalable de la continuité des versements, ou que le représentant légal du premier rentier donne son consentement et que l'émetteur du fonds s'engage à effectuer les versements au conjoint survivant. Les paiements au titre du FERR continueront alors de lui être versés et seront imposables entre ses mains seulement à mesure qu'ils seront reçus.

13.5.5 *L'encaissement du REER en un seul paiement*
Pour de nombreux contribuables, il faut à tout prix éviter cette troisième option en raison de ses incidences fiscales. En effet, si vous mettez fin à un REER, vous devez ajouter la valeur totale de votre retrait à votre revenu de l'année en cause et payer l'impôt correspondant, souvent au taux d'imposition maximal des particuliers (voir « Le retrait d'enregistrement » à la section 13.2.12).

Si vous envisagez de quitter le pays au moment de votre retraite et ainsi devenir non-résident du Canada, vous pouvez réduire votre impôt canadien en établissant d'abord votre statut de non-résident, puis en mettant fin à votre REER. Une retenue d'impôt des non-résidents s'appliquera aux fonds retirés de votre REER, mais elle sera vraisemblablement effectuée à un taux inférieur à ceux mentionnés ci-dessus pour les résidents du Canada, surtout si vous élisez domicile dans un pays avec lequel le Canada a conclu une convention fiscale prévoyant un taux de retenue réduit. Par exemple, le taux de retenue prévu à la convention fiscale entre le Canada et les États-Unis est de 15 % pour ces fonds, alors que le taux général est de 25 %.

Il n'existe pas de retenue d'impôt provincial des non-résidents lorsque vous encaissez votre REER après avoir cessé d'être résident canadien. Votre fardeau fiscal est ainsi réduit de beaucoup.

Stratégie de planification

Si vous conservez votre statut de résident du Canada et que vous désirez vous servir des fonds investis dans vos REER tout en minimisant votre fardeau fiscal, songez à étaler votre revenu en mettant fin à vos REER sur plusieurs années.

Cependant, le taux maximal d'impôt peut difficilement être évité. Ce ne sont pas tous les contribuables qui peuvent réduire leur fardeau fiscal en mettant fin à leur REER sur plusieurs années.

Non seulement vous payez l'impôt à un taux marginal élevé lorsque vous mettez fin à un REER, mais vous perdez également le report d'impôts toujours mis à votre disposition par un REER, un FERR ou même une rente. Ce facteur revêt cependant une moindre importance pour un particulier qui met fin à son REER pour répondre à des besoins financiers pressants.

Le fait de mettre un terme à un REER offre l'avantage de vous permettre de disposer des capitaux voulus pour répondre à vos besoins dès les premières années de votre retraite. Par ailleurs, le coût fiscal n'est pas forcément exorbitant si vous avez moins de 69 ans et que vous ne mettez pas fin à vos autres REER avant d'en avoir absolument besoin. Par contre, vous pouvez obtenir un résultat semblable par l'entremise d'un FERR, peut-être à moindre coût et, généralement, avec plus de facilité.

Chapitre 14

VOTRE AUTOMOBILE

Le présent chapitre donne un aperçu des principales règles fiscales touchant l'utilisation d'une automobile pour vos affaires ou votre emploi. Toutefois, étant donné la complexité de ces règles, de nombreuses situations exigeront que vous fassiez appel à un spécialiste.

14.1 LES ASPECTS FISCAUX POUR L'EMPLOYÉ QUI FOURNIT LE VÉHICULE

14.1.1 Les allocations et les remboursements

Si vous possédez votre propre automobile, votre employeur peut vous offrir divers types d'avantages relatifs à l'utilisation de votre voiture pour votre travail ou à des fins personnelles.

Pour votre employeur, une des possibilités consiste à vous verser une allocation pour automobile. Ce montant peut être calculé de façon à couvrir seulement les frais de détention et de fonctionnement de l'automobile qui sont reliés au travail ou il peut s'intégrer à la rémunération globale (au-delà des frais reliés au travail). Votre employeur peut traiter l'allocation de deux façons. Lorsqu'elle ne constitue pas un montant raisonnable pour votre travail, votre employeur doit la déclarer sur votre feuillet T4 (relevé 1 au Québec) comme un revenu d'emploi pour l'année. Dans ce cas, vous pouvez généralement déduire une fraction des frais engagés si vous utilisez l'automobile pour votre travail, pourvu que votre contrat de travail précise que vous devez utiliser l'automobile dans le cadre de votre emploi et que vous respectiez certains autres critères.

Si, au contraire, l'employeur ne paie que pour les frais engagés dans le cadre de votre travail et que le montant en question constitue une allocation « raisonnable » dans les circonstances, en général, cette allocation ne doit pas être déclarée à titre de revenu imposable par l'employeur.

Une allocation n'est considérée « raisonnable » que si elle se rapporte directement au nombre de kilomètres parcourus dans une année dans le cadre de vos affaires et qu'aucun remboursement n'est reçu pour les frais reliés aux mêmes fins. Pour respecter la première condition, vous devrez peut-être fournir à votre employeur un relevé précis du kilométrage effectué pour vos affaires. En ce qui concerne la deuxième condition, l'allocation sera considérée comme raisonnable même s'il y a un remboursement des frais pour assurance-automobile commerciale supplémentaire, des frais de stationnement, du péage routier et des frais de traversiers, pour autant que l'allocation ait été déterminée sans tenir compte de ces dépenses.

Une allocation n'est jugée « raisonnable » que si le taux au kilomètre est raisonnable. Cependant, votre employeur peut vous accorder une allocation supérieure sans l'inclure dans votre revenu imposable si vous êtes en mesure de démontrer que cette allocation est raisonnable. Toutefois, votre employeur est limité quant à la déductibilité de l'allocation qu'il vous verse et il ne voudra peut-être pas engager des frais non déductibles. Le taux prescrit pour 2001 est de 0,41 $ pour les premiers 5 000 kilomètres et de 0,35 $ pour les kilomètres additionnels. Un montant additionnel de 0,04 $ le kilomètre est déductible à l'égard des distances parcourues au Yukon, au Nunavut et dans les territoires du Nord-Ouest. En outre, l'Agence des douanes et du revenu du Canada (ADRC) considère géné-ralement que le taux de la déduction de l'employeur fixé par règlement représente une allocation raisonnable par kilomètre.

Quoi qu'il en soit, vous devriez tenir un relevé des frais de fonction-nement de votre automobile, au cas où vous auriez à justifier l'allocation qui vous est allouée.

Vous voudrez peut-être envisager la possibilité de remplacer l'allo-cation par une rémunération imposable. Le cas échéant, vous pourrez au moins déduire une fraction des frais de fonctionnement de l'auto-mobile reliés aux affaires si vous respectez tous les critères. Dans de nombreux cas, ce recours pourrait se révéler avantageux pour vous. De plus, en ce qui concerne la TPS et la TVQ, vous pourriez avoir droit à un remboursement de la taxe payée sur les dépenses déductibles. Pour plus de détails à ce sujet, consultez le chapitre 6, à la section 6.4.

Le remboursement de frais directs engagés dans l'utilisation de votre automobile pour les besoins de l'entreprise de votre employeur (par exemple l'essence utilisée lors d'un voyage précis effectué pour votre travail) ne constitue pas une allocation et ne doit pas être inclus dans le calcul de votre revenu.

14.1.2 *La déduction des frais de votre revenu*
Vous avez droit à certaines déductions relatives à la détention et aux frais de fonctionnement de votre automobile lorsque vous l'utilisez dans le cadre de votre travail. Pour être admissible à ces déductions, vous ne devez pas recevoir d'allocation non imposable et vos conditions de travail (il s'agit en fait de votre contrat de travail, écrit ou

non) doivent préciser que vous devez prendre en charge vos propres frais de déplacement. Vous devez aussi être obligé de vous déplacer ailleurs qu'au lieu d'affaires de votre employeur. Ce dernier doit signer les formulaires T2200 (au fédéral) et TP-64.3 (au Québec) pour confirmer le fait que vous avez respecté ces conditions et vous devez joindre ces formulaires à vos déclarations de revenus. Si vous réclamez une déduction pour frais de déplacement, toute somme reçue de votre employeur relativement à la détention de l'automobile doit correspondre à une allocation imposable, et tout remboursement des frais de fonctionnement effectué par votre employeur doit être soustrait de la déduction réclamée pour ces mêmes frais.

Les vendeurs de biens ou les personnes qui négocient des contrats pour leur employeur et qui sont rémunérés sous forme de commissions calculées selon le volume de leurs ventes ne peuvent déduire leurs frais d'automobile ou autres que jusqu'à concurrence du montant de telles commissions.

Si vous êtes admissible à la déduction des frais d'automobile, vous pouvez déduire une fraction des coûts réels de détention et de fonctionnement, en proportion de l'utilisation pour les affaires. La déduction est toutefois limitée dans le cas d'automobiles dont le coût dépasse un certain montant qui varie selon la date d'acquisition.

14.1.3 *Les déductions relatives aux automobiles achetées*

Si vous êtes propriétaire de l'automobile que vous utilisez pour les affaires, vous avez droit à une déduction pour amortissement (DPA) sur le coût total sujet aux montants maximaux suivants (ci-après appelé « coût maximal prescrit »).

Pour les acquisitions :

• après le 31 décembre 2000 : 30 000 $ plus la TPS et la TVQ se rapportant à ce montant ;

- en 2000 : 27 000 $ plus la TPS et la TVQ se rapportant à ce montant ;
- en 1998 et 1999 : 26 000 $ plus la TPS et la TVQ se rapportant à ce montant ;
- en 1996 et 1997 : 25 000 $ plus la TPS et la TVQ se rapportant à ce montant ;
- de 1991 à 1995 : 24 000 $ plus la TPS et TVQ se rapportant à ce montant.

Si vous avez acquis l'automobile d'une personne avec laquelle vous aviez un lien de dépendance, le coût de la DPA correspond au moindre du coût maximal prescrit, de la juste valeur marchande immédiatement avant l'acquisition et de la fraction non amortie du coût en capital pour le propriétaire précédent, immédiatement avant qu'il ne vous cède l'automobile.

Lors de la disposition d'un véhicule, les règles liées à la perte finale et à la récupération (de la déduction pour amortissement précédemment demandée) ne s'appliquent pas lorsque le coût dépasse le montant maximal prescrit.

Dans le calcul de la DPA, une automobile dont le coût, sans les taxes applicables, est de 30 000 $ ou moins fait partie de la catégorie 10. La DPA admissible d'un bien de la catégorie 10 est calculée selon un taux de 30 % (15 % dans l'année d'acquisition) sur le solde dégressif.

Lorsque le coût d'une automobile, sans les taxes applicables, est de plus de 30 000 $, le coût maximal prescrit est plutôt inclus dans une catégorie distincte, la catégorie 10.1. Le taux de la DPA pour la catégorie 10.1 est aussi de 30 %. Cependant, lors de la disposition de l'unique élément d'actif de cette catégorie, soit l'automobile, vous aurez le droit de réclamer la DPA sur le solde au taux de 15 %.

À titre d'exemple, si le coût de votre voiture achetée en octobre 2001 est de 35 000 $, vous êtes assujetti au plafond maximal de 30 000 $. Étant donné la règle de la demi-année applicable dans l'année d'acquisition, vous pouvez réclamer 15 % du coût maximal prescrit au cours de cette année, soit 4 500 $. Pour la deuxième année et les années subséquentes, vous pouvez réclamer 30 % de la différence entre le coût maximal prescrit et la DPA réclamée antérieurement. Dans l'année où vous vendez la voiture, il n'y aura plus de bien dans la catégorie à la fin de l'année et, par conséquent, aucune DPA ne pourra être calculée. Cependant, la moitié de la DPA qui aurait été permise dans l'année de la vente, si l'automobile était toujours détenue à la fin de l'année, sera déductible.

Stratégie de planification

Vous pouvez également déduire les intérêts d'un emprunt contracté pour acheter l'automobile.

Nouveau en 2001

Pour les automobiles achetées après le 31 décembre 2000, la déduction des intérêts est limitée à une moyenne maximale de 300 $ par mois, pour la période au cours de laquelle le prêt n'est pas remboursé.

ATTENTION ! **Les montants limités d'amortissement et d'intérêts, calculés selon les règles qui précèdent, peuvent être réduits encore davantage puisqu'ils ne constituent une dépense admissible qu'en proportion de l'utilisation commerciale de l'automobile.**

14.1.4 Les déductions relatives aux automobiles louées

Si vous louez votre automobile, vous pouvez déduire le moindre :

• du coût de location réel ;

• du montant mensuel prescrit (contrats de location ayant débuté en 2001 : 800 $; en 2000 : 700 $; avant 1997 ou en 1998 et 1999 : 650 $; en 1997 : 550 $), plus la TPS et la TVQ payables ;

• du coût de location réel multiplié par le coût maximal prescrit et divisé par 85 % du prix de détail suggéré par le fabricant. Pour les contrats de location conclus avant 1991, on doit ajouter la taxe de vente provinciale au prix de détail suggéré.

ATTENTION ! **L'ADRC considère que le versement initial effectué dans le cadre d'un contrat de location (qui fait maintenant partie de la plupart des contrats) réduit les versements mensuels requis. Le versement initial doit donc être pris en compte dans le calcul présenté ci-dessus.**

Par exemple, si vous êtes un résident du Québec et si le prix de détail suggéré par le fabricant de votre automobile est de 44 000 $ et que les frais de location mensuels en vertu d'un contrat signé le 1er octobre 2001 sont de 950 $, les frais déductibles sont limités au moindre de 950 $, 920 $ (800 x 1,15) et 876 $ (950 $ x 34 500 $ / 85 % de 44 000 $). La déduction maximale est alors de 876 $.

Dans notre exemple, le montant des frais de location n'est pas forcément représentatif pour une automobile dont le prix se situe aux environs de 44 000 $.

14.1.5 *Les déductions applicables à l'utilisation personnelle*
Il faut aussi réduire les frais de location ou de propriété déductibles, calculés précédemment, en les multipliant par le ratio suivant : kilomètres parcourus pour affaires/total des kilomètres parcourus.

Votre déduction des frais de fonctionnement (essence, réparations et entretien) est limitée dans la même proportion. Il en est également ainsi lorsqu'il s'agit de calculer le remboursement de TPS et de TVQ auquel vous pouvez être admissible.

14.1.6 *L'aide à l'achat*
Votre employeur peut décider de vous faciliter l'achat d'une automobile, par exemple en vous faisant un prêt à faible taux d'intérêt ou sans intérêts. Dans un tel cas, les intérêts auxquels votre employeur renonce sont considérés comme un avantage imposable parce que le taux est moindre que celui prescrit par le gouvernement et fixé tous les trois mois. Par conséquent, votre revenu est augmenté du montant du prêt multiplié par le taux d'intérêt fixé par règlement pour la période durant laquelle le prêt est impayé. On considère cependant que ces intérêts constituent une dépense, et vous pouvez déduire la fraction des intérêts présumés selon le calcul décrit précédemment pour les autres dépenses. N'oubliez pas que la

déduction des intérêts est limitée à 300 $ par mois pour les véhicules acquis après 2000.

Étant donné que vous auriez probablement été soumis à un taux d'intérêt plus élevé que le taux fixé par règlement si vous aviez emprunté l'argent d'une banque, mais que le coût de l'employeur (incluant le revenu de placement qu'il perd) est généralement semblable au taux fixé par règlement, un tel prêt constitue sans doute l'une des meilleures façons d'obtenir un avantage réel à un coût fiscal relativement faible.

14.2 LES ASPECTS FISCAUX POUR L'EMPLOYÉ DONT LE VÉHICULE EST FOURNI PAR LA SOCIÉTÉ

Si la société met une automobile à votre disposition, vous pourriez être tenu d'inclure plusieurs montants dans votre revenu. Ces montants comprennent un avantage pour droit d'usage (un montant théorique pour tenir compte de la mise à votre disposition d'une automobile), tout avantage que vous recevez de votre employeur pour les frais de fonctionnement à l'égard de votre utilisation personnelle de l'automobile ainsi que les allocations imposables. Comme il est mentionné précédemment, la valeur des avantages ajoutés à votre revenu comprend la TPS et la TVQ. Le montant de la TPS et de la TVQ devra être déclaré par l'employeur comme un avantage imposable sur votre feuillet T4 (relevé 1 au Québec). Le remboursement de frais précis engagés pour les affaires (essence, stationnement, etc.) ne constitue pas un avantage imposable.

Il peut être avantageux pour vous de savoir comment se calcule le montant imposable que déclare l'employeur. Dans certains cas (et en supposant que vous ayez le choix), vous pourriez préférer posséder votre propre véhicule et recevoir une allocation plutôt que de vous servir de la voiture de votre employeur.

14.2.1 Les avantages pour droit d'usage

Vous devez inclure dans votre revenu imposable « l'avantage pour droit d'usage » qui correspond plus ou moins à la valeur du bénéfice que vous obtenez en ayant une automobile à votre disposition. Cet avantage est calculé différemment selon que votre employeur possède ou loue l'automobile.

Les véhicules acquis par l'employeur. Si votre employeur possède l'automobile, l'avantage pour droit d'usage correspond à 2 % du coût initial de l'automobile (incluant la TPS et la TVQ) pour chaque mois où l'automobile est mise à votre disposition (24 % pour une année entière). Ce pourcentage de 2 % est calculé sur le coût total de l'automobile, que ce coût dépasse ou non le coût maximal prescrit.

Stratégie de planification

L'avantage pour droit d'usage peut être réduit lorsque vous utilisez l'automobile presque exclusivement pour affaires (90 % et plus, selon l'ADRC) et que votre utilisation personnelle est inférieure à 1 000 kilomètres par mois.

Dans ce cas, l'avantage pour droit d'usage se calcule comme suit :

avantage calculé par ailleurs	x	nombre de kilomètres parcourus à des fins personnelles dans l'année
		1 000 x nombre de mois dans l'année où l'automobile est à la disposition de l'employé

À titre d'exemple, si vous ne parcourez que 200 kilomètres par mois pour votre usage personnel et si ce chiffre représente 5 % de l'utilisation totale, vous ne serez imposé que sur 20 % (2 400 km / 12 000 km) de l'avantage pour droit d'usage calculé par ailleurs (coût x 2 % x 12 mois x 5 %). Notez que tout déplacement de votre résidence au bureau de votre employeur est considéré comme un usage personnel de l'automobile (et non pour affaires).

Si votre travail consiste principalement à vendre des voitures neuves et d'occasion, votre employeur peut utiliser une autre méthode pour calculer l'avantage pour droit d'usage.

Les règles concernant l'avantage pour droit d'usage s'appliquent aux membres d'une société de personnes comme s'ils étaient des employés.

Les véhicules loués par l'employeur. L'avantage pour droit d'usage inclus dans votre revenu lorsque l'automobile est louée par l'employeur correspond aux deux tiers des frais de location (incluant la TPS et la TVQ) et de tout montant compris dans les frais de location relativement aux réparations et à l'entretien, mais à l'exclusion de l'assurance. Il faut noter que le coût de l'assurance est inclus dans les frais de fonctionnement pour calculer l'avantage pour frais de fonctionnement et il sera exclu lors du calcul de l'avantage relatif à la TPS et à la TVQ. L'avantage est calculé sur le plein montant de location payé par votre employeur, même si ce dernier ne peut déduire ce plein montant.

Vous avez peut-être avantage à ce que votre employeur loue l'automobile au lieu de l'acheter. Les deux tiers des frais de location peuvent correspondre à moins de 24 % du coût, ce qui correspond à l'avantage imposable lorsque l'employeur possède l'automobile. La location permet également que certains frais de service soient inclus dans le contrat de location et résultent en un avantage imposable aux deux tiers seulement.

Lorsque votre usage personnel ne dépasse pas 10 % de l'usage total ni 1 000 kilomètres par mois, l'avantage pour droit d'usage peut également être réduit, comme nous l'avons mentionné dans le cas des véhicules achetés.

14.2.2 Le remboursement à votre employeur

Si vous remboursez à votre employeur une partie du coût de l'automobile, l'avantage pour droit d'usage autrement inclus dans votre revenu est réduit du montant que vous avez remboursé. Dans le cas d'une automobile louée par l'employeur, vous êtes avantagé puisque vous déduisez la totalité des frais de location remboursés, alors que l'avantage imposable ne correspond qu'aux deux tiers du coût de location. Toutefois, parce que le remboursement est imposable pour votre employeur, il ne sera peut-être pas enclin à autoriser une telle pratique de remboursement.

14.2.3 Les autres frais liés à la possession et au fonctionnement

Lorsque votre employeur paie également des éléments comme l'assurance, l'immatriculation, l'essence, les réparations et l'entretien, vous êtes sujet à un avantage imposable supplémentaire. Cet avantage équivaut à 0,16 $ par kilomètre parcouru à des fins personnelles en 2001. Le montant de 0,16 $ par kilomètre peut également être utilisé dans le calcul de l'impôt du Québec. Ce montant de 0,16 $ par kilomètre est révisé périodiquement.

14.2.4 Les choix à l'égard des frais de fonctionnement

Si vous utilisez l'automobile principalement pour votre travail, vous pouvez choisir d'inclure dans votre revenu, à l'égard des frais de fonctionnement payés par votre employeur, un montant correspondant à la moitié de l'avantage pour droit d'usage. Ce calcul remplace le montant qui serait inclus d'après le calcul à raison de 0,16 $ le kilomètre (0,13 $ le kilomètre pour les vendeurs d'automobiles). Par

« principalement à des fins commerciales », on entend plus de 50 %
du temps. Si vous décidez de vous servir de cette méthode, vous
devez aviser votre employeur par écrit avant la fin de l'année en
question pour lui indiquer que vous avez opté pour ce choix.

14.2.5 Les règles applicables aux actionnaires

Les actionnaires d'une société par actions sont généralement assujettis
aux mêmes règles que les employés s'ils bénéficient de l'utilisation
d'une automobile fournie par la société.

14.3 LES ASPECTS FISCAUX POUR LES EMPLOYEURS ET LES TRAVAILLEURS INDÉPENDANTS

14.3.1 Les allocations

Une allocation raisonnable versée à un employé pour des déplacements reliés aux affaires et calculée sur le nombre de kilomètres parcourus à ces fins au cours de l'année n'est pas incluse dans le revenu
de l'employé. Pour réduire les difficultés administratives inhérentes
à la tenue régulière d'un registre des kilomètres parcourus par
chaque employé, l'ADRC permettra qu'une allocation fixe non imposable soit versée à un employé au cours de l'année, pourvu que
soient respectées les conditions suivantes :

- Le taux applicable à chaque kilomètre parcouru est fixe.

- Le taux et les avances sont raisonnables.

- À la fin de l'année civile ou lorsque l'employé quitte son emploi,
  selon la date la plus hâtive, le nombre réel de kilomètres parcourus
  pour affaires est calculé. Si l'employeur a versé trop d'argent,
  l'employé doit rembourser le montant reçu en trop. Si l'employé n'a
  pas reçu suffisamment d'argent, l'employeur lui verse la différence
  en cause.

• L'employé n'est pas tenu d'inclure le montant dans son revenu, en vertu d'une autre disposition de la Loi de l'impôt sur le revenu.

14.3.2 Les frais déductibles

Si vos employés utilisent leur propre automobile pour des déplacements d'affaires, vous pouvez déduire certains remboursements ou allocations que vous leur versez pour l'usage commercial de leur véhicule. De plus, en ce qui concerne la TPS, vous avez droit de vous faire rembourser, par le biais du crédit de taxe sur intrants, la TPS payée sur les dépenses remboursées aux employés et la TPS présumée être incluse dans le montant des allocations versées. Quant à la TVQ, vous avez aussi droit à un remboursement pour les dépenses sur lesquelles la TVQ est payée et la TVQ est présumée incluse dans le montant des allocations versées, sauf dans le cas des grandes entreprises (chiffre d'affaires supérieur à 10 000 000 $).

Si des automobiles sont mises à la disposition de vos employés, les montants que vous pouvez déduire se limitent généralement aux frais « raisonnables », autres que des dépenses de nature capitale, engagés pour gagner un revenu tiré d'une entreprise, d'une profession ou d'un bien.

Par conséquent, vous pouvez déduire la totalité des frais de location ou de possession, jusqu'à concurrence du plafond déjà mentionné à l'égard des voitures de luxe, ainsi que les frais de fonctionnement, de stationnement et autres frais raisonnables à l'égard des automobiles que vous fournissez. Vous pouvez également déduire les dépenses en intérêts engagées sur les emprunts qui servent directement à l'achat d'automobiles, jusqu'à concurrence de la limite mensuelle prescrite. Cette limite est de 300 $ par mois pour les automobiles achetées après 2000.

14.3.3 Les déductions de l'employeur relativement à une automobile fournie par l'employé

À titre d'employeur, vous pouvez déduire certaines allocations d'automobile versées à un employé pour la distance qu'il parcourt avec sa propre voiture pour le compte de votre entreprise, même si ces allocations ne sont pas déclarées à titre de revenu imposable de l'employé. Vous pouvez aussi déduire toutes les allocations d'automobile raisonnables ou les paiements similaires qui sont déclarés sur le feuillet T4 (relevé 1 au Québec) de l'employé à titre de revenu.

Vous pouvez déduire les allocations non imposables versées à un employé jusqu'à concurrence de 0,41 $ le kilomètre pour les 5 000 premiers kilomètres parcourus pour affaires par l'employé dans l'année et jusqu'à 0,35 $ le kilomètre pour l'excédent du kilométrage annuel pour affaires. Un montant additionnel de 0,04 $ le kilomètre est déductible à l'égard des distances parcourues au Yukon, au Nunavut et dans les Territoires du Nord-Ouest.

Vous pouvez déduire la totalité des montants versés à l'égard de l'essence, de l'entretien et des réparations, même si la partie de ces frais liée à l'utilisation personnelle de l'automobile constitue un revenu imposable pour l'employé.

14.3.4 Les déductions de l'employeur concernant les véhicules fournis par la société

Si votre société achète ou loue des automobiles qui sont mises à la disposition des employés, vous serez tenu de calculer l'avantage pour droit d'usage, comme nous l'avons déjà expliqué, et d'inclure l'avantage imposable sur les feuillets T4 (relevé 1 au Québec) de vos employés. Vous êtes tenu de verser la TPS et la TVQ reliées à l'avantage. Cependant, vous pourriez avoir le droit de réclamer la TPS et la TVQ payées sur le prix d'achat ou de location de la voiture, sous réserve des montants maximaux permis.

14.3.5 Les automobiles de la société

Votre société peut bénéficier des déductions habituelles pour amortissement à l'égard de ses automobiles utilisées pour affaires. Les règles générales concernant la DPA s'appliquent aux voitures qui ne coûtent pas plus que le coût maximal prescrit. Ces automobiles font partie de la catégorie 10, laquelle permet un taux d'amortissement de 30 %. Les règles habituelles concernant la déduction d'amortissement réduite dans l'année d'acquisition, la récupération, la perte finale et le regroupement de ce genre d'actif dans une même catégorie continuent de s'appliquer aux automobiles qui respectent les critères décrits précédemment.

Par contre, si vous achetez une voiture dont le coût dépasse le coût maximal prescrit, cette automobile doit être inscrite dans une catégorie distincte aux fins de la DPA, soit la catégorie 10.1. Les autres mesures fiscales décrites pour les employés, à la section 14.1.3, s'appliquent aussi aux employeurs.

14.3.6 Les automobiles louées

Si la société fournit des automobiles louées à ses employés, la déduction maximale concernant les frais de location est la même que celle que nous avons décrite précédemment à l'égard des employés.

Des règles fiscales additionnelles sont prévues pour éviter que des montants remboursables versés au locateur servent à diminuer les montants de loyer mensuel et, indirectement, à augmenter la déduction maximale permise.

Notez que, si des automobiles louées sont mises à la disposition de vos employés, tout remboursement par ces derniers de vos frais de location réduit la fraction déductible de vos frais. L'effet peut se révéler particulièrement sévère dans le cas des voitures de luxe. Par exemple, si vous payez 1 800 $ de location mensuelle en vertu d'un contrat signé le 1er octobre 2000, votre déduction maximale, s'il n'y a pas de remboursement par l'employé, peut être de 920 $ (pour un résident du Québec). Si le remboursement de l'employé correspond à 920 $ ou davantage, vous n'obtiendrez aucune déduction. Si ce remboursement est inférieur à 920 $, il réduit d'autant la déduction admissible.

14.4 LA PLANIFICATION DE L'USAGE COMMERCIAL D'UNE AUTOMOBILE

Dans bien des cas, un examen précis de la situation actuelle et des choix possibles s'impose pour maximiser les déductions fiscales et les avantages des employés. De plus, il faut tenir compte des répercussions reliées à la TPS et à la TVQ.

Le résultat d'une telle analyse peut démontrer que vous devriez songer à une démarche différente. À titre d'exemple, vous devriez peut-être considérer les éléments suivants :

• Songer à un prêt ne portant pas intérêt au lieu d'une allocation d'automobile ou d'une voiture fournie par la société ;

• Considérer la possibilité que l'employeur fournisse une automobile louée au lieu d'une automobile achetée ;

• Louer la voiture au départ et l'acheter par la suite ;

• Songer à avoir une automobile à votre disposition qui sert à 90 % et plus pour des déplacements d'affaires.

Nous vous suggérons de consulter un conseiller professionnel pour discuter des conséquences fiscales des diverses options et choisir la démarche qui convient le mieux à votre situation.

Chapitre 15

SI VOUS FAITES PARTIE DU GROUPE DES AÎNÉS

15.1 L'IMPOSITION DES AÎNÉS

Ce chapitre traite des prestations et des crédits offerts par le gouvernement, ainsi que des déductions offertes aux personnes âgées. Pour des renseignements concernant votre REER, les choix s'offrant à vous à son échéance et l'imposition du revenu de retraite, reportez-vous au chapitre 13.

15.1.1 Le revenu sous la forme de prestations

Si vous avez travaillé au Canada et versé des cotisations au régime de retraite du Canada ou du Québec (RPC ou RRQ), vous êtes susceptible de recevoir les prestations de retraite en découlant. Vous pouvez commencer à encaisser vos prestations du RPC ou du RRQ à tout moment entre vos soixantième et soixante-dixième anniversaires. Si vous reportez le début de l'encaissement après 65 ans, vos prestations seront majorées jusqu'à concurrence de 130 % (soit 0,5 % pour chaque mois de report). Vos prestations sont ajoutées à votre revenu dans l'année de leur encaissement. En 2001, le montant maximum de prestation de retraite du RPC ou du RRQ est de 775 $ par mois pour une retraite prise à 65 ans. Ces prestations de retraite sont indexées en janvier de chaque année pour tenir compte de l'inflation.

Nouveau en 2001

AVANTAGES AU CANADA ET À L'ÉTRANGER

Si vous n'avez pas résidé et travaillé au Canada assez longtemps pour être admissible au RPC, vous pouvez utiliser les droits à pension que vous avez acquis dans votre ancien pays de résidence en vue de vous rendre admissible à une rente de retraite au Canada.

Autrement, si vous vivez maintenant au Canada après avoir immigré ou après être rentré d'un pays avec lequel le Canada a un accord de sécurité sociale, vous pouvez être admissible à une rente de retraite de cet autre pays. Votre ancien pays de résidence peut tenir compte du temps que vous avez résidé et travaillé au Canada pour établir votre admissibilité à une rente de sa part. Une fois votre admissibilité établie, votre rente sera calculée en fonction de la durée de votre résidence dans ce pays ou du montant des contributions que vous lui avez versées.

Si vous résidez au Canada depuis au moins 10 ans, et ce, depuis votre 18e anniversaire, vous pourriez aussi être admissible aux prestations de la sécurité de la vieillesse (SV). En outre, si vous résidez au Canada depuis au moins 40 ans, et ce, depuis votre 18e anniversaire, y compris les 10 ans précédant immédiatement votre demande, vous êtes admissible à la totalité des prestations. Pour y être admissible, il n'est pas nécessaire d'avoir travaillé au Canada. Les prestations de la SV sont imposables.

Stratégie de planification

Afin de diminuer votre revenu imposable, vous pouvez demander à ce que vos prestations du RPC ou du RRQ soient séparées entre vous et votre conjoint. Vous et votre conjoint devez alors être âgés d'au moins 60 ans.

Alors que le montant des prestations attribuées dans le cadre du RPC ou du RRQ dépend des cotisations versées aux régimes, il n'est pas touché par vos autres revenus de retraite. Par ailleurs, les prestations de la SV sont touchées par les montants que vous retirez d'autres sources et, à cette fin, un mécanisme de récupération leur a été intégré. Ainsi, le versement de prestations de la SV correspond à 0,15 $ pour chaque dollar de revenu individuel excédant 55 309 $. En ce qui concerne les personnes âgées vivant seules, les prestations sont entièrement récupérées lorsque le revenu est d'environ 90 000 $. Puisque la récupération des prestations de la SV est calculée sur une base individuelle, optimisez les occasions de fractionner votre revenu de retraite avec votre conjoint. Vous pouvez aussi envisager le report des versements du revenu de retraite, y compris les prestations versées dans le cadre du RPC ou du RRQ, et continuer à verser des cotisations à votre REER jusqu'à l'âge de 69 ans.

Stratégie de planification

Retardez la déduction de vos cotisations à un REER au cours des deux années précédant votre retraite. Vous pouvez ainsi reporter vos déductions et les utiliser afin de réduire votre revenu imposable futur et la récupération des prestations de la SV.

COMMENT RÉDUIRE VOS IMPÔTS

15.2 LES CRÉDITS ET LES DÉDUCTIONS

15.2.1 La personne âgée de 65 ans et plus

Un contribuable qui a atteint l'âge de 65 ans avant la fin de 2001 peut avoir droit à un crédit d'impôt fédéral de 579 $ (indexé annuellement). Ce crédit représente 16 % du montant de base pour une personne âgée (actuellement de 3 619 $). Ce montant de base est réduit de 15 % de l'excédent du revenu net du particulier sur 26 941 $. Vous n'avez donc pas droit à ce crédit lorsque votre revenu annuel net excède 51 068 $.

Si vous ne pouvez utiliser entièrement le crédit pour personne âgée de plus de 65 ans, la totalité ou une partie de celui-ci peut être transférée à votre conjoint.

15.2.2 Le revenu de pension

Si vous avez atteint l'âge de 65 ans avant la fin de 2001, vous pouvez demander un crédit d'impôt fédéral maximal de 160 $ relativement à votre revenu de pension, pourvu que ce revenu soit de 1 000 $ au moins. S'il est inférieur à 1 000 $, le crédit maximal correspond à 16 % de votre revenu de pension. Les versements d'un régime de pension agréé, d'un RPD, d'un REER ou d'un FERR seront admissibles tant et aussi longtemps qu'ils seront faits sur une base périodique et non sous la forme d'un montant forfaitaire. Un crédit semblable est permis sur le « revenu de pension admissible » aux particuliers qui ont moins de 65 ans à la fin de l'année. Le revenu de pension admissible comprend les paiements de rente viagère reçus d'un fonds de pension ainsi que certains revenus de pension des personnes âgées de moins de 65 ans lorsqu'ils sont encaissés en vertu du décès du conjoint.

Si vous ne pouvez utiliser la totalité de votre crédit d'impôt pour revenu de pension, la fraction inutilisée peut être transférée à votre conjoint.

Le crédit d'impôt pour revenu de pension n'est pas indexé et est demeuré au même montant depuis sa création en 1988.

15.2.3 La déficience mentale ou physique

Les personnes ayant une déficience grave et prolongée qui ont obtenu une attestation d'un médecin ou d'un autre professionnel admissible peuvent demander un crédit d'impôt fédéral de 960 $ en 2001. Toute fraction inutilisée du crédit peut, à certaines conditions, être transférée au conjoint du particulier ou à une autre personne dont il était à charge. Ce crédit d'impôt fédéral est indexé annuellement.

15.2.4 Le crédit d'impôt pour frais médicaux

Tous les Canadiens peuvent se prévaloir du crédit d'impôt pour frais médicaux. Il comporte toutefois des particularités pour les aînés canadiens. Reportez-vous au chapitre 5 pour obtenir plus de détails sur les montants admissibles et les services couverts. Outre ces services, les dépenses suivantes donnent droit au crédit d'impôt :

- Les coûts liés à des membres artificiels, à des fauteuils roulants, à des béquilles, à des prothèses auditives, à des verres correcteurs, à des verres de prescription, à des prothèses, à des rythmeurs cardiaques, à des médicaments prescrits et à des instruments médicaux prescrits spécifiques.

- Si vous-même ou une personne à votre charge ne jouissez pas d'un développement physique normal ou avez un handicap moteur grave et prolongé, vous pouvez réclamer des dépenses raisonnables pour la construction et les appareils nécessaires à la modification de votre domicile afin de permettre à la personne handicapée d'y avoir accès, de s'y déplacer ou d'y accomplir les tâches de la vie quotidienne.

- Les chiens-guides et le matériel de signalisation pour votre domicile si vous souffrez de déficience auditive.

- La plupart des primes versées à un régime d'assurance-maladie privé.

- Les coûts liés à une thérapie de réadaptation pour les personnes atteintes de perte auditive ou de perte de la parole.

De plus, si les soins médicaux dont vous avez besoin ne sont pas offerts à une distance raisonnable de votre domicile, vous pouvez réclamer des frais de déplacement raisonnables pour vous-même et un préposé si nécessaire.

Si vous réclamez des frais médicaux pour vous-même ou pour votre conjoint et qu'un des deux a besoin des services d'un préposé aux soins ou nécessite des soins dans un établissement de santé, vous pouvez être admissible à réclamer ces dépenses. Les coûts admissibles, qui incluent les services à temps plein ou à temps partiel d'un préposé aux soins, feront partie de votre réclamation de frais médicaux. En général, si vous réclamez des frais liés à un préposé aux soins à temps plein, vous ne pourrez également demander le crédit pour déficience physique ou mentale dont il a été fait mention ci-dessus. Toutefois, si les coûts liés au préposé ne dépassent pas 10 000 $, vous pourrez demander le crédit pour déficience physique ou mentale.

Chapitre 16

SI VOUS SUBVENEZ
AUX BESOINS
DE PARENTS

De nombreux Canadiens subviennent aux besoins de grands-parents ou de parents âgés. Le gouvernement reconnaît que cette responsabilité additionnelle entraîne des frais supplémentaires. Les déductions et crédits qui sont décrits dans le présent chapitre sont offerts pour réduire certains de ces frais. Quelques-uns de ces crédits vont au-delà des Canadiens qui prennent soin de parents âgés. À l'exception des crédits d'équivalent de conjoint et aux aidants naturels, les déductions et crédits énumérés ci-dessous sont offerts aux personnes subvenant aux besoins d'un parent ou d'un conjoint atteint d'une déficience mentale ou physique.

16.1 LE CRÉDIT D'ÉQUIVALENT DE CONJOINT

Vous êtes admissible au crédit d'équivalent de conjoint si vous subvenez aux besoins d'une personne entièrement à charge et n'êtes pas marié ou, si vous avez un conjoint, vous ne subvenez pas à ses besoins ou ne vivez pas avec ce dernier.

Le crédit fédéral est de 1 007 $ en 2001, et il est réduit de 16 % du revenu de la personne à charge qui dépasse 629 $. Si le revenu de cette personne à charge est de 6 923 $ ou plus, le crédit d'équivalent de conjoint est réduit à zéro.

Pour demander le crédit, vous devez, seul ou avec d'autres personnes, tenir un établissement domestique autonome où vous vivez et subvenez aux besoins de la personne à charge. Cette dernière doit vous être apparentée, être entièrement à votre charge (ou à votre charge et à celle d'autres personnes) et résider au Canada, à moins qu'il ne s'agisse de votre enfant. Sauf dans le cas d'un parent ou d'un grand-parent, la personne à charge doit avoir moins de 18 ans l'année où le crédit est demandé ou être à votre charge en raison d'une déficience mentale ou physique.

Vous pouvez réclamer le crédit d'équivalent de conjoint relativement à une seule personne, et un seul particulier peut demander le crédit pour la même personne ou le même établissement domestique autonome. Lorsque vous et une autre personne pourraient vraisemblablement demander le crédit pour la même personne à charge ou le même établissement domestique autonome, vous devez convenir entre vous qui demandera le crédit. En l'absence d'une telle entente, le crédit risque fort de n'être attribué à aucun d'entre vous.

Si vous pouvez demander le crédit d'équivalent de conjoint relativement à un particulier, ni vous ni quelqu'un d'autre ne pouvez demander de crédit pour personne à charge relativement à ce même particulier. Ce crédit est indexé annuellement.

16.2 LES PERSONNES À CHARGE

Vous pouvez être admissible au crédit pour personne à charge relativement à une personne de votre famille qui n'habite pas avec vous, lorsque cette personne à charge souffre d'une déficience physique ou mentale prolongée. Une «personne à charge» peut être votre enfant ou petit-enfant ou celui de votre conjoint, ou, si elle réside au Canada à un moment quelconque de l'année, une personne qui, par rapport à vous ou à votre conjoint, est un parent, un grand-parent, un frère, une sœur, un oncle, une tante, un neveu ou une nièce.

Si un particulier demande un crédit d'impôt pour une personne à charge en vertu du crédit d'équivalent de conjoint décrit précédemment, il ne peut demander pour cette même personne un crédit d'impôt pour personne à charge atteinte d'une déficience mentale ou physique. Reportez-vous au chapitre 12 pour de plus amples détails sur le crédit pour personne à charge.

Lorsque plus d'un particulier est en droit de demander un crédit d'impôt pour personne à charge relativement à une même personne, le total demandé par ces particuliers ne doit pas dépasser le maximum permis si un seul particulier en faisait la demande. L'Agence des douanes et du revenu du Canada (ADRC) peut répartir le crédit d'impôt entre les particuliers qui subviennent aux besoins de la personne à charge s'ils ne peuvent s'entendre sur une répartition.

16.3 LA DÉFICIENCE MENTALE OU PHYSIQUE

Si la personne ayant une déficience grave et prolongée admissible ne peut utiliser la totalité de ce crédit, toute fraction inutilisée peut, à certaines conditions, être transférée au conjoint ou à une autre personne dont il était à charge. Reportez-vous au chapitre 12, section 12.5, pour de plus amples détails.

16.4 LE CRÉDIT AUX AIDANTS NATURELS

Si personne n'a demandé le crédit d'équivalent de conjoint ou pour personne à charge à l'égard d'une personne à charge, vous pouvez avoir le droit de demander un autre crédit. Le crédit d'impôt aux aidants naturels peut diminuer l'impôt fédéral d'un montant maximum de 560 $ (3 500 $ x 16 %) pour des personnes qui habitent avec un parent ou un des grands-parents (y compris les beaux-parents) de plus de 65 ans, ou avec une personne à charge atteinte d'une déficience mentale ou physique, et fournissent des soins à cette même personne. Le crédit est réduit proportionnellement du revenu net de la personne à charge excédant 11 953 $ et n'est plus disponible lorsque le revenu net excède 15 453 $.

16.5 LE CRÉDIT D'IMPÔT POUR FRAIS MÉDICAUX

La liste des frais médicaux admissibles au crédit d'impôt comprend les frais raisonnables pour la formation d'une personne en vue de fournir des soins à un parent atteint d'une déficience mentale ou physique. Le parent doit habiter avec vous ou être dépendant de vous pour subvenir à ses besoins. Pour une liste complète des frais médicaux admissibles, voir la section 5.2.2 du chapitre 5 sur les déclarations de revenus.

16.6 ACCÈS À DES RENSEIGNEMENTS FISCAUX PERSONNELS

Si vous êtes responsable de la gestion des opérations financières de vos parents, vous devez notamment remplir des déclarations de revenus chaque année. Or, l'Agence des douanes et du revenu du Canada (ADRC) ne communique de l'information au représentant d'un particulier que si ce dernier lui a fait parvenir une autorisation écrite. En effet, l'ADRC ne vous communiquera les renseignements fiscaux personnels de vos parents que si ces derniers lui ont remis un Formulaire de consentement T1013 dûment rempli ou une lettre contenant les mêmes renseignements dûment signée. Une fois l'autorisation approuvée, vous devrez fournir :

• une pièce d'identité comportant votre signature et votre photo

  ou

• deux pièces d'identité signées.

De plus, l'ADRC vous demandera :

- l'avis de cotisation, l'avis de nouvelle cotisation ou d'autres documents fiscaux de vos parents

  ou

- des renseignements sur le contenu des déclarations de revenus de vos parents.

Lorsque vous communiquez avec l'ADRC à propos des déclarations de revenus de vos parents, vous devez utiliser les renseignements de leurs déclarations de 2000 avant le 1er mai, ou après le 30 avril pour les déclarations de 2001.

Chapitre 17

SI VOUS EFFECTUEZ DES DONS DE BIENFAISANCE OU DES CONTRIBUTIONS POLITIQUES

Les crédits relatifs aux dons de bienfaisance et aux contributions politiques visent à encourager les contribuables canadiens à effectuer des dons et des contributions aux diverses organisations impliquées dans la vie publique. Toutefois, les règles applicables sont fort complexes et changent souvent. Par conséquent, une planification est suggérée lorsqu'on désire effectuer une contribution financière importante afin de bénéficier de tous les avantages fiscaux disponibles.

17.1 LES DONS DE BIENFAISANCE

Le crédit d'impôt fédéral pour les dons de bienfaisance admissibles est de 16 % sur la première tranche de 200 $ et de 29 % sur les dons supérieurs à 200 $. Le crédit fédéral sur un don de 1 000 $ sera donc de 264 $ en 2001 pour un particulier assujetti à la tranche d'imposition la plus élevée.

EXEMPLE

DON DE 1 000 $

Crédit fédéral à 16 % sur la première tranche de 200 $ de dons	32,00 $
Crédit fédéral à 29 % sur l'excédent, soit 800 $	232,00
Crédit d'impôt fédéral	264,00 $

Pour un résident du Québec, il faut aussi tenir compte du fait qu'un don de 1 000 $ entraîne une réduction de l'abattement d'impôt fédéral de 43,56 $, soit 16,5 % de 264 $. Le crédit d'impôt fédéral serait donc de 220,44 $. Par ailleurs, le crédit d'impôt du Québec est de 20,75 % sur les premiers 2 000 $ et de 24,5 % sur l'excédent. Dans notre exemple, le résident du Québec obtiendra un crédit d'impôt de 207,50 $.

Le plafond annuel applicable aux dons admissibles consentis à des organismes de bienfaisance correspond à 75 % du revenu net. De plus, un don pour lequel aucun crédit d'impôt n'est demandé pendant une année peut être reporté sur les cinq années suivantes. Cependant, dans l'année du report, le taux de 16 % s'applique à la première tranche de 200 $ de tous les dons pour lesquels un crédit est demandé, incluant les dons reportés des années antérieures. Il peut en résulter un crédit d'impôt moins élevé si vous n'avez pas déjà donné 200 $ au cours de cette année.

Lorsqu'un don d'une immobilisation résulte en un gain en capital pour le contribuable, on ajoute à la limite de 75 % la moitié du gain en capital imposable alors réalisé.

Par ailleurs, dans le cas de dons effectués par un contribuable dans l'année de son décès ou l'année précédente, le plafond est de 100 % du revenu net.

Le crédit d'impôt pour dons de bienfaisance peut être demandé dans la dernière déclaration de revenus du défunt, et ce, rétroactivement au 1er janvier 1999, lorsque le produit d'un REER, d'un FERR ou d'une assurance fait l'objet d'un don et qu'un bénéficiaire direct est désigné. En ce qui concerne l'assurance-vie, le particulier doit être le titulaire de la police soit individuellement, soit par l'entremise de la police collective en vertu de laquelle il est assuré.

Pour encourager les dons de bienfaisance, l'impôt à payer est réduit de moitié sur tout gain réalisé par suite d'un don d'actions ou autres titres semblables à un organisme de bienfaisance. Par conséquent, si vous donnez des actions à un organisme de bienfaisance et réalisez un gain en capital, seulement 25 % de ce gain sera ajouté à votre revenu imposable de l'année où vous avez fait le don. Cette mesure s'applique généralement aux dons de valeurs cotées en Bourse au Canada effectués depuis le 18 février 1997.

Durant la période comprise entre le 28 février 2000 et le 31 décembre 2001, un particulier qui donne des actions acquises en vertu d'une option d'achat d'actions peut déduire la moitié de l'avantage lié à l'emploi. Cette mesure d'allégement s'applique aux actions acquises en vertu d'une option d'achat si le don d'actions est effectué dans les 30 jours suivant la levée de l'option. Les dons faits en faveur de fondations privées ne bénéficient pas de ce traitement préférentiel.

Enfin, pour les dons de biens écosensibles faits après le 27 février 2000, le taux d'inclusion des gains en capital est également réduit de moitié. Auparavant, le contribuable pouvait choisir de traiter le don de biens écosensibles comme si ceux-ci avaient été vendus à leur juste valeur marchande lorsqu'ils avaient été donnés à un organisme de bienfaisance. La valeur du don était établie selon la juste valeur marchande du bien, mais le contribuable devait aussi inclure 50 % du gain en capital dans son revenu.

Stratégie de planification

Mettez vos crédits et ceux de votre conjoint en commun. La demande d'un crédit pour des dons de 400 $ sur la déclaration de revenus d'un des conjoints (plutôt que la réclamation de 200 $ par chacun des deux conjoints) entraîne une économie d'impôt puisque la moitié du don est admissible au taux fédéral de 29 % au lieu de 16 %.

17.2 L'EXEMPTION POUR BÉNÉVOLES DES SERVICES D'URGENCE

Si vous donnez de votre temps au lieu de donner vos biens, vous pourriez avoir droit à un allégement fiscal additionnel. Plus précisément, si vous êtes pompier bénévole, votre indemnité en franchise d'impôt est de 1 000 $. L'exemption touche aussi d'autres bénévoles des services d'urgence.

17.3 LES CONTRIBUTIONS POLITIQUES

Un crédit d'impôt fédéral s'applique aux contributions que vous versez à un parti politique enregistré ou à un candidat officiel à une élection fédérale. Le crédit d'impôt fédéral est fondé sur le montant de votre contribution. Il est calculé selon une échelle de taux variables ; le crédit maximal pour une année d'imposition est fixé à 500 $.

EXEMPLE

COMPARAISON DES CRÉDITS DISPONIBLES SELON LE MONTANT DES DONS

MONTANT DE LA CONTRIBUTION	CRÉDIT D'IMPÔT
De 1 $ à 200 $	75 % de la contribution
De 200 $ à 550 $	150 $ plus 50 % de la contribution qui dépasse 200 $
De 550 $ à 1 075 $	325 $ plus le tiers de la contribution qui dépasse 550 $
Plus de 1 075 $	500 $

Des crédits d'impôt provinciaux sont aussi octroyés à l'égard des contributions politiques, sauf en Saskatchewan. Toutefois, le crédit est déduit de l'impôt provincial à payer et les contributions doivent être versées à des associations ou à des partis politiques provinciaux, ou encore à des candidats qui se présentent à une élection provinciale.

Au Québec, le crédit d'impôt correspond à 75 % des premiers 140 $ pour un parti politique du niveau municipal et des premiers 400 $ pour un parti politique du niveau provincial, pour un crédit maximal d'impôt de 405 $. En Colombie-Britannique, au Manitoba, en Nouvelle-Écosse, au Nouveau-Brunswick, à l'Île-du-Prince-Édouard, à Terre-Neuve et au Yukon, le crédit d'impôt est calculé de la même manière que le crédit fédéral et est plafonné à 500 $. En Alberta et en Ontario, le crédit maximal s'élève à 750 $ et est calculé selon une échelle de taux variables, comme pour l'impôt fédéral. Dans les Territoires du Nord-Ouest, le crédit d'impôt correspond à 100 % de la première tranche de 100 $ et à 50 % de l'excédent de 100 $, jusqu'à concurrence d'un crédit de 500 $.

Afin d'obtenir le crédit, vous devez annexer des reçus officiels à votre déclaration de revenus. Les contributions politiques doivent en général être versées en espèces ou sous forme d'effets de commerce négociables (chèques, mandats, etc.). Cependant, dans quelques provinces, elles peuvent être offertes sous forme de biens et services, dans certaines circonstances. Les contributions de plus de 1 075 $ (540 $ au Québec, 1 725 $ en Alberta, 1 700 $ en Ontario et 900 $ dans les Territoires du Nord-Ouest) consenties à des partis politiques au cours d'une année d'imposition ne donnent pas droit au crédit d'impôt. De plus, lorsque le crédit dépasse l'impôt fédéral ou provincial à payer, compte tenu de la déduction des autres crédits, vous ne pouvez réclamer de remboursement d'impôts ni reporter l'excédent du crédit sur une année d'imposition ultérieure.

17.3.1 *La planification de vos contributions*

Si le montant de vos contributions est élevé, il vaut mieux tenter de les échelonner sur deux ans. Ainsi, vous pourrez bénéficier de crédits plus élevés. Par exemple, si votre contribution est de 1 000 $ pour une année, vous obtenez un crédit d'impôt fédéral de 475 $. Si vous versez une contribution de 500 $ cette année et une autre de 500 $ l'an prochain, vous avez droit à un crédit total de 600 $, ce qui représente une économie d'impôt de 125 $. Lorsque les deux conjoints gagnent des revenus imposables, l'échelonnement sur deux ans peut être remplacé par un fractionnement des contributions de l'année (c'est-à-dire que chaque conjoint devrait verser 500 $ au lieu qu'un seul verse 1 000 $). Le fractionnement des contributions est avantageux, puisque le pourcentage maximal de crédit s'applique à des contributions moindres.

Chapitre 18

SI VOUS ÊTES UN RÉSIDENT DU QUÉBEC

Même si le gouvernement du Québec harmonise parfois sa législation fiscale avec celle du gouvernement fédéral, il existe des différences, notamment en ce qui a trait aux crédits d'impôt personnels. À cet égard, vous trouverez au chapitre 19 des tableaux qui résument les montants des crédits et de certaines autres particularités du système québécois.

De plus, le gouvernement du Québec accorde à ses résidents des avantages fiscaux qui sont offerts en parallèle avec ceux du gouvernement fédéral ou qui constituent des mesures originales, adaptées aux besoins de l'économie québécoise. Ces avantages servent essentiellement à promouvoir les investissements dans des secteurs stratégiques, comme l'exploration minière, la production cinématographique, la recherche scientifique, etc.

Le présent chapitre commente certaines mesures fiscales particulières applicables aux résidents du Québec.

18.1 LES CRÉDITS ET LES DÉDUCTIONS

18.1.1 Le revenu d'emploi à l'étranger

Pour renforcer la compétitivité internationale des entreprises canadiennes qui exécutent certains types de travaux à l'étranger (construction, ingénierie, etc.), un crédit d'impôt est accordé aux résidents canadiens qui travaillent à l'étranger pour une période de plus de six mois consécutifs commençant dans l'année d'imposition. Le revenu qui en découle donne droit à un crédit d'impôt en vertu de la législation fédérale, tandis qu'une déduction dans le calcul du revenu imposable est plutôt accordée dans la législation québécoise. Dans les deux cas, il faut remplir certaines conditions pour avoir droit à ce traitement fiscal avantageux.

18.1.2 Les cotisations syndicales et professionnelles

Certaines cotisations annuelles donnent droit à un crédit d'impôt (au lieu d'une déduction) au Québec. Il s'agit notamment de la cotisation à une association de salariés reconnue par le ministre et ayant pour objets principaux l'étude, la sauvegarde et le développement des intérêts économiques de ses membres ainsi que de la cotisation dont le paiement est requis pour être membre d'une association professionnelle ou d'une association artistique reconnue par le ministre. Toutes les cotisations donnent droit à un crédit d'impôt de 20,75 %, à l'exception de la partie de la cotisation relative à l'assurance-responsabilité professionnelle qui demeure déductible dans le calcul du revenu net.

18.1.3 Les frais de scolarité

Les frais de scolarité sont également traités différemment en vertu des deux législations. Lorsque ceux-ci sont supérieurs à 100 $, ils donnent droit à un crédit d'impôt de 16 % au fédéral. Le crédit inutilisé peut également être transféré au conjoint ou à un parent jusqu'à concurrence de 800 $ et il peut être reporté indéfiniment. Au Québec, les frais de scolarité donnent droit à un crédit d'impôt de 20,75 % non transférable. Quant aux frais d'examen des corporations professionnelles mentionnées dans l'annexe I du Code des professions, soit les professions d'exercice exclusif et à titre réservé, ils sont déductibles lorsque les examens sont requis pour devenir membre et exercer l'une ou l'autre des professions mentionnées dans cette annexe.

18.1.4 Les frais de garde d'enfants
Contrairement à la loi fédérale qui accorde au particulier une déduction pour les frais de garde d'enfants, la législation du Québec accorde plutôt un crédit d'impôt remboursable. Le crédit, déterminé selon le revenu familial, varie de 26 % à 75 %. Les règles pour le calcul des frais de garde d'enfants admissibles sont semblables dans les deux législations.

18.1.5 Les dons de bienfaisance
Les dons de bienfaisance donnent droit à un crédit d'impôt, tout comme au fédéral, mais le taux du crédit d'impôt est différent. Selon la législation fédérale, la première tranche de 200 $ donne droit à un crédit d'impôt de 16 % et tout excédent donne droit à un crédit de 29 %. La législation québécoise prévoit plutôt un crédit de 20,75 % sur la première tranche de 2 000 $ et tout excédent donne droit à un crédit de 24,5 %. Comme au fédéral, le total des dons pouvant être déduits est limité à 75 % du revenu net.

Lorsque le don consiste en une œuvre d'art, le crédit d'impôt est généralement limité au prix de vente de l'œuvre par l'organisme bénéficiaire du don. De plus, cette vente doit survenir avant la fin de la cinquième année civile qui suit l'année du don, sinon l'avantage fiscal est perdu.

18.1.6 Les frais médicaux

Les frais médicaux admissibles sont semblables à ceux contenus dans la législation fédérale. Cependant, la limite de 1 680 $ n'existe pas et le revenu net familial des deux conjoints, plutôt que celui d'un seul conjoint, doit être considéré pour déterminer le seuil de 3 %.

18.1.7 Divers

Certains éléments contenus dans la législation québécoise n'ont pas d'équivalent dans la législation fédérale.

Ainsi, les particuliers qui résident au Québec le 31 décembre peuvent obtenir un remboursement d'impôts fonciers : ce remboursement est offert aux locataires comme aux propriétaires. Le montant du remboursement est fonction du revenu total du particulier et de celui de son conjoint ainsi que du montant d'impôts fonciers de l'année. Pour l'année 2001, le maximum est fixé à 514 $.

Enfin, les familles à faible ou à moyen revenu peuvent obtenir une réduction d'impôt. Il s'agit bien d'une réduction, car elle permet de réduire l'impôt québécois à payer, mais ne donne pas droit à un remboursement. Le montant de la réduction est fonction du revenu total du particulier, de celui de son conjoint et de celui d'un enfant à charge, s'il y a lieu. Pour l'année 2001, le maximum est fixé à 1 500 $ pour un couple ayant au moins un enfant à charge. Le parent d'une famille monoparentale ne partageant pas un logement autonome avec un autre adulte peut également bénéficier d'une réduction de 1 195 $.

18.2 LES STIMULANTS FISCAUX

18.2.1 Le régime d'épargne-actions du Québec

Pour favoriser les investissements dans le capital-actions des entreprises québécoises et pour diminuer le fardeau fiscal des particuliers résidant au Québec, le gouvernement québécois a créé le régime d'épargne-actions (REA). Au fil des ans, le REA a subi plusieurs réajustements qui l'ont rendu beaucoup moins attrayant. Il demeure malgré tout un outil de planification intéressant si vous êtes prêt à acquérir des actions sur le marché boursier.

Il ne faut cependant pas oublier que l'avantage fiscal obtenu d'un REA peut fondre avec la valeur boursière des actions. Par conséquent, même lorsque les actions donnent droit au REA, le premier critère à considérer avant d'en faire l'achat demeure leur potentiel de rendement et de croissance.

Afin de limiter les risques liés à ce genre d'investissement, vous pouvez investir par l'intermédiaire d'un fonds ou d'un groupe d'investissement REA. Cela vous permet notamment de détenir une part dans un portefeuille diversifié constitué de titres faisant partie du REA sans que votre investissement soit considérable.

L'avantage fiscal. Si vous résidez au Québec à la fin d'une année d'imposition et que vous avez acquis des actions vous permettant de participer au REA au cours de cette année, vous pouvez déduire le coût rajusté de ces actions de votre revenu imposable, jusqu'à concurrence de 10 % de votre revenu total. Le « revenu total » est votre revenu net figurant dans la déclaration de revenus du Québec, moins l'exemption pour gains en capital utilisée dans l'année. Pour être admissibles, les actions doivent avoir été acquises avant la fin de l'année d'imposition et incluses dans le REA avant le 1er février de l'année suivante.

La déduction permise est limitée au « coût rajusté » de vos actions, c'est-à-dire le coût (100 %) des actions, sans tenir compte des frais d'emprunt, de courtage ou de garde. Ces actions doivent être émises par des « sociétés en croissance », c'est-à-dire des sociétés dont l'actif se situe entre 2 millions et 350 millions de dollars.

De plus, ces sociétés en croissance peuvent émettre des débentures ou des actions privilégiées non garanties qui donnent aux acquéreurs une déduction de 50 % à l'intérieur du REA. Pour être admissibles, ces titres doivent notamment être convertibles en tout temps en actions ordinaires comportant droit de vote en toute circonstance.

E X E M P L E

Vous achetez dans votre REA des actions de sociétés en croissance pour un montant de 3 000 $. En 2001, votre revenu net est de 50 000 $ et vous avez réalisé un gain en capital imposable de 10 000 $ au moment de la vente d'actions admissibles de petites entreprises pour lequel l'exemption pour gains en capital a été utilisée.

Votre déduction REA s'élèvera au moindre des deux éléments suivants, soit 3 000 $.

- Coût rajusté des actions
  3 000 $ x 100 % . . . . 3 000 $
- 10 % du revenu total
  10 % x (50 000 $ − 10 000 $) . . . . 4 000 $

Les frais de gestion d'un REA et les frais d'emprunt pour l'achat des actions constituent des frais financiers déductibles annuellement.

Les déductions additionnelles. Les actions incluses dans un REA donnent droit à une déduction additionnelle de 25 % du coût des actions lorsqu'elles sont acquises à l'intérieur d'un régime d'action-nariat. Un employeur peut créer un tel régime afin d'inciter ses employés à acquérir des actions qu'il émet lors d'un appel public à l'épargne. Ce régime doit s'adresser à tous les employés et cadres qui comptent plus de trois mois de service et qui possèdent moins de 5 % du capital-actions de la société immédiatement avant l'acquisition d'autres actions à l'intérieur du régime d'actionnariat.

Le recouvrement des déductions. À la fin des deux prochaines années civiles, vous devrez détenir dans votre portefeuille REA des actions ayant un coût rajusté équivalant au montant pour lequel vous avez obtenu une déduction. Si vous ne respectez pas cette condition, vous serez tenu d'inclure, dans votre revenu de l'année où cette condition ne sera plus respectée, une partie ou la totalité des déductions accordées précédemment, ou encore il vous faudra diminuer le montant de la déduction à laquelle vous pourriez autrement avoir droit dans l'année.

À titre d'exemple, si, au cours de 1999, vous avez fait l'acquisition de 1 000 $ d'actions qui donnaient alors droit à une déduction de 100 % au titre du REA et que vous vendez ces actions au cours de 2001, vous devrez acheter, avant la fin de 2001, des actions de remplacement ayant un coût rajusté de 1 000 $ pour éviter que la déduction obtenue ne soit ajoutée à votre revenu de 2001. Toutefois, vous ne pourrez pas profiter d'une nouvelle déduction REA pour ces actions de remplacement.

En plus des actions nouvellement émises, les actions de remplacement comprennent celles des sociétés en croissance ayant déjà donné droit à la déduction REA, si elles sont achetées sur le marché secondaire et inscrites sur la liste publiée par la Commission des valeurs mobilières du Québec.

Le gain en capital et les dividendes. Les dividendes reçus sur vos actions REA sont traités comme tout autre dividende reçu sur d'autres actions. À la vente des actions, le calcul du gain ou de la perte en capital s'effectue de la façon habituelle. Le coût réel des actions n'est pas réduit par l'avantage fiscal reçu.

Le REA et le REER. Contrairement au REER qui permet uniquement de reporter le paiement de l'impôt, le REA constitue une économie réelle d'impôt. Le REER permet cependant d'obtenir une diminution d'impôt immédiate tant au fédéral qu'au Québec, alors que la déduction REA ne s'applique qu'au Québec.

Une action figurant au REA ne doit pas être incluse en même temps dans un autre régime fiscal. Toutefois, vous pouvez contribuer successivement à votre REA puis à votre REER, en utilisant les mêmes fonds, et obtenir pour la même année à la fois la déduction REA et celle qu'offre le REER. Cela est possible en raison du fait que les dates limites de contribution sont différentes.

En effet, les actions incluses dans le REA doivent être acquises avant la fin de l'année, tandis qu'il est possible de contribuer au REER durant les 60 premiers jours de l'année suivante. Ainsi, il est possible de vendre les actions REA au début de l'année suivant leur acquisition, puis d'utiliser le produit de la vente pour contribuer au REER. Pour éviter le recouvrement des déductions, il faudra remplacer les actions REA avant la fin de l'année de la vente, à moins que d'autres actions conservées pendant plus de deux ans dans le portefeuille REA aient un coût rajusté suffisant pour servir d'actions de remplacement. La double déduction n'est donc que temporaire, mais elle peut être utile si vous ne disposez pas de liquidités en quantité suffisante à cette époque de l'année.

18.2.2 Le régime d'investissement coopératif

Pour favoriser les investissements dans certaines coopératives québécoises, le gouvernement du Québec a introduit le régime d'investissement coopératif (RIC) qui accorde une déduction au particulier qui acquiert un titre admissible émis par une coopérative admissible. Cette déduction est permise uniquement au particulier membre de la coopérative ou qui y travaille et à un employé d'une société de personnes si la coopérative admissible participe à plus de 50 % au revenu de la société.

La déduction et la période de détention de deux années sont déterminées de façon analogue à celles du REA. La déduction permise est de 100 % du coût des titres acquis tout en respectant la limite de 10 % du revenu total. La déduction de base est de 125 % pour les parts émises par les coopératives de petite ou moyenne taille, c'est-à-dire celles dont l'actif est de moins de 25 millions de dollars ou dont l'avoir est d'au plus 10 millions.

Lorsqu'une coopérative met sur pied un régime semblable à celui commenté dans la section REA (c'est-à-dire un régime permettant à ses employés et cadres d'acquérir des titres de la coopérative), une déduction additionnelle de 25 % est alors permise, portant ainsi la déduction totale à 125 % ou 150 % du coût des titres acquis.

18.2.3 Les sociétés de placements dans l'entreprise québécoise

Une « société de placements dans l'entreprise québécoise » (SPEQ) est une société constituée au Québec dont les activités principales consistent à acquérir des actions d'autres sociétés privées admissibles et non liées. Ces dernières doivent exercer leurs activités surtout au Québec et dans des secteurs particuliers, comme la fabrication, le tourisme, l'exportation, la protection de l'environnement, etc. La SPEQ est un véhicule de financement pour ces sociétés admissibles ; elle sert d'intermédiaire entre les investisseurs et les sociétés privées. Elle n'est pas cotée en Bourse.

L'avantage fiscal. Lorsqu'une SPEQ effectue un placement admissible dans une société admissible, les particuliers qui en sont actionnaires peuvent généralement déduire un montant égal à 150 % de la valeur de leur participation dans ce placement admissible. Une société admissible désigne une société privée sous contrôle canadien ayant un actif inférieur à 25 000 000 $ et qui œuvre dans un secteur mentionné ci-dessus. Cependant, lorsque l'actif de la société se situe entre 25 000 000 $ et 50 000 000 $, la déduction permise est réduite à 125 %. Si l'actif excède ce plafond, aucune déduction n'est accordée.

La déduction utilisée au cours d'une année donnée ne doit toutefois pas excéder 30 % du revenu total. La partie non réclamée une année, en raison de cette limite, peut être reportée sur les cinq années suivantes.

L'investissement dans une SPEQ n'a pas d'incidence sur les limites de contributions au REER et au REA. Contrairement au REA, le particulier n'est pas tenu de conserver ses titres durant un minimum de deux années ; c'est plutôt la SPEQ qui doit respecter cette condition. Il est même possible de profiter de l'exemption pour gains en capital de 500 000 $ applicable à ces actions si la SPEQ constitue une « entreprise exploitée activement » et si les autres critères prévus par la loi sont respectés.

18.2.4 *L'exploration minière et les secteurs pétrolier et gazier*
L'acquisition d'actions accréditives, directement ou par l'intermédiaire d'une société en commandite, permet de profiter d'allégements fiscaux au Québec. Les frais d'exploration minière de surface engagés au Québec peuvent donner droit, dans certains cas, à une déduction équivalant à 175 % du montant de tels frais. Une déduction additionnelle de 25 % est offerte après le 31 mars 1998 pour les dépenses engagées dans le Nord du Québec. De plus, dans certaines circonstances, une exemption spéciale est accordée à l'égard du gain en capital réalisé lors de la vente d'actions accréditives donnant droit aux allégements fiscaux reliés à l'exploration.

Nouveau en 2001

FONDS SOCIAL DESJARDINS

La Loi sur les impôts accorde un crédit d'impôt aux particuliers qui investissent dans la société « Capital régional et coopératif Desjardins », une société à fonds social ayant pour but de mobiliser du capital de risque en faveur des régions ressources du Québec et du milieu coopératif.

Le crédit d'impôt accordé sur ce type d'investissement est égal au moindre de 1 250 $ par année ou 50 % du coût net des actions (soit un coût maximum de 2 500 $).

La durée minimum de possession des actions est de sept ans sauf dans certaines circonstances particulières (décès, émigration, maladie grave, etc.). Le crédit d'impôt est récupéré proportionnellement par le paiement d'un impôt spécial lorsque la période est inférieure à sept ans.

L'action ne peut être transférée dans un régime enregistré d'épargne-retraite. Le crédit d'impôt ne réduit pas le prix de base rajusté des actions aux fins du calcul du gain en capital. Cependant, si la disposition des actions donne lieu à une perte en capital, cette perte est réduite du montant du crédit d'impôt accordé.

18.3 L'ÉCHEC D'UN MARIAGE ET LE PATRIMOINE FAMILIAL

Les personnes mariées sont assujetties aux règles sur le patrimoine familial. Ces règles visent l'égalité économique des époux. Advenant un divorce, une séparation de corps, une annulation de mariage ou un décès, le patrimoine familial sera partagé entre les époux, non pas sur une base individuelle de bien par bien, mais plutôt sur la valeur nette de ceux-ci, en créant un droit de créance.

Les biens visés par le partage sont les résidences principale et secondaire du couple, les meubles des résidences, les véhicules automobiles utilisés pour les déplacements de la famille ainsi que les droits accumulés pendant le mariage au titre d'un régime de retraite public ou privé. Sont exemptés : les biens ci-dessus décrits acquis par succession, legs ou donation avant ou pendant le mariage.

À l'intérieur d'une planification fiscale et successorale, si vous désirez faire un legs particulier à votre conjoint, vous devriez considérer les incidences du partage du patrimoine familial : en plus du legs, votre conjoint aura droit à 50 % de la valeur nette des biens faisant partie du patrimoine familial. Cependant, un époux peut, à compter du décès de son conjoint ou du jugement de divorce ou de séparation de corps, y renoncer, en tout ou en partie, par acte notarié, ou par une déclaration judiciaire dans le cadre d'une instance en divorce.

18.4 LES SOCIÉTÉS FAISANT DES AFFAIRES AU QUÉBEC

18.4.1 *Le taux d'imposition*

Dans le chapitre 7, nous avons discuté des avantages des entreprises constituées en sociétés par actions, tant du point de vue de l'imposition que de celui des possibilités de planification qu'elles offrent. Nous avons mentionné que la structure des taux d'imposition des sociétés par actions varie en fonction de la province où le revenu est gagné ainsi qu'en fonction du genre et du montant du revenu réalisé.

Le taux de base de l'impôt québécois applicable aux sociétés faisant des affaires au Québec est de 16,25 %. Cependant, le revenu d'entreprise exploitée activement bénéficie d'une réduction de 7,35 %.

Le tableau suivant illustre les taux d'imposition réels du Québec applicables aux sociétés faisant des affaires au Québec. Il tient compte de la surtaxe additionnelle de 1,6 % qui s'applique à titre de contribution au Fonds Jeunesse.

EXEMPLE

	REVENU D'ENTREPRISE EXPLOITÉE ACTIVEMENT	TOUT AUTRE REVENU
Taux de base	16,25 %	16,25 %
Réduction accordée	(7,35)	-
	8,90	16,25
Fonds spécial (1,6 %)	0,14	0,26
Taux réel	9,04	16,51

18.4.2 L'exonération d'impôt pour les nouvelles sociétés

En vue de stimuler la création de nouvelles entreprises au Québec, la législation québécoise permet une exonération d'impôt sur le revenu pour certaines sociétés, ainsi que sur la taxe sur le capital et sur les cotisations de l'employeur au Fonds des services de santé. Cette exonération d'impôt pour les cinq premières années des nouvelles sociétés par actions s'applique uniquement au revenu d'entreprise exploitée activement ayant droit à la déduction pour petite entreprise.

Une société a droit à l'exonération pour une année d'imposition si :

• elle a été nouvellement constituée ;

• elle ne résulte pas d'une fusion de plusieurs sociétés ;

• l'année est l'une de ses cinq premières années ;

• elle produit sa déclaration de revenus au plus tard six mois après la fin de sa première année d'imposition.

Par contre, elle n'a pas droit à l'exonération pour l'année si, entre autres, elle :

- était associée à une autre société ;

- n'était pas une « société privée dont le contrôle est canadien » ;

- exploitait une entreprise de services personnels ;

- exploitait une entreprise admissible à titre de membre d'une société de personnes.

18.4.3 La recherche et le développement

Dans le but de stimuler la recherche et le développement (RD) au Québec, la législation québécoise accorde plusieurs crédits d'impôt remboursables à certaines sociétés par actions qui effectuent de telles dépenses.

Ainsi, le crédit de base est de 20 % des salaires versés au Québec pour des dépenses de RD effectuées au Québec. Ce crédit est majoré lorsqu'une société par actions satisfait à certains critères ou lorsque les dépenses sont engagées à des fins particulières :

- un taux de 40 % sur la première tranche de 2 millions de dollars de salaires versés au Québec par une société par actions dont l'actif est inférieur à 25 millions ; le taux de 40 % est réduit progressivement de façon linéaire jusqu'à 20 % à partir d'un actif de 25 millions jusqu'à un actif de 50 millions ;

- un taux de 40 % de la totalité des dépenses de RD effectuées au Québec dans le cadre :

    - d'un contrat de recherche universitaire ou avec un centre de recherche public prescrit ;

    - d'un projet de recherche précompétitive ;

    - d'un projet mobilisateur reconnu par le gouvernement et ayant obtenu la certification du Fonds de développement technologique (FDT) (et possibilité d'obtenir des subventions égales à 50 % des autres dépenses) ;

- d'un projet de consortium de RD ;
- d'un projet d'innovation technologique environnementale ayant obtenu la certification du FDT (et possibilité d'obtenir des subventions égales à 40 %, 50 % ou 100 % des autres dépenses).

Pour les années d'imposition commençant après le 30 juin 1999 et avant le 1er juillet 2004, les sociétés dont le contrôle est canadien et dont l'actif de l'année précédente est inférieur à 25 millions de dollars sont admissibles à un nouveau crédit d'impôt remboursable de 15 % basé sur l'accroissement des dépenses de RD.

Chapitre 19

TABLES D'IMPÔT SUR LE REVENU ET CRÉDITS D'IMPÔT

IMPÔT FÉDÉRAL 2001 - RÉSIDENTS DU QUÉBEC SEULEMENT [1]			
REVENU IMPOSABLE	**IMPÔT**		
0 $	0 $ + 13,36 %	sur les	30 754 $ suivants
30 754	4 109 + 18,37 %	sur les	30 755 $ suivants
61 509	9 759 + 21,71 %	sur les	38 491 $ suivants
100 000	18 115 + 24,22 %	*sur l'excédent*	

1. Ce tableau tient compte de l'abattement de 16,5 % pour les résidents du Québec.

IMPÔT DU QUÉBEC 2001			
REVENU IMPOSABLE	**TAUX MARGINAL**		
0 $	0 $ + 17,0 %	sur les	26 000 $ suivants
26 000 $	4 420 $ + 21,25 %	sur les	26 000 $ suivants
52 000 $	9 945 $ + 24,5 %	*sur l'excédent*	

TAUX D'IMPÔT FÉDÉRAL 2001

Revenu imposable	Impôt			
0 $	0 $ + 16 %	sur les	30 754 $	suivants
30 754	4 921 + 22 %	sur les	30 755 $	suivants
61 509	11 687 + 26 %	sur les	38 491 $	suivants
100 000	21 694 + 29 %	sur l'excédent		

TAUX COMBINÉS MAXIMUM 2001[1]

Alberta	39,00
Colombie-Britannique	45,70
Île-du-Prince-Édouard	47,37
Manitoba	46,40
Nouveau-Brunswick	46,84
Nouvelle-Écosse	47,34
Ontario	46,41
Québec	48,72
Saskatchewan	45,00
Terre-Neuve et Labrador	48,64
Territoire du Nord-Ouest / Nunavut	42,05
Yukon	43,01
Non-résidents	42,92

1. Ces taux sont les taux combinés de l'impôt fédéral et provincial à la tranche d'imposition maximale ; ils comprennent la surtaxe provinciale et le taux uniforme, le cas échéant.

CRÉDITS D'IMPÔT PERSONNELS — RÉSIDENTS DU QUÉBEC		
	CRÉDIT DU QUÉBEC	CRÉDIT FÉDÉRAL[1]
	__2001__	__2001__
Base	1 224 $	990 $
Personne vivant seule[2]	218	s.o.
Conjoint[3]	1 224	841
Enfant à charge[4,5]		
1er enfant	540	s.o.
chaque enfant additionnel	498	s.o.
pour études postsecondaires[6]		
(par trimestre — 2 au maximum par année)	342	s.o.
Famille monoparentale[5,7]	270	s.o.
Autres personnes à charge[5,8]		
montant de base	498	s.o.
personne atteinte d'une déficience physique		
ou mentale	1 224	468
Personne âgée de 65 ans et plus[9]	457	483
Personne atteinte d'une déficience		
physique ou mentale[10]	457	802
Revenu de retraite[11]	208	134
Membre d'un ordre religieux	822	s.o.
Montant forfaitaire[12]	545	s.o.

1. Le crédit reflète uniquement l'abattement fédéral de 16,5 %.

2. Le crédit pour une personne vivant seule est alloué à une personne célibataire qui tient un établissement domestique autonome, ou qui, si elle est mariée, vit seule ou avec des enfants à charge. L'équivalent du crédit de conjoint qui existe au fédéral est remplacé dans le régime fiscal du Québec par une combinaison du crédit pour le chef d'une famille monoparentale, du crédit pour la première personne à charge et du crédit pour la personne vivant seule dans un logement. En plus de ces crédits, le régime fiscal du Québec prévoit des réductions d'impôt pour les familles dont l'admissibilité repose sur le niveau des revenus de celles-ci.

3. Au Québec, ce crédit est réduit de 20,75 % du revenu net du conjoint. Le crédit fédéral est réduit de 16 % du revenu net du conjoint excédant 629 $. Le mot « conjoint » comprend également les conjoints de fait du sexe opposé ou du même sexe).

4. Les enfants à charge comprennent les enfants, petits-enfants, sœurs, frères, nièces et neveux de moins de 18 ans dans l'année ou de plus de 18 ans et aux études à temps plein.

5. Pour tous les crédits d'impôt du Québec demandés relativement à une personne à charge, le montant du crédit est réduit du revenu net de la personne à charge, avant d'appliquer le taux de conversion de 20,75 %. Cette réduction s'applique à l'ensemble des crédits disponibles pour une même personne.

6. Ce crédit supplémentaire est accordé lorsqu'une personne à charge poursuit des études postsecondaires à temps plein.

7. Le crédit pour une famille monoparentale peut être accordé relativement à un enfant à charge si le crédit pour un conjoint n'est pas demandé et que le contribuable ne vit pas avec un conjoint de fait, n'est pas marié ou, s'il est marié, ne vit pas avec le conjoint et n'est pas à sa charge ou ne subvient pas à ses besoins. Ce crédit ne peut être demandé que pour une seule personne à charge.

8. Les autres personnes à charge comprennent toute personne de 18 ans ou plus qui est unie au contribuable par les liens du sang, du mariage ou de l'adoption.

9. Le crédit d'impôt fédéral en raison de l'âge est réduit de 15 % du revenu net du contribuable excédant de 26 941 $ au fédéral et de 15 % du revenu familial net excédent 26 000 $ au Québec.

10. Le crédit supplémentaire pour déficience physique ou mentale peut aussi être transféré au conjoint et à d'autres personnes à charge dans certaines circonstances.

11. La définition de « revenu de retraite » diffère suivant que la personne est âgée de 65 ans et plus ou de moins de 65 ans. Les prestations des RPC/RRQ et les versements de sécurité de la vieillesse ou de supplément de revenu garanti ne sont pas admissibles à ce crédit, peu importe l'âge du contribuable.

12. Les particuliers peuvent opter pour le « régime d'imposition simplifié », qui remplace plusieurs déductions et crédits mentionnés ci-dessus par un crédit forfaitaire non remboursable de 545 $, soit 20,75 % de 2 625 $. Les principaux crédits et déductions remplacés par le crédit forfaitaire sont les suivants : cotisations au RRQ et à l'assurance-emploi, frais de scolarité, pension alimentaire payée, abris fiscaux, cotisations syndicales ou professionnelles, frais médicaux et exemption sur les gains en capital imposables. Ce crédit est transférable entre les conjoints si les deux choisissent le régime d'imposition simplifié et si le crédit ne peut servir à réduire l'impôt de l'un des conjoints.

AUTRES CRÉDITS D'IMPÔT DU QUÉBEC

Cotisations syndicales, professionnelles et artistiques, cotisations au Régime des rentes du Québec et cotisations à l'assurance-emploi : 20,75 % des cotisations.

Dons de bienfaisance : 20,75 % de la première tranche de 2 000 $; 24,5 % sur tout excédent, sans dépasser 75 % du revenu net.

Contributions au Fonds des services de santé : 20,75 % des contributions, n'excédant pas 208 $.

Frais médicaux : 20,75 % des frais excédant 3 % du revenu familial net des conjoints.

Adultes hébergeant leurs parents : 550 $ par personne (ce crédit est remboursable).

Frais de scolarité : 20,75 % des frais relatifs à des cours de niveau postsecondaire excédant 100 $.

Maintien à domicile d'une personne âgée : maximum de 23 % de 12 000 $, soit 2 760 $.

IMPÔTS COMBINÉS (FÉDÉRAL ET PROVINCIAL) SUR LE REVENU DES PARTICULIERS 2001[1]

REVENU IMPOSABLE	TERRE-NEUVE ET LABRADOR			ÎLE-DU-PRINCE-ÉDOUARD			NOUVELLE-ÉCOSSE		
	IMPÔT PAYABLE AUTRES REVENUS	TAUX MARGINAL SUR AUTRES REVENUS	DIVIDENDES	IMPÔT PAYABLE AUTRES REVENUS	TAUX MARGINAL SUR AUTRES REVENUS	DIVIDENDES	IMPÔT PAYABLE AUTRES REVENUS	TAUX MARGINAL SUR AUTRES REVENUS	DIVIDENDES
10 000	688	26,6 %	5,3 %	418	25,8 %	6,0 %	385	25,8 %	5,9 %
12 000	1 219	26,6 %	5,3 %	934	25,8 %	12,2 %	900	25,8 %	12,2 %
14 000	1 751	26,6 %	5,3 %	1 450	28,3 %	12,2 %	1 415	28,3 %	12,2 %
16 000	2 282	26,6 %	5,3 %	2 016	30,8 %	6,0 %	1 981	30,8 %	8,4 %
18 000	2 813	26,6 %	5,3 %	2 632	30,8 %	6,0 %	2 596	30,8 %	5,9 %
20 000	3 345	26,6 %	5,3 %	3 248	25,8 %	6,0 %	3 212	28,3 %	5,9 %
22 000	3 876	26,6 %	6,4 %	3 764	25,8 %	6,0 %	3 777	25,8 %	7,0 %
24 000	4 408	26,6 %	15,3 %	4 280	25,8 %	10,9 %	4 292	25,8 %	15,4 %
26 000	4 939	26,6 %	19,8 %	4 796	25,8 %	18,5 %	4 808	25,8 %	19,9 %
28 000	5 470	27,7 %	19,8 %	5 312	25,8 %	18,5 %	5 323	26,8 %	19,9 %
30 000	6 025	35,9 %	19,8 %	5 828	32,0 %	18,5 %	5 860	34,7 %	19,9 %
32 000	6 743	38,2 %	19,8 %	6 468	35,8 %	18,5 %	6 554	37,0 %	19,9 %
34 000	7 506	38,2 %	19,8 %	7 184	35,8 %	18,5 %	7 293	37,0 %	19,9 %
36 000	8 269	38,2 %	19,8 %	7 900	35,8 %	18,5 %	8 032	37,0 %	19,9 %
38 000	9 032	38,2 %	19,8 %	8 616	35,8 %	18,5 %	8 771	37,0 %	19,9 %
40 000	9 796	38,2 %	19,8 %	9 332	35,8 %	18,5 %	9 510	37,0 %	19,9 %
42 000	10 559	38,2 %	19,8 %	10 048	35,8 %	18,5 %	10 249	37,0 %	19,9 %
44 000	11 322	38,2 %	19,8 %	10 764	35,8 %	18,5 %	10 988	37,0 %	19,9 %
46 000	12 085	38,2 %	20,5 %	11 480	35,8 %	18,5 %	11 727	37,0 %	20,6 %
48 000	12 848	38,2 %	24,1 %	12 196	35,8 %	21,9 %	12 466	37,0 %	24,0 %
50 000	13 612	38,2 %	27,1 %	12 912	35,9 %	27,1 %	13 205	37,0 %	27,0 %

52 000	14 375	38,2 %	27,1 %	13 630	37,2 %	27,1 %	13 944	37,0 %	27,0 %
54 000	15 138	38,2 %	27,1 %	14 374	37,2 %	27,1 %	14 683	37,0 %	27,0 %
56 000	15 901	38,2 %	27,1 %	15 117	37,2 %	27,1 %	15 422	37,0 %	27,0 %
58 000	16 664	40,0 %	27,1 %	15 861	37,2 %	27,1 %	16 161	37,7 %	27,0 %
60 000	17 465	42,6 %	27,1 %	16 605	38,9 %	27,1 %	16 914	39,7 %	27,0 %
62 000	18 317	45,6 %	27,1 %	17 384	44,4 %	27,1 %	17 707	42,7 %	27,0 %
64 000	19 230	45,6 %	27,1 %	18 271	44,4 %	27,1 %	18 560	42,7 %	27,0 %
66 000	20 143	45,6 %	27,1 %	19 158	44,4 %	27,1 %	19 414	42,7 %	27,0 %
68 000	21 056	45,6 %	27,1 %	20 046	44,4 %	27,1 %	20 267	42,7 %	27,0 %
70 000	21 968	45,6 %	27,1 %	20 933	44,4 %	27,1 %	21 120	42,7 %	27,0 %
72 000	22 881	45,6 %	27,1 %	21 821	44,4 %	27,1 %	21 974	42,7 %	27,0 %
74 000	23 794	45,6 %	27,1 %	22 708	44,4 %	27,1 %	22 827	42,7 %	27,0 %
76 000	24 707	45,6 %	27,1 %	23 595	44,4 %	27,1 %	23 681	42,7 %	27,0 %
78 000	25 620	45,6 %	27,1 %	24 483	44,4 %	27,4 %	24 534	43,1 %	27,0 %
80 000	26 533	45,6 %	30,9 %	25 370	44,4 %	32,0 %	25 395	44,3 %	30,8 %
82 000	27 445	45,6 %	30,9 %	26 258	44,4 %	32,0 %	26 282	44,3 %	30,8 %
84 000	28 358	45,6 %	30,9 %	27 145	44,4 %	32,0 %	27 169	44,3 %	30,8 %
86 000	29 271	45,6 %	30,9 %	28 032	44,4 %	32,0 %	28 055	44,3 %	30,8 %
88 000	30 184	45,6 %	30,9 %	28 920	44,4 %	32,0 %	28 942	44,3 %	30,8 %
90 000	31 097	45,6 %	30,9 %	29 807	44,4 %	32,0 %	29 829	44,3 %	30,8 %
92 000	32 010	45,6 %	31,0 %	30 695	44,4 %	32,0 %	30 716	44,3 %	30,8 %
94 000	32 922	45,6 %	31,9 %	31 582	44,4 %	32,0 %	31 602	44,3 %	30,8 %
96 000	33 835	45,6 %	31,9 %	32 469	44,4 %	32,0 %	32 489	44,3 %	30,8 %
98 000	34 748	45,6 %	31,9 %	33 357	44,4 %	32,0 %	33 376	44,3 %	30,8 %
100 000	35 661	48,6 %	31,9 %	34 244	47,4 %	32,0 %	34 263	47,3 %	30,8 %

[1] Les taux indiqués comprennent les surtaxes et les taux uniformes d'impôt. Les crédits personnels de base ont été pris en considération pour le calcul de l'impôt payable sur les autres revenus. Les taux marginaux s'appliquant aux gains en capital correspondent à 50 % des taux s'appliquant aux autres revenus. Les chiffres ne tiennent pas compte des considérations d'impôt minimum.

IMPÔTS COMBINÉS (FÉDÉRAL ET PROVINCIAL) SUR LE REVENU DES PARTICULIERS 2001[1]

REVENU IMPOSABLE	NOUVEAU-BRUNSWICK			QUÉBEC			ONTARIO		
	IMPÔT PAYABLE AUTRES REVENUS	TAUX MARGINAL SUR AUTRES REVENUS	DIVIDENDES	IMPÔT PAYABLE AUTRES REVENUS	TAUX MARGINAL SUR AUTRES REVENUS	DIVIDENDES	IMPÔT PAYABLE AUTRES REVENUS	TAUX MARGINAL SUR AUTRES REVENUS	DIVIDENDES
10 000	405	30,7 %	12,2 %	822	30,4 %	2,8 %	573	22,2 %	4,6 %
12 000	1 018	30,7 %	6,4 %	1 429	30,4 %	2,8 %	1 016	22,2 %	4,6 %
14 000	1 632	28,7 %	5,9 %	2 036	30,4 %	5,8 %	1 459	22,2 %	4,6 %
16 000	2 205	25,7 %	5,9 %	2 643	30,4 %	11,5 %	1 902	22,2 %	4,6 %
18 000	2 719	25,7 %	5,9 %	3 250	30,4 %	11,5 %	2 345	22,2 %	4,6 %
20 000	3 233	25,7 %	5,9 %	3 858	30,4 %	14,7 %	2 789	22,2 %	4,6 %
22 000	3 746	25,7 %	5,9 %	4 465	30,4 %	16,8 %	3 232	22,2 %	4,6 %
24 000	4 260	25,7 %	11,5 %	5 072	30,4 %	19,3 %	3 675	22,2 %	8,9 %
26 000	4 773	25,7 %	19,9 %	5 679	34,6 %	22,1 %	4 118	22,2 %	15,9 %
28 000	5 287	25,7 %	19,9 %	6 371	34,6 %	22,1 %	4 561	22,2 %	15,9 %
30 000	5 801	32,6 %	19,9 %	7 064	37,7 %	22,1 %	5 005	27,7 %	15,9 %
32 000	6 453	36,8 %	19,9 %	7 818	39,6 %	22,1 %	5 559	31,2 %	15,9 %
34 000	7 189	36,8 %	19,9 %	8 611	39,6 %	22,1 %	6 183	31,2 %	15,9 %
36 000	7 926	36,8 %	19,9 %	9 403	39,6 %	22,1 %	6 808	31,2 %	15,9 %
38 000	8 662	36,8 %	19,9 %	10 195	39,6 %	22,1 %	7 432	31,2 %	15,9 %
40 000	9 399	36,8 %	19,9 %	10 988	39,6 %	23,9 %	8 057	31,2 %	15,9 %
42 000	10 135	36,8 %	19,9 %	11 780	39,6 %	27,1 %	8 681	31,2 %	15,9 %
44 000	10 871	36,8 %	19,9 %	12 573	39,6 %	27,1 %	9 306	31,2 %	15,9 %
46 000	11 608	36,8 %	19,9 %	13 365	39,6 %	27,1 %	9 930	31,2 %	15,9 %
48 000	12 344	36,8 %	22,7 %	14 157	39,6 %	28,8 %	10 554	31,2 %	18,8 %
50 000	13 081	36,8 %	27,0 %	14 950	39,6 %	31,3 %	11 179	31,2 %	23,4 %

52 000	13 817	36,8 %	27,0 %	15 742	42,9 %	31,3 %	11 803	31,4 %	23,4 %
54 000	14 553	36,8 %	27,0 %	16 600	42,9 %	31,3 %	12 432	33,1 %	23,4 %
56 000	15 290	36,8 %	27,0 %	17 457	42,9 %	31,3 %	13 093	33,1 %	23,4 %
58 000	16 026	36,8 %	27,0 %	18 314	42,9 %	31,3 %	13 754	33,1 %	23,4 %
60 000	16 763	38,2 %	27,0 %	19 172	43,7 %	31,3 %	14 416	34,5 %	23,4 %
62 000	17 527	42,5 %	27,0 %	20 046	46,2 %	31,3 %	15 105	40,4 %	23,4 %
64 000	18 377	42,5 %	27,0 %	20 970	46,2 %	31,3 %	15 913	43,4 %	23,4 %
66 000	19 228	42,5 %	27,0 %	21 894	46,2 %	31,3 %	16 781	43,4 %	23,4 %
68 000	20 078	42,5 %	27,0 %	22 818	46,2 %	31,3 %	17 650	43,4 %	23,4 %
70 000	20 929	42,5 %	27,0 %	23 742	46,2 %	31,3 %	18 518	43,4 %	23,4 %
72 000	21 779	42,5 %	27,0 %	24 667	46,2 %	31,3 %	19 386	43,4 %	23,4 %
74 000	22 629	42,5 %	27,0 %	25 591	46,2 %	31,3 %	20 254	43,4 %	23,4 %
76 000	23 480	42,5 %	27,0 %	26 515	46,2 %	31,3 %	21 122	43,4 %	23,4 %
78 000	24 330	42,5 %	27,0 %	27 439	46,2 %	31,3 %	21 990	43,4 %	23,4 %
80 000	25 181	42,5 %	32,4 %	28 363	46,2 %	34,4 %	22 859	43,4 %	27,4 %
82 000	26 031	42,5 %	32,4 %	29 288	46,2 %	34,4 %	23 727	43,4 %	28,6 %
84 000	26 881	42,5 %	32,4 %	30 212	46,2 %	34,4 %	24 595	43,4 %	28,6 %
86 000	27 732	42,5 %	32,4 %	31 136	46,2 %	34,4 %	25 463	43,4 %	28,6 %
88 000	28 582	42,5 %	32,4 %	32 060	46,2 %	34,4 %	26 331	43,4 %	28,6 %
90 000	29 433	42,5 %	32,4 %	32 984	46,2 %	34,4 %	27 200	43,4 %	28,6 %
92 000	30 283	42,5 %	32,4 %	33 909	46,2 %	34,4 %	28 068	43,4 %	28,6 %
94 000	31 133	42,5 %	32,4 %	34 833	46,2 %	34,4 %	28 936	43,4 %	31,3 %
96 000	31 984	42,5 %	32,4 %	35 757	46,2 %	34,4 %	29 804	43,4 %	31,3 %
98 000	32 834	42,5 %	32,4 %	36 681	46,2 %	34,4 %	30 672	43,4 %	31,3 %
100 000	33 685	46,8 %	32,4 %	37 605	48,7 %	34,4 %	31 541	46,4 %	31,3 %

¹Les taux indiqués comprennent les surtaxes et les taux uniformes d'impôt, le cas échéant. Les crédits personnels de base ont été pris en considération pour le calcul de l'impôt payable sur les autres revenus. Les taux marginaux s'appliquant aux gains en capital correspondent à 50 % des taux s'appliquant aux autres revenus. Les chiffres ne tiennent pas compte des considérations d'impôt minimum.

IMPÔTS COMBINÉS (FÉDÉRAL ET PROVINCIAL) SUR LE REVENU DES PARTICULIERS 2001[1]

REVENU IMPOSABLE	MANITOBA			SASKATCHEWAN			ALBERTA		
	IMPÔT PAYABLE Autres revenus	TAUX MARGINAL SUR Autres revenus	Dividendes	IMPÔT PAYABLE Autres revenus	TAUX MARGINAL SUR Autres revenus	Dividendes	IMPÔT PAYABLE Autres revenus	TAUX MARGINAL SUR Autres revenus	Dividendes
10 000	461	28,9 %	12,0 %	644	27,5 %	7,7 %	124	26,0 %	7,8 %
12 000	1 039	28,9 %	12,0 %	1 194	27,5 %	7,7 %	644	26,0 %	7,8 %
14 000	1 617	28,9 %	11,5 %	1 744	27,5 %	7,7 %	1 164	26,0 %	7,8 %
16 000	2 195	28,9 %	10,7 %	2 294	27,5 %	7,7 %	1 684	26,0 %	7,8 %
18 000	2 773	28,4 %	9,5 %	2 844	27,5 %	7,7 %	2 204	26,0 %	7,8 %
20 000	3 341	27,9 %	9,5 %	3 394	27,5 %	7,7 %	2 724	26,0 %	7,8 %
22 000	3 899	27,9 %	9,5 %	3 944	27,5 %	7,7 %	3 244	26,0 %	7,8 %
24 000	4 457	27,4 %	16,2 %	4 494	27,5 %	13,2 %	3 764	26,0 %	10,8 %
26 000	5 000	26,9 %	23,6 %	5 044	27,5 %	17,7 %	4 284	26,0 %	15,3 %
28 000	5 538	26,9 %	23,6 %	5 594	27,5 %	17,7 %	4 804	26,0 %	15,3 %
30 000	6 076	34,5 %	23,6 %	6 144	33,2 %	17,7 %	5 324	29,7 %	15,3 %
32 000	6 766	38,2 %	23,6 %	6 809	35,5 %	17,7 %	5 919	32,0 %	15,3 %
34 000	7 530	38,2 %	23,6 %	7 519	35,5 %	17,7 %	6 559	32,0 %	15,3 %
36 000	8 294	38,2 %	23,6 %	8 229	35,5 %	17,7 %	7 199	32,0 %	15,3 %
38 000	9 058	38,2 %	23,6 %	8 939	35,5 %	17,7 %	7 839	32,0 %	15,3 %
40 000	9 822	38,2 %	23,6 %	9 649	35,5 %	17,7 %	8 479	32,0 %	15,3 %
42 000	10 586	38,2 %	23,6 %	10 359	35,5 %	17,7 %	9 119	32,0 %	15,3 %
44 000	11 350	38,2 %	23,6 %	11 069	35,5 %	17,7 %	9 759	32,0 %	15,3 %
46 000	12 114	38,2 %	23,6 %	11 779	35,5 %	17,7 %	10 399	32,0 %	15,3 %
48 000	12 878	38,2 %	26,4 %	12 489	35,5 %	22,8 %	11 039	32,0 %	17,3 %
50 000	13 642	38,2 %	30,1 %	13 199	35,5 %	25,8 %	11 679	32,0 %	20,3 %

52 000	14 406	38,2 %	30,1 %	13 909	35,5 %	25,8 %	12 319	32,0 %	20,3 %
54 000	15 170	38,2 %	30,1 %	14 619	35,5 %	25,8 %	12 959	32,0 %	20,3 %
56 000	15 934	38,2 %	30,1 %	15 329	35,5 %	25,8 %	13 599	32,0 %	20,3 %
58 000	16 698	38,2 %	30,1 %	16 039	35,5 %	25,8 %	14 239	32,0 %	20,3 %
60 000	17 462	39,7 %	30,1 %	16 749	39,0 %	25,8 %	14 879	33,0 %	20,3 %
62 000	18 257	43,4 %	30,1 %	17 528	42,0 %	25,8 %	15 538	36,0 %	20,3 %
64 000	19 125	43,4 %	30,1 %	18 368	42,0 %	25,8 %	16 258	36,0 %	20,3 %
66 000	19 993	43,4 %	30,1 %	19 208	42,0 %	25,8 %	16 978	36,0 %	20,3 %
68 000	20 861	43,4 %	30,1 %	20 048	42,0 %	25,8 %	17 698	36,0 %	20,3 %
70 000	21 729	43,4 %	30,1 %	20 888	42,0 %	25,8 %	18 418	36,0 %	20,3 %
72 000	22 597	43,4 %	30,1 %	21 728	42,0 %	25,8 %	19 138	36,0 %	20,3 %
74 000	23 465	43,4 %	30,1 %	22 568	42,0 %	25,8 %	19 858	36,0 %	20,3 %
76 000	24 333	43,4 %	30,1 %	23 408	42,0 %	25,8 %	20 578	36,0 %	20,3 %
78 000	25 201	43,4 %	30,1 %	24 248	42,0 %	25,8 %	21 298	36,0 %	20,3 %
80 000	26 069	43,4 %	33,8 %	25 088	42,0 %	29,6 %	22 018	36,0 %	24,1 %
82 000	26 937	43,4 %	33,8 %	25 928	42,0 %	29,6 %	22 738	36,0 %	24,1 %
84 000	27 805	43,4 %	33,8 %	26 768	42,0 %	29,6 %	23 458	36,0 %	24,1 %
86 000	28 673	43,4 %	33,8 %	27 608	42,0 %	29,6 %	24 178	36,0 %	24,1 %
88 000	29 541	43,4 %	33,8 %	28 448	42,0 %	29,6 %	24 898	36,0 %	24,1 %
90 000	30 409	43,4 %	33,8 %	29 288	42,0 %	29,6 %	25 618	36,0 %	24,1 %
92 000	31 277	43,4 %	33,8 %	30 128	42,0 %	29,6 %	26 338	36,0 %	24,1 %
94 000	32 145	43,4 %	33,8 %	30 968	42,0 %	29,6 %	27 058	36,0 %	24,1 %
96 000	33 013	43,4 %	33,8 %	31 808	42,0 %	29,6 %	27 778	36,0 %	24,1 %
98 000	33 881	43,4 %	33,8 %	32 648	42,0 %	29,6 %	28 498	36,0 %	24,1 %
100 000	34 749	46,4 %	33,8 %	33 488	45,0 %	29,6 %	29 218	39,0 %	24,1 %

¹Les taux indiqués comprennent les surtaxes et les taux uniformes d'impôt, le cas échéant. Les crédits personnels de base ont été pris en considération pour le calcul de l'impôt payable sur les autres revenus. Les taux marginaux s'appliquant aux gains en capital correspondent à 50 % des taux s'appliquant aux autres revenus. Les chiffres ne tiennent pas compte des considérations d'impôt minimum.

IMPÔTS COMBINÉS (FÉDÉRAL ET PROVINCIAL) SUR LE REVENU DES PARTICULIERS 2001[1]

REVENU IMPOSABLE	COLOMBIE-BRITANNIQUE			TERRITOIRES DU NORD-OUEST/NUNAVUT			YUKON		
	IMPÔT PAYABLE AUTRES REVENUS	TAUX MARGINAL SUR AUTRES REVENUS	DIVIDENDES	IMPÔT PAYABLE AUTRES REVENUS	TAUX MARGINAL SUR AUTRES REVENUS	DIVIDENDES	IMPÔT PAYABLE AUTRES REVENUS	TAUX MARGINAL SUR AUTRES REVENUS	DIVIDENDES
10 000	560	23,3 %	5,1 %	600	23,2 %	2,1 %	452	17,5 %	4,9 %
12 000	1 026	23,3 %	5,1 %	1 064	23,2 %	2,1 %	802	21,9 %	4,9 %
14 000	1 492	23,3 %	5,1 %	1 528	23,2 %	2,1 %	1 239	24,9 %	4,9 %
16 000	1 958	23,3 %	5,1 %	1 992	23,2 %	2,1 %	1 736	26,4 %	4,9 %
18 000	2 424	23,3 %	5,1 %	2 456	23,2 %	2,1 %	2 263	26,4 %	4,9 %
20 000	2 890	23,3 %	5,1 %	2 920	23,2 %	2,1 %	2 791	26,4 %	4,9 %
22 000	3 356	23,3 %	5,1 %	3 384	23,2 %	2,1 %	3 318	26,4 %	4,9 %
24 000	3 822	23,3 %	10,5 %	3 848	23,2 %	5,1 %	3 845	26,4 %	9,2 %
26 000	4 288	23,3 %	16,6 %	4 312	23,2 %	9,6 %	4 342	23,4 %	15,8 %
28 000	4 754	23,3 %	16,6 %	4 776	23,2 %	14,5 %	4 809	23,4 %	15,8 %
30 000	5 220	29,5 %	16,6 %	5 240	28,6 %	14,5 %	5 277	28,8 %	15,8 %
32 000	5 809	32,5 %	16,6 %	5 813	31,9 %	14,5 %	5 853	32,1 %	15,8 %
34 000	6 459	32,5 %	16,6 %	6 451	31,9 %	14,5 %	6 495	32,1 %	15,8 %
36 000	7 109	32,5 %	16,6 %	7 089	31,9 %	14,5 %	7 138	32,1 %	15,8 %
38 000	7 759	32,5 %	16,6 %	7 727	31,9 %	14,7 %	7 780	32,1 %	15,8 %
40 000	8 409	32,5 %	16,6 %	8 365	31,9 %	14,8 %	8 423	32,1 %	15,8 %
42 000	9 059	32,5 %	16,6 %	9 003	31,9 %	14,8 %	9 065	32,1 %	15,8 %
44 000	9 709	32,5 %	16,6 %	9 641	31,9 %	14,8 %	9 707	32,1 %	15,8 %
46 000	10 359	32,5 %	16,6 %	10 279	31,9 %	14,8 %	10 350	32,1 %	15,8 %
48 000	11 009	32,5 %	21,0 %	10 917	31,9 %	17,6 %	10 992	32,1 %	18,7 %
50 000	11 659	32,5 %	25,6 %	11 555	31,9 %	22,0 %	11 635	32,1 %	23,1 %

52 000	12 309	32,5 %	25,6 %	12 193	31,9 %	22,6 %	12 277	32,1 %	23,1 %
54 000	12 959	32,5 %	25,6 %	12 831	31,9 %	23,0 %	12 919	32,1 %	23,1 %
56 000	13 609	32,5 %	28,1 %	13 469	31,9 %	23,0 %	13 562	32,1 %	23,1 %
58 000	14 259	32,5 %	28,1 %	14 107	31,9 %	23,0 %	14 204	32,1 %	23,1 %
60 000	14 909	35,1 %	28,1 %	14 745	33,3 %	23,0 %	14 847	33,6 %	23,1 %
62 000	15 612	39,7 %	28,1 %	15 411	37,7 %	23,0 %	15 518	38,0 %	23,1 %
64 000	16 406	39,7 %	28,1 %	16 165	37,7 %	23,0 %	16 277	38,0 %	23,1 %
66 000	17 200	39,7 %	28,1 %	16 919	37,7 %	23,0 %	17 036	38,0 %	23,1 %
68 000	17 994	39,7 %	29,3 %	17 673	37,7 %	23,0 %	17 795	38,0 %	23,1 %
70 000	18 788	41,7 %	29,3 %	18 427	37,7 %	23,0 %	18 554	38,2 %	23,1 %
72 000	19 622	41,7 %	29,3 %	19 181	37,7 %	23,0 %	19 318	38,6 %	23,1 %
74 000	20 456	41,7 %	29,3 %	19 935	37,7 %	23,0 %	20 089	38,6 %	23,1 %
76 000	21 290	41,7 %	29,3 %	20 689	37,7 %	23,0 %	20 860	38,6 %	23,1 %
78 000	22 124	41,7 %	29,3 %	21 443	37,7 %	23,0 %	21 631	38,6 %	23,1 %
80 000	22 958	41,7 %	33,1 %	22 197	37,7 %	28,4 %	22 402	38,6 %	28,6 %
82 000	23 792	41,7 %	33,1 %	22 951	37,7 %	28,4 %	23 174	38,6 %	28,6 %
84 000	24 626	42,2 %	33,1 %	23 705	37,7 %	28,4 %	23 945	38,6 %	28,6 %
86 000	25 470	42,7 %	33,1 %	24 459	37,7 %	28,4 %	24 716	38,6 %	28,6 %
88 000	26 324	42,7 %	33,1 %	25 213	37,7 %	28,4 %	25 487	38,6 %	28,6 %
90 000	27 178	42,7 %	33,1 %	25 967	37,7 %	28,4 %	26 258	38,6 %	28,6 %
92 000	28 032	42,7 %	33,1 %	26 721	37,7 %	28,4 %	27 029	38,6 %	28,6 %
94 000	28 886	42,7 %	33,1 %	27 475	37,7 %	28,4 %	27 801	38,6 %	28,6 %
96 000	29 740	42,7 %	33,1 %	28 229	37,7 %	28,4 %	28 572	38,6 %	28,6 %
98 000	30 594	42,7 %	33,1 %	28 983	37,7 %	28,4 %	29 343	38,6 %	28,6 %
100 000	31 448	45,7 %	33,1 %	29 737	42,1 %	28,4 %	30 114	43,0 %	28,6 %

[1] Les taux indiqués comprennent les surtaxes et les taux uniformes d'impôt, le cas échéant. Les crédits personnels de base ont été pris en considération pour le calcul de l'impôt payable sur les autres revenus. Les taux marginaux s'appliquant aux gains en capital correspondent à 50 % des taux s'appliquant aux autres revenus. Les chiffres ne tiennent pas compte des considérations d'impôt minimum.

IMPÔTS COMBINÉS (FÉDÉRAL ET PROVINCIAL) SUR LE REVENU DES PARTICULIERS 2001[1]

Revenu imposable	Impôt payable Autres revenus	Non-résidents Taux marginal sur		Revenu imposable	Impôt payable Autres revenus	Non-résidents Taux marginal sur	
		Autres revenus	Dividendes			Autres revenus	Dividendes
10 000	613	23,7 %	4,9 %	56 000	13 747	32,6 %	23,4 %
12 000	1 086	23,7 %	4,9 %	58 000	14 399	32,6 %	23,4 %
14 000	1 560	23,7 %	4,9 %	60 000	15 050	34,0 %	23,4 %
16 000	2 034	23,7 %	4,9 %	62 000	15 730	38,5 %	23,4 %
18 000	2 507	23,7 %	4,9 %	64 000	16 500	38,5 %	23,4 %
20 000	2 981	23,7 %	4,9 %	66 000	17 269	38,5 %	23,4 %
22 000	3 454	23,7 %	4,9 %	68 000	18 039	38,5 %	23,4 %
24 000	3 928	23,7 %	9,3 %	70 000	18 809	38,5 %	23,4 %
26 000	4 402	23,7 %	16,0 %	72 000	19 578	38,5 %	23,4 %
28 000	4 875	23,7 %	16,0 %	74 000	20 348	38,5 %	23,4 %
30 000	5 349	29,2 %	16,0 %	76 000	21 117	38,5 %	23,4 %
32 000	5 933	32,6 %	16,0 %	78 000	21 887	38,5 %	23,4 %
34 000	6 584	32,6 %	16,0 %	80 000	22 657	38,5 %	29,0 %
36 000	7 235	32,6 %	16,0 %	82 000	23 426	38,5 %	29,0 %
38 000	7 887	32,6 %	16,0 %	84 000	24 196	38,5 %	29,0 %
40 000	8 538	32,6 %	16,0 %	86 000	24 965	38,5 %	29,0 %
42 000	9 189	32,6 %	16,0 %	88 000	25 735	38,5 %	29,0 %
44 000	9 840	32,6 %	16,0 %	90 000	26 505	38,5 %	29,0 %
46 000	10 491	32,6 %	16,0 %	92 000	27 274	38,5 %	29,0 %
48 000	11 143	32,6 %	19,0 %	94 000	28 044	38,5 %	29,0 %
50 000	11 794	32,6 %	23,4 %	96 000	28 813	38,5 %	29,0 %
52 000	12 445	32,6 %	23,4 %	98 000	29 583	38,5 %	29,0 %
54 000	13 096	32,6 %	23,4 %	100 000	30 353	42,9 %	29,0 %

[1] Les taux indiqués comprennent les surtaxes et les taux uniformes d'impôt, le cas échéant. Les crédits personnels de base ont été pris en considération pour le calcul de l'impôt payable sur les autres revenus. Les taux marginaux s'appliquant aux gains en capital correspondent à 50 % des taux s'appliquant aux autres revenus. Les chiffres ne tiennent pas compte des considérations d'impôt minimum.

Annexe

BUDGET DU QUÉBEC 2002-2003 FAITS SAILLANTS

La vice-première ministre et ministre d'État à l'Économie et aux Finances, Pauline Marois, a déposé son budget 2002-2003 le 1ᵉʳ novembre 2001. Voici des extraits pertinents de la documentation budgétaire résumant l'essentiel des mesures annoncées.

CONTEXTE ÉCONOMIQUE

L'équilibre budgétaire (déficit zéro) est maintenu en 2001-2002 et en 2002-2003 malgré la situation économique difficile

- Maintien des objectifs de dépenses fixés au budget de mars dernier pour les années 2001-2002 et 2002-2003.

- La révision à la baisse de 1,8 milliard de dollars des prévisions de revenus pour 2001-2002 et 2002-2003 qui sera compensée par :
    - le prélèvement de nouvelles sources de revenus (255 millions de dollars) ;
    - augmentation de la taxe sur le tabac de 2,50 $ la cartouche ;
    - nouvelles mesures de lutte contre l'évasion fiscale ;
    - l'utilisation du solde de 670 millions de dollars de la réserve budgétaire ;
    - une diminution prévue des coûts du service de la dette de 944 millions de dollars.

MESURES FISCALES RELATIVES AUX ENTREPRISES

Mesures visant à soutenir les PME et à amener le secteur privé à accélérer ses investissements (525 millions de dollars)

- Réduction graduelle du taux de la taxe sur le capital de 0,075 % annuellement (0,15 % pour les institutions financières) sur une période de 5 ans à compter du 1er janvier 2003.

- Introduction graduelle d'un seuil d'exemption, le capital versé exempt de la taxe sur le capital sera de 250 000 $ et augmentera par tranches de 250 000 $ à compter de 2003 pour atteindre 1 million de dollars en 2006. Pour les trois premières années, la réduction annoncée sera diminuée linéairement en fonction de l'excédent du capital versé sur le montant de l'exemption disponible.

- Prolongation de la période d'application du crédit d'impôt remboursable favorisant la participation des courtiers en valeurs à la bourse Nasdaq ainsi que l'instauration d'un nouveau volet au crédit.

- Les PME pourront reporter de six mois sans intérêt leurs acomptes provisionnels, pour l'ensemble du quatrième trimestre de l'année 2001 et auront jusqu'à six mois après la fin de leur exercice pour payer le solde d'impôt dû.

- En 2002, les employeurs dont la moyenne des retenues mensuelles de l'année précédente n'excède pas 1 000 $ pourront verser leurs remises au titre des déductions à la source sur une base trimestrielle plutôt que mensuelle. Cette mesure devrait éliminer la production de 800 000 formulaires.

Poursuite et accentuation de l'effort en faveur des régions

- Augmentation de la clientèle admissible au congé fiscal pour les PME manufacturières des régions ressources éloignées (admissibilité basée sur un capital versé inférieur à 30 millions de dollars au lieu du montant de 15 millions de dollars initialement prévu rétroactif au 30 mars 2001).

- Bonification temporaire de divers crédits d'impôt remboursables accordés à certaines régions.
    - Crédit d'impôt remboursable pour les activités de transformation dans les régions ressources ;

- Crédit d'impôt remboursable pour la Gaspésie et certaines régions maritimes du Québec ;
- Crédit d'impôt remboursable pour la Vallée de l'aluminium.

- Ajustements au crédit d'impôt remboursable relatif à la Cité du commerce électronique :
  - Hausse du taux (de 25 % à 35 %) et du crédit d'impôt maximal (de 10 000 $ à 12 500 $) ;
  - Prolongation de la période d'admissibilité au crédit d'impôt (période maximale de 10 ans, jusqu'au 31 décembre 2013) ;
  - Prolongation de la période d'admissibilité au congé fiscal pour un spécialiste étranger (période maximale de 10 ans, au plus tard le 1er janvier 2014) ;
  - Réduction de la superficie locative disponible.

- Instauration d'un crédit d'impôt remboursable pour les activités d'affaires électroniques réalisées dans certains sites désignés à Montréal et à Québec, égal à 35 % de l'augmentation de la masse salariale.

- Prolongation de la période d'admissibilité à l'aide fiscale relative à certains sites désignés :
  - Aide fiscale relative à l'économie du savoir (CDTI, Cité du MM, CNNTQ, CNE et Cité du commerce électronique) (31 décembre 2013) ;
  - Avantages fiscaux relatifs à la Zone de Mirabel (31 décembre 2013) ;
  - Crédit d'impôt remboursable pour la Cité de l'optique (31 décembre 2006) ;
  - Crédit d'impôt remboursable pour le Technopôle Angus (31 décembre 2006) ;
  - Crédit d'impôt remboursable pour la Cité de la biotechnologie et de la santé humaine du Montréal métropolitain (31 décembre 2006).

- Augmentation de la superficie totale disponible des Centres de la Nouvelle Économie.

- Ajustement aux congés fiscaux de cinq ans accordés à certains employés étrangers.

- La pierre de taille est dorénavant admissible au crédit d'impôt remboursable pour activité d'exploration au taux de 20 %. Effets directs sur les activités d'exploration se déroulant sur la Côte-Nord, en Gaspésie et dans la Haute-Gatineau.

- Enveloppe de 12 millions de dollars additionnels à SOQUEM pour réaliser des travaux d'exploration, de concert avec le secteur privé, pour un total de 20 millions de dollars.

MESURES FISCALES RELATIVES AUX PARTICULIERS

400 millions de dollars de plus au bénéfice des consommateurs, dont plus de 80 % au bénéfice des contribuables moins fortunés

- Majoration de 100 $ par adulte du crédit d'impôt pour la TVQ versé en décembre 2001 (250 millions de dollars).

- Pleine indexation du régime d'imposition des particuliers le 1er janvier prochain, au taux de 2,7 % plutôt que de 1,8 % (77 millions de dollars).

AUTRES MESURES RELATIVES À L'ÉCONOMIE

- Création d'un nouvel organisme : La Financière du Québec. Cet organisme se verra octroyer des crédits budgétaires additionnels qui permettront d'avancer 140 millions de dollars pour l'aide au fonds de roulement des entreprises, pour des entreprises en démarrage et pour les petites coopératives et les entreprises d'économie sociale.

Les documents budgétaires peuvent être consultés sur le site du ministère des Finances (www.finances.gouv.qc.ca).

Index

329

Samson Bélair/Deloitte & Touche

Québec

Alma	(418) 669-6969
Amos	(819) 732-8273
Baie-Comeau	(418) 589-5761
Chicoutimi	(418) 549-6650
Dolbeau	(418) 276-0133
Farnham	(450) 293-5327
Granby	(450) 372-3347
Grand-Mère	(819) 538-1721
Jonquière	(418) 542-9523
La Baie	(418) 544-7313
Laval	(450) 978-3500
Longueuil	(450) 670-4270
Matane	(418) 566-2637
Montréal	(514) 393-7115
Québec	(418) 624-3333
Rimouski	(418) 724-4136
Roberval	(418) 275-2111
Rouyn-Noranda	(819) 762-0958
Saint-Hyacinthe	(450) 774-4000
Sept-Îles	(418) 962-2513
Sherbrooke	(819) 823-1616
St-Félicien	(418) 679-4711
Trois-Rivières	(819) 691-1212

Deloitte & Touche

Alberta

Calgary	(403) 267-1700
Edmonton	(780) 421-3611

Colombie-Britannique

Langley	(604) 534-7477
Prince George	(250) 564-1111
Vancouver	(604) 669-4466

Manitoba
Winnipeg

Nouveau-Brunswick

Saint John	(506) 632-1080

Nouvelle-Écosse

Halifax	(902) 422-8541

Ontario

Guelph	(519) 822-2000
Hamilton	(905) 523-6770
Hawkesbury	(613) 632-4178
Kitchener	(519) 576-0880
London	(519) 679-1880
Ottawa	(613) 236-2442
St. Catharines	(905) 688-1841
Toronto	(416) 601-6150
Windsor	(519) 967-0388

Saskatchewan

Prince Albert	(306) 763-7411
Regina	(306) 525-1600
Saskatoon	(306) 343-4400

Terre-Neuve

St. John's	(709) 576-8480